신앙고백서
해설서

머리말

성결교회 신앙고백서 해설서 발간에 즈음하여

성결교회를 사랑하는 수많은 성결인들 사이에서 성결교단의 정체성 확립과 성결교단의 신학을 수립해 달라는 간절한 요청이 오래전부터 지속적으로 제기되어 왔습니다. 이러한 호소와 요청에 성결교단은 교단 설립 100주년이 되는 2007년에 맞추어서 교단의 정체성과 신학을 충실히 담아낼 수 있는 가칭〈성결교회 신학 연구서〉를 출간하기로 결심했습니다. 이 방대한 신학 작업을 위해서, 성결교단은 2002년부터 성결교회 소속의 신학자들이 총망라된〈성결교회신학연구위원회〉를 발족시켰고, 교단 신학 수립과 신앙의 정체성 확립을 위한 광범위한 신학 작업에 착수했었습니다. 심도 깊은 연구와 수차례의 토론을 거듭하면서〈성결교회신학연구위원회〉는 자신들에게 교단에서 부여한 소명을 완수하기 위해서 최선을 다했습니다. 그 결과,〈성결교회신학연구위원회〉는 활동을 마감하면서,『성결교회 신학 (上)•(下)』를 상재(上梓)한 바 있습니다.

『성결교회 신학 (上)·(下)』는 그 분량 면에서도 놀랍지만, 그 내용 면에 있어서도 성결교단의 100년의 역사와 신학을 선명하게 밝혀주는 융숭 깊은 글들로 가득 차 있습니다. 그럼에도 불구하고, 아쉬운 부분은 인력과 재정의 한계 때문에 〈성결교회신학연구위원회〉가 처음에 기획한 "성결교회 신앙고백서 프로젝트"를 미완의 숙제로 남겨 놓았다는 점이었습니다.

이러던 차에, 교단 114년차 총회는 신앙고백서의 필요성을 절감하고 신앙고백서 발간위원회를 총회 차원에서 발족시켰습니다. 신앙고백서 발간위원회는 공청회를 통하여 성결교단의 신앙고백서가 지향해야 하는 방향성을 도출하게 되었고, 합의된 방향성에 입각하여 신앙고백서 발간에 박차를 가한 결과『신앙고백서와 교리문답서』를 115년차 총회에 제출하였고, 총회는 만장일치로 인준해 주었습니다. 성결교단이 자체 신앙고백서를 소유하게 되는 역사적인 순간을 맞이하게 된 것입니다.

성결교단의 신앙고백서가 가진 신학적이고 역사적인 의의를 상고해 보겠습니다.

첫째로, 성결교단 역사상 최초로 출간된 신앙고백서로서, 성결교회의 설립과 부흥의 초석이 되었던, 중생, 성결, 신유, 재림의 사중복음과 존 웨슬리의 성결신학이 조화롭게 하나가 되어, '사중복음은 웨슬리 신학으로, 웨슬리 신학은 사중복음으로' 해명되고 고조되어 복음의 본질을 강화시켜 주고 확대시켜 주고 있다는 점입니다. 기독교대한성결교회의 신앙고백서는 기독교대한성결교회의 『헌법』과 역사적, 신학적 연구에 철저하게 기초하고 있습니다. '개신교 복음주의 웨슬리안 사중복음'이라는 〈성결교회신학연구위원회〉의 신학적 결론에 입각하여 신앙고백서 전체를 전망하고 있습니다. 사중복음과 웨슬리신학은 '개신교 복음주의 웨슬리안 사중복음'의 관점이 기독교대한성결교회의 신앙고백서를 올곧게 관통할 수 있도록 든든한 두 바퀴가 되어 주었습니다. 성결교단 최초의 신앙고백서는 우리 세대의 목회자들에게 성결복음에 대한 값진 성찰(省察)을 유도할 것이며, 교단의 각성(覺醒)과 부흥을 위한 기폭제가 될 것입니다. 다음 세대에게는 가장 값진 신앙의 선물이며 계승해야 하는 신앙 선배들의 빛나는 유산이 될 것입니다.

둘째로, 성결교회는 해외 교파와 교단의 직접적인 지원으로 설립된 교회가 아니라, "동양선교회(OMS)"라는 선교단체의 지원과 협력을 통해서 성장 발전해 온 교단이기 때문에, 우리 성결교단이 해외로 달려 나가기 위해서 필요한 신학적인 교두보가 절대적으로 필요했지만, 그동안 부재했던 것이 사실입니다. 우리의 신학과 신앙을 명증하게 이야기해 줄 수 있는 신앙고백서가 부재했기 때문에 국내의 성결교회는 물론, 해외의 성결교회들은 불필요한 오해와 정통성 시비의 희생양들이 되곤 했습니다. 그러나 이번 신앙고백서는 철두철미하게 하나님의 말씀인 성경, 기독교대한성결교회의 『헌법』, 그리고 교파를 초월하여 정통 교회라면 누구라도 인정하는 권위 있는 신경(信經)인 니케아 신조, 니케아-콘스탄티노플 신조, 칼케톤 신조를 중심으로 작성되었기 때문에 기독교 정통신학의 흐름 가운데 있는 교회로 세계의 교회와 성도들은 이해할 것이며, 더불어 성결교단의 신앙고백서가 발산하는 성결교단만의 신앙의 빛깔과 향기도 느낄 수 있을 것입니다.

셋째로, 기독교대한성결교회의 신앙고백서는 '신앙고백적' 성격과 동시에 '신앙교육적' 측면에 초점을 맞추었습니다. 그러므로 불필요하고 교리적 논쟁에 휘말리지 않으면서도 현장에서 목회자들이 가르칠 수 있도록, 적절한 양의 내용과 성경본문을 제공하고 있습니다. 즉, 기독교대한성결교회가 믿는 바를 성경말씀을 중심으로 정리하였고, 그 표현까지도 성경적 언어를 사용했습니다. 이러한 점에서, 성결교단의 신앙고백서는 한국의 여러 교파들이 소유하고 있는 신앙고백서와는 그 내용과 쓰임에 있어서 교리교육적 성격이 극대화 된 신앙고백서라고 규정할 수 있습니다.

정리하면, 성결교단의 신앙고백서는 사중복음과 웨슬리 신학을 하나로 조화롭게 엮어서 성결신앙을 분명하게 표현했으며, 동시에 보편적인 기독교 정통신앙의 신앙고백서와 고대교회 신경들의 신앙 입장을 충분히 고려했으며, 신앙고백과 신앙교육이라는 두 초점을 처음부터 끝까지 견지한 목회친화적인 신앙고백서입니다. 이러한 신앙고백서의 의의를 진지하게 생각해 본다면, 신앙고백서를 어떻게 사용해야 하는지에 대한 나름대로의 해답을 얻을 수 있을 것으로 기대합니다. 신앙고백서가 목회 현장에서 교인들에게 성결인의 정체성을 심어주는 교리교육의 핵심 교재로 사용되기를 소망해 봅니다.

그러나 일선 목회자들께서 신앙고백서만을 가지고 교리공부를 진행할 때, 신학적이고 교육적인 어려움에 직면할 수 있다는 것을 간파한 총회본부 교육국은 신앙고백서의 해설서가 필요하다는 것을 절감하고 신앙고백서의 해설서 집필을 기획하였습니다. 이윽고, 집필진으로 신앙고백서 초안 작업에 관여했던 이동명 박사, 오주영 박사, 오성욱 박사에게 신앙고백서 해설서 집필작업을 의뢰하기에 이르렀습니다. 집필진들 역시 신앙고백서의 언어가 시적이고 함축적이어서, 일선 목회자들께서 교리교육 교재로 사용하기 위해서는 신앙고백서의 신학적 내용을 충분히 파악할 수 있도록 논리적이고 서사적인 해설서가 필요하다는 입장에 깊이 공감하였습니다. 해설서를 통해서 신앙고백서의 구조와 내용을 명확하고 생생하게 드러내 주고, 각각의 신앙고백 항목들이 담고 있는 신학적 담론과 논의를 충분하게 소개하고 정리해 줌으로써 신앙고백서가 지향하고 있는 성결 신앙적 가치와 의의를 보다 명확하게 일선 목회자들께 이해시켜 드린다는 해설서의 집필 방향성을 정리했습니다. 해설서는 아래의 세 가지 측면의 흐름을 밝히 드러내 줄 것으로 기대합니다.

첫째는 내용적인 면에서 '웨슬리안 사중복음'이라는 입장을 모든 신앙고백서 항목들이 견지하고 있음을 밝히는 것입니다. 기독교대한성결교회는 선교 150년을 향해 전력 질주를 하고 있습니다. 지금까지의 신앙의 레이스에서, 한 손에는 사중복음과 또 다른 한 손에는 웨슬리 신학을 잡고 경주에 임했습니다. 그러나 신앙고백서의 해설집이 출판되는 것을 계기로, 성결교단이 '웨슬리안 사중복음'를 가슴에 품고 선교현장과 전도현장으로 달려 나가기를 소망합니다. 왜냐하면, 새로운 신앙고백서 안에는 웨슬리 신학과 사중복음이 성결교단의 성장과 부흥을 위해서 거룩하게 손을 맞잡고 있기 때문이다.

둘째로, 신앙 구조적인 면에서 해설서는 신앙고백서가 존 웨슬리가 강조했던 삼위일체 구조를 견지하고 있음을 밝히 드러내 줄 것입니다. 해설서는 신앙고백서가 하나님 이해에 있어서 철저하게 삼위일체에 입각하여 전개되고 있음을 해설해 줄 것이며, 삼위 밖으로의 아버지, 아들, 성령이 점유한 사역인 창조, 구속, 성화의 사역을 중심으로 '창조와 타락', '은총과 구원', '성화와 교회'가 배열되어 있을 뿐만이 아니라, 각각의 개별적 항목들도 삼위일체론적 시각으로 서술되고 있음을 알 수 있을 것입니다. 삼위일체론적 이해는 기독론 중심주의와 성령론적 전망을 배격하는 것이 아니라 포월하여 더 광활한 신학적 지평으로 신앙고백을 견인해 줄 것입니다. 동시에, 전체적인 삼위일체 구조를 열고 개별 항목 속으로 들어가 보면, 거기에서도 또 다른 삼위일체의 서사를 만날 수 있을 것입니다.

셋째로, 입체적인 삼위일체론적 구조를 지닌 신앙고백서를 평면 위로 펼쳐 보인다면, 데칼코마니(décalcomanie)적 대칭구조를 만날 것입니다. 전체적으로 보면, 성경과 복음이라는 특별 계시를 축으로 삼위일체 하나님 항목들은 '인류의 타락과 인류의 구원' 그리고 '교회와 하나님 나라'라는 항목과 신학적으로 대칭구조를 이루고 있습니다. 그 대칭 구조 안으로 들어가 보면, 삼위일체 하나님은 '페리코레시스' 구조를 이루고 있으며, '인류의 타락'과 '인류의 구원'은 사중복음을 축으로 대칭구조를 이루고 있고, '교회'와 하나님 나라'는 성례전을 축으로 또 다른 대칭구조를 형성하고 있다는 것을 발견할 수 있을 것입니다.

해설서는 삼위일체론적 구조, 페리코레시스적 구조, 데칼코마니적 대칭구조라는 구조적인 측면으로 신앙고백서를 전망하고, 내용적인 측면에서는 '웨슬리안 사중복음'으로 조망하고 있습니다. '삼위일체론적 구조'와 '웨슬리안 사중복음'이라는 내용을 날줄과 씨줄로 한 신앙고백서를 해설서 집필진들은 이해하고 파악하여 해설서의 구조와 얼개로 삼았고, 그 얼개와 구조 위에 성결교단의 선배 신학자들의 탁월한 견해와 해석이라는 신학적 옷을 입혔으며, 존 웨슬리의 글들로 화룡점정(畵龍點睛)을 찍었습니다. 이러한 구조와 흐름을 파악하고 해설서를 일독한다면, 신앙고백서의 함축적 언어들이 담고 있는 성결 신학적 서사와 담론을 파악하는데 어려움이 없을 것으로 사료되며, 다양하게 변용하여 교리교육의 소중한 밑거름으로 사용할 수 있을 것으로 확신합니다.

다시 한번, 신앙고백서의 초고작성에서부터 해설서 집필까지 노고를 아끼지 않으신 이동명 박사님, 오주영 박사님, 오성욱 박사님께 진심으로 감사를 드립니다. 그리고 윤문(潤文)과 교정작업에 참여해 주신 장혜선 박사님, 김상기 박사님, 김성호 박사님께도 감사의 인사를 드립니다. 마지막으로 출판과 편집, 디자인으로 고생한 총회본부 교육국 직원들과 성결교회 신앙고백서 해설서를 발행하기로 결의하고 재정적 후원을 아끼지 않은 총회 교육위원회 실행위원회와 위원장 성창용 목사님께 감사의 인사를 전합니다. 감사합니다.

제116년차 총회장 김주헌 목사

사용안내

해설서를 읽고 나누는 두 가지 방법

1. 존 웨슬리가 강조했던 삼위일체론 구조로 읽고 배우기

신앙고백서와 해설서의 내용을 삼위일체론 구조로 나누어 함께 읽고 나눠보세요. 해설서의 신학적 밑그림은 삼위일체론적 소실점을 기반으로 2부를 중심으로 데칼코마니처럼 펼쳐져 있습니다. 3단계 또는 4단계로 나누어 커리큘럼을 구성할 수 있습니다.

함께 읽고 공부한 장은 V표시로 체크해주세요.

신앙고백서 해설서를 이렇게 가르쳐 보세요.
1. 해설서를 활용하여 신앙고백서 내용 중 필요한 부분 설명하기
2. 신앙의 핵심적인 내용에 대해서 강의 혹은 설교에 활용하기
3. 리더 그룹에서 토론 교재로 활용하기

2. 삼위일체 사역을 중심으로 한 구조로 읽고 배우기

신앙고백서와 해설서의 내용을 5단계로 나누어 함께 읽고 나눠보세요. 삼위일체 사역을 중심으로 5단계로 나누어 커리큘럼을 구성하고 진행하는 방법입니다. 조금 더 세분화된 구성으로 교리교육의 커리큘럼을 구성할 수 있습니다.

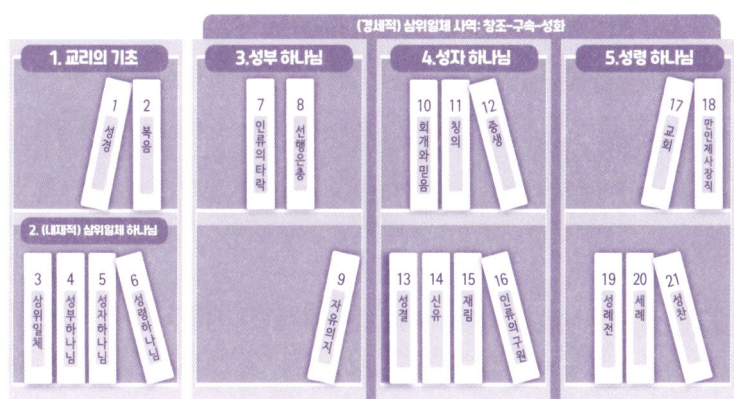

함께 읽고 공부한 장은 책등을 색칠해주세요.

신앙고백서 해설서를 이렇게 활용하세요.
1. 예배시간에 모든 교인이 함께 고백하기
2. 목회자가 22개 신앙고백 주제로 설교하기
3. 매주 또는 커리큘럼을 구성해서 성경공부하기
4. 다양한 형태의 수련회 영성훈련 프로그램을 활용하기

목차

제1장 성경 · 14

제2장 복음 · 30

제3장 삼위일체 · 46

제4장 성부하나님 · 68

제5장 성자하나님 · 83

제6장 성령하나님 · 100

제7장 인류의 타락 · 113

제8장 선행은총 · 138

제9장 자유의지 · 149

제10장 회개와 믿음 · 163

제11장 칭의 · 173

제12장 중생	• 181
제13장 성결	• 191
제14장 신유	• 202
제15장 재림	• 211
제16장 인류의 구원	• 221
제17장 교회	• 234
제18장 만인제사장직	• 254
제19장 성례전	• 270
제20장 세례	• 287
제21장 성찬	• 302
제22장 하나님의 나라	• 320

제1장

성경

성경은 왜 중요한가

　구약성경을 보면, 에스라가 성경을 펼 때 백성은 일어섰다(느 8:5). 말씀에 대한 공경이다. 바울은 성경을 사람의 말이 아니라 하나님의 말씀으로 받으라고 권면한다(살전 2:13). 성경의 말씀은 낭독되거나 선포될 때 듣는 이들에게는 경청, 열정, 공경, 겸손, 순종, 호응을 요구한다. 우리는 왜 성경에 대한 이러한 태도를 취해야 하는가? 우리는 왜 성경에 대한 신앙고백의 의미들을 이해해야 하는가? 나아가, 우리는 왜 성경 신앙을 고백하는가?
　첫째, 성경은 우리의 신앙의 기초, 행위의 규범, 생활의 표준이 되는 규범(norma normans)이다. 성경이 신조(norma normata)의 규범이 될 수 있는 이유는 이것이 하나님의 말씀이기 때문이다. 그리고 이 말씀은 기록과 전달 과정에서 무오하고, 무류하기 때문이다.

둘째, 규범으로써 성경은 또한 기독교 신앙의 표준이다. 우리는 이를 정경이라고 말한다. 정경으로써의 성경은 적시성과 적확성을 요구한다. 그러므로 우리는 왜 정경 안에 66권의 책이 포함되었는지를 이해할 필요가 있다. 나아가, 개신교 정경의 수가 로마 가톨릭이나 정교회와 다르다는 것도 알아야 한다.

셋째, 성경의 목적은 예수 그리스도를 통한 하나님의 구원이다. 우리는 성경에 나타난 예수 그리스도의 십자가와 부활의 사건을 통해 하나님의 구원을 경험할 수 있다. 성경은 각 권의 다양성을 존중하면서도 예수 그리스도를 통한 구원의 복음이라는 통일성도 유지한다. 따라서 성경은 다양한 상황 속에서도 성령의 가르침을 따라 교회 안에서 복음으로 해석되어야 한다. 특히 성결교회는 성경을 구원의 관점에서 사중복음을 중심으로 해석해왔다.

"신구약 성경은 하나님의 말씀입니다"

성경의 영감성

신구약 성경은 하나님의 말씀이다. 이것은 복음주의 신학의 핵심이다. "모든 성경은 하나님의 감동으로 된 것"(딤후 3:16)이다.

여기서 '감동되었다'는 말씀의 문자적 의미는 "하나님이 숨을 불어 넣으셨다"는 것이다. 성령은 성경 저자들을 감동시켜 그들 각 개인의 성격, 재능, 은사, 교양, 문체 등을 유기적으로 사용하여 성경 기록에 조화를 이루도록 하셨다(Organic Inspiration).

성경의 저자들은 단순히 하나님의 말씀을 대필한 자들이 아니다(기계적 영감설). 성경은 하나님께서 나온 것과 사람에게서 나온 기록의 종합물도 아니다(이원적 영감설). 성경은 하나님을 깊이 아는 인간이 만든 저작물도 아니다(동력적 영감설). 성경은 읽은 사람이 하나님의 말씀으로 받아들일 때에야 비로소 말씀이 되는 것도 아니다(현실적 영감설). 물론 이러한 주장들은 일면 타당하지만 온전한 설명은 아니다.

하나님의 말씀은 단지 서술(descriptive)되었을 뿐 아니라, 활동(work)한다. 성경은 하나님의 말씀으로서 '무언가'를 말해줄 뿐만 아니라, 하나님의 말씀이 '무슨 일을 하는가'를 보여주는 책이다. 언어이론에서 말하는 화행론(speech act theory)에 초점이 맞추어져 있다. 즉 말씀이 발화되고 선포되면 그 말씀은 현실을 움직이는 힘으로 나타난다.

히브리서 4장 12절에 따르면 "하나님의 말씀은 살아 있고 활력이 있어 좌우에 날선 어떤 검보다도 예리하여 혼과 영과 및 관절과 골수를 찔러 쪼개기까지 하며 또 마음의 생각과 뜻을 판단"한다. 성경은 하나님의 말씀으로서 영적으로, 인격적으로, 공동체적으로 변혁을 일으킨다. 성경은 개신교 복음주의자들에게 있어서 기독교 신앙과 실천에 관한 모든 문제들을 다루는 최종적 권위다. 성경은 구원을 위하여 알아야 할 것을 완전하고 충분하게 담고 있다. 성경은 구원을 위하여 필요한 내용을 명확하고 확실하게 포함하고 있다. 무엇보다 성경은 실제로 구원에 이르게 하는 능력을 가지고 있다.

성경의 무오성

성경은 무오(無誤, inerrancy)하다. 이것은 복음을 담은 성경이 우리를 구원에 이르도록 하기에 완전하고 흠이 없다는 것을 강조하는 신학적 개념이다. 고대교회부터 성경은 구원의 지침서로써 완전하고 무오하다는 의미로 사용되었다. 성경의 무오성은 4세기 성경의 정경화 과정에서 확인되었다. 성경의 무오성이 평가절하된 것은 11세기 이후 서방교회에 교황제도가 본격적으로 도입되면서부터다. 로마 가톨릭은 교황과 전통을 종교적인 권위의 근원으로 간주했다. 서방교회는 교황을 중심으로 형성한 교리와 주장을 성경 자체보다 중요하게 여겼다. 이에 대해 16세기 종교개혁자는 성경을 중심으로 하는 개혁을 단행했다.
　마르틴 루터(Martin Luther, 1483~1546)는 절대적 성경의 권위를 강조하기 위해 성경을 하나님의 말씀으로 주장했다. 이것은 성경이 하나님의 말씀이라는 의미이자 성경이 무오하다는 표현이다. 루터는 하나님의 말씀이 성경 안에 있고, 성경은 그분의 가르침이며, 속죄의 희생, 죄의 용서, 구원의 사역이라고 말했다. 또한 성경은 인류문명을 위한 윤리와 영성을 알려주는 절대적인 것이라고 보았다.

장 칼뱅(Jean Calvin, 1509~1564)은 성경을 "무오한 표준"이라고 말하면서 성경의 절대적 권위를 주장했다. 그는 서방교회 교황주의자들과의 논쟁에서 성경은 의 영감에 따라 쓰인 절대적 표준이라고 강조했다. 그는 자신의 신학이 성경에 의존할 뿐만 아니라, 당시 로마 가톨릭교회 내부의 개혁가들 또한 성경의 권위를 중시한다고 주장했다. 존 웨슬리(John Wesley, 1703~1791) 역시 전통, 이성, 경험의 원천은 오직 성경이라고 강조했다.

성경의 무오함을 주장할 때에 주의해야 할 점이 몇 가지 있다. 첫째, 성경에는 우리의 유한한 지성이 이해할 수 없는 하나님의 '신비'의 영역이 있다는 것이다. 둘째, 성경은 실제적인 의미에서 오류가 없다는 것이지 표현에 오류가 없다는 것은 아니다. 예를 들어, 겨자씨는 "땅 위의 모든 씨보다 작은 것"(막 4:31)이라고 표현되어 있지만 실제로는 그렇지 않다. 셋째, 성경의 무오성은 후대 사본들이 아니라 원본에만 적용한다. 서기관들이 복사본을 만들 때 하나님의 영감을 받았다고 볼 수는 없다. 성경해석의 한 방법론인 본문비평은 성경 문서의 후대 복사본들 가운데 사소한 오류들이 있음을 밝혀 주었고, 원본과 어떻게 다른지 증명해 주었다. 넷째, 성경의 무오성은 저자의 원래적인 의도와 관련된 것이지 본문에 대한 우리의 해석은 아니다. 다섯째, 20세기 근본주의

자들이 주장했던 축자영감설은 성경과 자연과학을 무분별하게 섞어버림으로써 성경해석에 큰 혼란을 주었다. 축자영감설과 문자주의는 성경의 무오성과 관계가 없다. 예컨대, 고대 근동의 우주관으로 설명된 하늘(창 1:7, 14; 시 75:3; 104:2-6)에 대한 말씀은 그 시대의 문화적 배경 속에서 이해되어야 한다.

성경의 무류성

성경은 무류(無謬, infallibility)하다. 잠언 30장 5절은 "하나님의 말씀은 다 순전"하다고 했다. 무류성이란 성경의 말씀이 우리의 신앙과 삶의 모든 문제에서 실수하지 않는다는 뜻이다. 성경의 무류성은 하나님이 오류를 범하실 수 없고, 하나님의 영감을 받은 사람들 또한 오류를 범하지 않는다는 의미다. 하나님은 "내가 전하라고 명령하지 아니한 말을 제 마음대로 내 이름으로 전하든지 다른 신들의 이름으로 말하면 그 선지자는 죽임을 당하리라"(신 18:20, cf. 21-22)고 하셨다.

시편은 하나님의 "말씀은 영원히 하늘에 굳게 섰사오며"(시 119:89), "주의 의로운 모든 규례들은 영원하리이다"(시 119:160)라고 기록하고 있다. 예수는 습관적으로 "성경에 이르기를", "하나님이 말씀하시기를"이라는 표현을 번갈아 사용하셨다. "천지가 없어지기 전에는 율법의 일점일획도 결코 없어지지 아니하고 다 이루리라"(마 5:18)고 하신 말씀은 성경의 무오함과 무류함을 믿고 있음을 의미한다.

웨슬리는 성경이 인간의 말로 기록된 '하나님의 말씀'이라고 강조했다. 그는 강력한 성경의 권위를 주장하고, 성경은 성령의 영감으로 쓰였다고 피력했다. 나아가 웨슬리는 하나님의 영이 성경을 기록한 사람에게 영감을 준 것만이 아니라, '진지하게 기도하며 성경을 읽는 사람들에게도 항상 영감을 준다'고 주장했다. 웨슬리는 성경의 기록에 있어서의 무오성과 전달에 있어서의 무류성을 말하고 있다. 그는 성경이 성령을 통해 기록한 하나님 말씀을 수집한 책이 아니라, 하나님이 인간과 함께 하신다는 '역사의 증언'이라고 말했다.

그러므로 웨슬리는 성경을 읽고 해석하는 단계를 중요하게 여겼다. 그는 성경, 전통, 이성, 경험이라는 네 가지 균형 잡힌 관점에서 성경 안에 있는 하나님 말씀에 다가설 것을 제안했다. 성경은 하나님의 감동과 직접적인 계시를 받은 사람들이 오류, 약점, 실패 없이 기록하고 전달한 진리의 말씀이다(요 16:13-14; 벧후 1:21). 따라서 성경은 가감(加減)하거나 폐할 수 없다(요 10:35; 계 22:18-19).

"교회의 정경은 신구약 성경 66권입니다"

정경화(正經化)의 역사

1세기 초대교회의 시대에는 정경화가 필요하지 않았다. 예수를 따르며 그의 복음과 행적을 목격한 사도들은 예수 그리스도의 올바른 발언 및 행적을 신자들에게 가르쳤기 때문이다. 그러나 사도들이 사망하고 난 후 2세기부터는 영지주의(Gnosticism), 마르키온주의(Marcionism) 등의 이단들이 본격적으로 출현하게 되었고, 이들에 맞서기 위해서는 무엇이 기독교의 경전인지를 분별할 필요가 생겼다.

영지주의자인 마르키온(Marcion, 85?~160)은 누가복음과 바울 서신만을 정경으로 받아들였다. 기독교와 유대교의 관계를 끊기 위해서 구약성경의 배경을 가지고 있는 책으로 보이는 마태복음과 마가복음을 배제시켰다. 이는 초기 기독 경전인 구약성경을 부정하고 자신들의 취향에 맞는 일부 문헌만을 정경으로 받아들인 것이다. 이에 대하여 정통 기독교는 당시 유대교와의 노선 구분 및 내부 이단들을 극복하기 위해 정경을 결정해야 할 필요성을 인식했다. 오랜 시간을 걸쳐 정경 구분이 완성된 것은 4세기 말엽이다.

4세기 초, 기독교는 밀라노 칙령으로 로마 제국의 종교로 공인되었고, 교회는 안정되고 성장하면서 정경화 작업은 급물살을 타게 되었다. 가이사랴의 유세비우스(Eusebius, 263~339), 예루살렘의 씨릴(Cyril, 313~386), 알렉산드리아의 아타나시우스(Athanasius, 296, 298?~373), 히에로니무스(Jerome, 347~420) 등 저명한 교부들이 이때 주목할 만한 활약을 하였다. 기준이 명확했던 신약보다는 구약을 놓고 의견 차이는 컸다.

아타나시우스 이후 신약성경 27권은 서방교회에서 거의 확정되어 397년 카르타고 공의회(Concilium Carthaginense)에서 별 이의 없이 인정되었다. 그러나 구약성경의 경우 아타나시우스는 유대교 전통에 따라 39권만 인정할 것을 주장했다. 불가타 성경의 번역자 히에로니무스도 이에 동조했다. 그러나 히포의 아우구스티누스(Augustine, 354~430)는 소위 '외경'으로 구분한 문헌들의 경전성을 인정해야 한다고 주장하면서 419년 카르타고 공의회에서 재추인하여 서방교회 내에서 관철시켰다. 반면, 동방교회는 692년에 이르러 퀴니섹스트 공의회(Concilium Quinisextum, "제5-6회 보완 공의회")에서 신약에 관해서는 서방교회와 의견 일치를 보였고, 구약에 관해서도 주목할 만한 의견 접근을 보였다.

16세기 이후 종교개혁자들은 로마 가톨릭교회의 성경 목록을 이용하지 않았다. 오히려 유대교가 정경으로 인정한 구약성경 39권을 수용하고, 신약성경은 카르타고 공의회에서 인준된 27권의 목록을 인정했다. 이는 그대로 개신교의 성경이 되었다. 유대교는 타나크(히브리어 성경)를 정경으로 인정한다. 타나크(תנ"ך, Tanakh)란 율법서(토라, Torah), 예언서(네비임, Nevi'im), 성문서

(케투빔, Ketuvim)의 첫 글자를 떼어 합성한 이름이다. 타나크는 율법서 5권, 예언서 8권, 성문서 11권으로 총 24권으로 이는 구약성경 39권에 해당된다. 이는 타나크의 예언서와 성문서 분류방식이 기독교와 다르기 때문이다.

서방의 로마 가톨릭교회와 동방의 정교회는 종파적 차이가 있지만, 구약성경 46권(제1경전 39권에 제2경전 7권을 포함), 신약성경 27권을 포함한 총 73권을 정경으로 인정한다. 개신교는 히브리어 성경에 준하는 구약성경 39권 및 신약성경 27권을 포함한 총 66권을 정경으로 인정한다. 단, 성공회는 제2경전(외경)을 준 정경으로 여긴다.

개신교 정경과 신구약성경 66권

교회의 정경은 신구약 성경 66권이다. 요세푸스는 『콘트라 아포이넴』(Contra Apionem 1.42, 43)에서 "정경이란 하나님의 영감을 통해서 특정한 기간에 저술된 한정된 수량의 현존 문헌"이라고 정의했다. 아우구스티누스는 『서신』(Epistle 82.1)에서 "나는 정경이라고 불리는 책들에게만 영예를 부여하기를 배웠는데, 이러한 책들의 그 어떤 저자도 오류가 없으리라는 것을 나는 확실히 믿는다"라고 고백했다.

성경 본문의 최종 형태가 중요한 이유는 무엇인가? 그것은 성경이 자신을 하나님의 말씀으로 규정할 수 있게 되는 근거인 성경

본문 자체가 계시임을 드러내고 있기 때문이다. 성결교회의 모법인 『교리와 조례』(1925년)에서 "성경은 곧 구약과 신약인데 이것은 교회에서 작정한 책이며 영구히 의심할 것이 없는 책"이라고 정경성을 확정했다. 성결교회의 정경으로써 진리의 기준이요 규범이 되는 성경은 구약성경 39권과 신약성경 27권 합계 66권이다.

그렇다면 구약성경 정경의 기준은 무엇인가? 첫째, 영감성이다. 성령으로 계시된 말씀이라는 사실을 저자 스스로 인정해야 한다. 둘째, 진리성이다. 하나님의 거룩한 뜻과 인간 구원의 진리를 담고 있어야 한다. 셋째, 보존성이다. 하나님의 섭리 가운데 훼손되지 않았어야 한다. 넷째, 인증성이다. 예수 그리스도와 사도들이 인용하고 있어야 한다.

구약성경 39권은 다음과 같다: 창세기 출애굽기 레위기 민수기 신명기 여호수아 사사기 룻기 사무엘상 사무엘하 열왕기상 열왕기하 역대상 역대하 에스라 느헤미야 에스더 욥기 시편 잠언 전도서 아가 이사야 예레미야 예레미야애가 에스겔 다니엘 호세아 요엘 아모스 오바댜 요나 미가 나훔 하박국 스바냐 학개 스가랴 말라기

신약성경 정경의 기준은 무엇인가? 첫째, 계시성이다. 예수 그리스도 안에서 일어난 하나님의 계시에 대한 증언이어야 한다. 둘째, 사도성이다. 예수 직접 들은 사도와 사도의 직계 제자인 속사도로부터 유래해야 한다. 셋째, 성령의 내적 증언이다.

신약성경 27권은 다음과 같다: 마태복음 마가복음 누가복음 요

한복음 사도행전 로마서 고린도전서 고린도후서 갈라디아서 에베소서 빌립보서 골로새서 데살로니가전서 데살로니가후서 디모데전서 디모데후서 디도서 빌레몬서 히브리서 야고보서 베드로전서 베드로후서 요한1서 요한2서 요한3서 유다서 요한계시록

"신구약 성경의 주제는 예수 그리스도를 통한 구원입니다"

예수 그리스도는 가장 잘 표현된 하나님의 계시이자, 그분 자신이 곧 하나님의 말씀이다. 태초에 "말씀은 곧 하나님이셨는데"(요 1:1), 이 "말씀이 육신이 되어 우리 가운데" 거하셨다. 이것을 성육신이라고 한다. 성육하신 말씀이 곧 예수 그리스도다(요 1:14, 계 19:13). 하나님 아버지는 "아들을 통하여 우리에게 말씀"(히 1:2) 하신다. 예수 그리스도는 성육신하신 하나님의 말씀이고, 계시 그 자체다. 이 계시는 삼위일체 하나님의 행위로서 하나님의 영원한 작정 안에서 하나님에게서 나온 것이다. 따라서 개신교 복음주의 전통의 신학은 예수 그리스도 중심, 즉 복음으로 성경을 해석한다. 올바른 성경 이해의 핵심은 그리스도와 얼마나 연관되어 있느냐를 놓고 평가한다.

구약성경은 메시아를 '고대'하고, 신약성경은 메시아를 '회고'한다. 따라서 구약성경은 신약의 예수를 지향하며, 이 지향성은 신약성경의 예수 안에서 성취한다. 그렇다고 신약성경이 구약성경

을 대신하지는 않는다(마 5:17). 구약성경과 신약성경은 각각 그 자체의 관점이 있지만, 그 메시지는 예수 그리스도를 통해서 연속적인 관계를 맺고 있다. 예수 그리스도를 중심으로 펼쳐진 성경의 세계에서는 성령 안에서 그를 믿는 자에게 중생, 성결, 신유, 재림이라는 사중복음을 통하여 하나님의 자녀가 되게 하시는 하나님의 뜻을 발견할 수 있다.

성경 해석학(Biblical Hermeneutics)이란 성경 본문을 해석하기 위하여 이론과 원리 그리고 방법들에 대한 모든 것들을 탐구하는 학문이다. 주석이 기술이고 실제라면, 해석학은 학문이고 이론이다. 고대교회 교부로부터 성경 해석에 대한 신학적 차이는 있었다. 고대 성서해석 방법론으로는 역사적 비평, 문자적 비평, 풍유적 비평, 모형적 비평, 과거적 비평, 미래적 비평 등이 있다. 현대 성서해석 방법론으로는 문헌비평, 양식비평, 편집비평, 구성비평, 독자반응비평 등 다양하다. 신학적인 해석학은 철저하게 성경에 근거를 두어야 한다. 동시에 다양한 이론들을 성경 안에서 소화하여 이해하고자 해야 한다. 이런 작업을 위해서는 믿음과 성령의 조명, 그리고 기도가 요구된다. 무엇보다 복음 안에서 성경으로 해석하는 기본적인 규칙들을 준수해야 한다.

성경은 하나님 자신과 하나님의 구원계획, 그리고 예수 그리스도를 증언하고 있다(요 5:39). 성경은 특정한 시대의 특정한 대상에게 말씀하신 책이지만, 동시에 동서고금 모든 사람에게 보편적 진리로 인정되는 하나님의 살아있는 말씀이다(히 4:12-13). 성령의 조명 가운데 성경을 읽고 들을 때(요 15:26), 다양한 시대 상황 속에서도 복음의 핵심인 예수 그리스도를 구원의 중심으로 해석해야 한다.

성결교회는 신구약 성경을 경전으로 삼고, "중생, 성결, 신유, 재림을 성경해설의 기본으로 한다."고 명시하고 있다(『헌법』 제4조). 이는 예수 그리스도의 구원의 복음을 사중복음으로 명확하게 제시할 수 있기 때문이다. 따라서 중생, 성결, 신유, 재림의 사중복음을 중심으로 성경을 해설할 수 있다고 본 것이다.

"신구약 성경은 통일성과 다양성이 있습니다"

성결교회『헌법』제1조 제2항은 "본 교회 목적"을 "성경의 권위를 보수"하는데 있다고 명시해 놓았다. 성결교회는 최초의 성문법인 『교리와 조례』(1925년)에서부터 성경에 대한 이러한 입장을 분명히 했다. 교리와 조례는 이렇게 밝히고 있다. "성경은 구원함에 필요한 모든 조건을 기록한 책이다. 그러므로 무엇이든지 성경에 기록하지 않고 혹은 성경에 증명하지 않은 것은 마땅히 믿을 교리가 아니며 또한 구원함이 합당하지 않은 줄로 인정해야 한다. 성경은 곧 구약과 신약인데 이것은 교회에서 작정한 책이며 영구히 의심할 것이 없는 책이다" 성경은 예수 그리스도 안에 있는 믿음으로 말미암아 구원에 이르는 지혜가 있게 한다(딤후 3:15). 성경은 구원받기에 넉넉한 책이다.

구약과 신약은 각각 독자적인 권위를 가지고 있다. 신구약 전체의 통일된 중심과 목적은 예수 그리스도를 통한 하나님의 구원이다. 구약을 통해 언약하신 하나님은 최종적으로 예수 그리스도 안에서 언약을 성취하시고 새로운 언약을 세우신다. 성경은 하나님이 인간 저자를 통하여, 저자 안에서, 저자와 함께 하시는 방식으로 쓰였다. 또한 하나님은 저자의 환경과 삶을 조성하시고 인도하셔서 자신의 뜻을 기록하게 하셨다. 이것을 이루신 분은 성령이고, 그 말씀이 육화되신 분은 예수다. 그러므로 성경은 각 저자 개인의 문체적, 시대적 특성을 잘 반영하고 있다. 동시에 그 다양한 특성들은 모두 성령의 감동을 통해 유기적으로 이루어지므로, 결코 오류에 이르지 않는다. 이러한 성경의 유기적 영감에 대한 확신으로부터 성경의 권위가 세워진다. 하나님은 거짓말을 하실 수 없는 분(민 23:19; 삼상 15:29; 딛 1:2; 히 6:18)이시기에, 하나님의 감동으로 된 성경 또한 거짓될 수 없다.

우리는 자신이 선택한 것을 믿지 않고, 성경에 계시된 것을 믿는다. 그러므로 성경의 권위는 교회 위에 있으며, 교회의 권위를 규정한다. 교회는 성경을 인정하고 보존하고, 새롭게 해석하고, 가르치는 기관으로써 그 권위를 갖는다. 그러므로 우리는 교회의 공신력 있는 가르침에 순종해야 한다. 만약 성경의 권위를 인정하지 않으면 성경이 언제 진실을 말하고 언제 그렇지 않은지 결정하는 것이 인간의 손으로 넘어간다. 성경의 권위가 인간에 의해 좌

우된다면 그 권위는 무기력한 것이다. 무엇이 참된 것인지를 결정하는 권위를 만물보다 거짓된 인간의 마음(렘 17:9)에 둘 수는 없기 때문이다.

   성경은 신적 영감에 의한 계시이므로 하나님의 말씀이라는 권위를 지닌다. 동시에 성경은 예수 그리스도에 대한 계시이기 때문에 하나님의 말씀이라는 권위를 갖는다. 그러므로 성경의 바른 해석은 단순히 의미를 재구성하는 것이 아니다. 오히려 성경 안에서 예수 그리스도를 발견하는 데 있다. 예수 그리스도는 모든 시대를 막론하고 왕이며, 예언자며, 제사장이다. 그러므로 그리스도의 죽음으로 말미암아 구약과 신약이라는 두 개의 성경은 하나가 되었다. 신구약을 하나의 통합된 것으로 이해할 때 비로소 예수는 참된 그리스도로 계시된다.

제2장

복음

복음은 왜 중요한가

　기독교 신앙의 핵심은 복음이다. 우리가 복음에 대해 자주 말하지만 실상 복음이 무엇이냐고 하면 정확히 대답하기 힘들다. 그러면 "복음은 무엇인가?(What is gospel?)" 복음은 예수 그리스도를 통한 구원의 기쁜 소식이다. 예수 그리스도는 이 땅에 기쁜 소식으로 오셨다. 예수 그리스도 자체가 구원의 기쁜 소식이다. 그분을 통해 하나님 나라가 이 땅에 임하였고, 구원이 임하신 것이다. 따라서 우리는 "복음은 누구인가?(Who is gospel?)"를 질문해야 한다. 복음되신 예수 그리스도를 통해 성도의 삶이 시작되고 완성되기 때문이다.

　이 복음은 삼위일체 하나님의 사역이다. 예수 그리스도의 구원

사역을 주도하시는 성부하나님과 예수 그리스도의 탄생과 사역, 죽음과 부활에 역사하시고, 이후 복음전파 사역을 주도해 가신 성령 하나님, 그리고 하나님의 구원사역을 위해 보내심 받은 성자 예수 그리스도가 인류역사에 나타나신 놀라운 역사이기 때문이다.

복음서에 나타난 예수 그리스도의 사역은 사중복음적이라고 할 수 있다. 회개하여 거듭나게 하고, 좁은 길인 거룩한 삶으로 초대하며, 육체적 질병도 치유하셨다. 또한 다시 이 땅에 오셔서 정의를 실현하실 것이라고 약속하셨다. 이러한 주님의 사역은 중생, 성결, 신유, 재림의 복음으로 말할 수 있다. 따라서 성결교회는 복음의 핵심으로 사중복음을 강조한다.

"복음은 예수 그리스도를 통한 구원의 좋은 소식입니다"

첫째, 복음은 하나님의 나라에 관한 좋은 소식, 기쁜 소식이다. 하나님의 아들 예수 그리스도에 관한 모든 진리다. 마가복음은 "하나님의 아들 예수 그리스도의 복음의 시작"(막 1:1)이라는 말씀으로 시작한다. 사도 바울은 복음이 하나님께서 선지자들을 통하여 그의 아들에 관하여 성경에 미리 약속한 것이라고 말한다(롬 1:2). 하나님의 나라의 복음은 죄, 악, 고난, 질병과 죽음, 전쟁 패배와 포로에서의 구출과 해방을 알리는 좋은 소식이다. 복음은 우주의 통치자인 하나님의 왕적인 칙령이다. 동시에 복음은 하나님 없는 상황이 종식되고 하나님의 생명 통치가 작동한다는 선포다. 이 복음은 구약에서 이미 모세와 선지자들을 통해 예언되었다.

둘째, 복음은 하나님의 아들 예수 그리스도를 믿음으로 말미암아 얻게 되는 하나님의 구원의 은혜다. 복음은 하나님의 능력이다(롬 1:16). 하나님의 구원의 은혜는 믿는 자를 거듭나게 하고, 성결하게 하고, 치유하며, 재림의 소망 속에서 공의롭게 살게 한다. 그러므로 예수 그리스도를 믿는 자는 중생, 성결, 신유, 재림의 은혜를 체험하며 살아간다. 이러한 삶은 복음으로 말미암아 우리에게 주어진 은혜의 열매다.

셋째, 복음은 '예수 그리스도' 그 자체다. 성경이 오래 전에 약속했고 궁극적으로 증언하는 것은 예수 그리스도가 하나님의 아들이며, 예수 그리스도가 복음이라는 것이다. "주는 그리스도시오 살아 계신 하나님의 아들이시니이다"라는 시몬 베드로의 고백(마 16:16)은 복음이란 인격임을 가르쳐주는 증거다. 복음은 예수가 십자가에 죽으심으로 하나님이 그를 '주'와 '그리스도'가 되게 하셨음(행 2:36)을 알게 되는 기쁜 소식이다. 그러므로 복음을 믿는다는 것은 예수 그리스도라는 인격 그 자체를 믿는 것이다.

복음서가 전하는 복음

복음은 하나님의 나라가 임박했다는 기쁜 소식이다(눅 4:43).

하나님이 온 세상을 통치하시고 구원하신다는 좋은 소식이다. 복음서에 따르면, 예수는 바로 이 하나님의 복음, 하나님 나라의 복음을 전파하셨다. 모든 복음서들이 이와 같은 내용을 강조한다(마 11:5; 눅 4:14-19; 7:22). 따라서 복음은 '예수 그리스도의 생애와 사역 안에서 하나님이 행하신 온전한 구원'으로 나타난 좋은 소식이다.

마태복음과 누가복음에서 복음은 맹인에게, 나병환자에게, 귀먹은 자에게, 죽은 자에게, 가난한 자에게 전파되는 좋은 소식이었다(마 4:23, 9:35, 11:5, 눅 4:18, 7:22). 이러한 좋은 소식은 한 장소에 머무르지 않고, 여러 곳으로 전파 되었다(눅 9:6). 마태는 천국복음이 모든 민족에게 증언되기 위하여 온 세상에 전파될 것이고, 그때 끝이 온다고 말했다(마 24:14).

마가복음은 첫 장 첫 말씀에서 하나님의 아들 예수 그리스도의 복음의 시작이라고 선언한다(막 1:1). 이는 마가복음 전체의 주제이자, 마가가 바라보았던 예수 그리스도의 사역의 핵심이다. 세례요한이 잡힌 후에 예수는 갈릴리에서 하나님의 복음을 전파하신다. 한편, 마가복음은 복음을 예수 그리스도의 선포의 내용으로 설명하기도 한다(막 1:14-15, 13:10). 마가복음은 복음에 대해서 설명해 주기도 하지만, 복음을 '위하여'(막 8:35, 10:29) 살아가야 하는 그리스도인의 삶을 강조하기도 한다. 또한 마가복음은 복음이 만민에게 전파해야 하는 예수 그리스도의 지상명령이라는 사실 또한 분명하게 기록한다(막 16:15).

누가복음은 복음이 전해진 곳에는 눌린 자를 자유케 하는 일(눅 4:18-19)이 나타남을 강조한다. 복음은 억압된 자를 해방하게 한다. 그리스도의 복음은 내세에서 누리는 영혼의 안녕이나 현세의 물질적 풍요를 약속하는 것으로 축소해서는 안 된다. 복음이 선포되는 곳에는 소외된 자들의 자유와 해방이 나타난다. 누가복음은 복음이라는 말 앞에 '하나님 나라'를 붙여서 복음이 어디에서 기원했는지를 설명한다(눅 4:43, 눅 16:16). 제자는 예수 그리스도께서 복음을 선포하는 곳에 늘 함께하는 존재다(눅 8:1).

예수는 부활하신 후에 제자들에게 십자가와 부활에 관한 성경 말씀을 깨닫게 하셨다. 그리고 죄 사함을 받게 하는 회개가 모든 족속에게 전파될 것을 말씀하셨다. 예수는 제자들이 이 모든 일의 증인임을 선포하셨다. 예수는 승천하시기 전에도 제자들에게 복음의 증인이 될 것을 중요한 삶의 과제로 남겨 주셨다(마 28:20, 막 16:15).

사도 바울 서신에 나타난 복음

사도 바울에 따르면, '복음'은 '하나님의 아들에 관한 것'이다(롬 1:2). 바울은 하나님이 어떻게 그의 아들을 보내어 다윗의 혈통, 곧 메시아로 나게 하셨는지, 그의 죽음과 부활과 승천을 통하여 어떻게 사탄의 세력을 꺾으셨는지, 그리고 우리를 자신의 의로운 백성이자 하나님의 자녀로 회복하셨는지를 초대교회의 복음 선포 양식을 빌려 설명했다. 하나님 아들 예수 그리스도에 관한 이야기 (narrative)가 곧 '복음'이기 때문이다. 우리가 하나님이 그의 아들을 통해서 이루신 구원의 이야기, 즉 복음을 전하는 곳에는 하나님의 '의'가 나타난다. 하나님은 복음을 통하여 이스라엘과 피조물들에 대하여 하나님 노릇을 하심으로 통치하신다. 하나님은 창조주로서 우리를 신실히 돌보시는 분으로 계시하신다. 이것이 로마서 1장 16-17절에서 바울이 이해하고 가르치고 있는 복음이다.

우리는 아담(탕자)같이 하나님에게 등을 돌리고 우리 멋대로 살려다 사탄의 종이 되어 죽음과 멸망의 세계로 떨어진 존재였다. 우리는 이렇게 창조주 하나님에 대한 우리의 의무를 다하지 못했다. 성경은 이를 '인간의 불의'라고 말한다. 그 대가로 우리 인간은 사탄의 죄와 죽음의 통치 아래 떨어졌다. 그러나 '하나님의 아들'을 내용으로 하는 '복음'에는 하나님이 우리를 포기하지 않으시고 우리에게 끝까지 다가오셔서 하나님 노릇을 해주셨음을 보여준다. 그 '복음'은 탕자의 비유에 나오는 아버지가 탕자를 저버리지 않고 먼발치에서부터 버선발로 나와서 그를 영접하여 아들(상속자)로 회복시키고 큰 잔치를 베풀어 준 것과 같다. 복음은 하나님이 불의한 우리를 정죄하지 않으시고 우리에 대한 창조주로서의 의무를 다하셨음을 보여준다. 이처럼 '복음'은 하나님의 '의'를 계시하고 있다.

사도 바울은 부활장이라고 불리는 고린도전서 15장에서 사도들이 선포하는 복음을 말했다. 그것은 '예수 그리스도의 십자가의 죽으심과 부활'이다. "내가 받은 것을 먼저 너희에게 전하였노니 이는 성경대로 그리스도께서 우리 죄를 위하여 죽으시고"(고전 15:3) 이 구절에서 '받고', '전함'은 당시 유대교에서 전승을 전달하는 과정을 뜻하는 전문적 용어다. 그러므로 바울은 이 복음을 자기보다 먼저 사도된 자들로부터 신실하게 받아서 이제는 고린도인들에게 신실히 전달한 것이라고 밝히고 있다. 복음은 예수 그리스도의 제자들부터 시작된 '받고, 전함'이라는 신실한 전달 과정을 통해 우리에게 주어졌다.

바울은 고린도전서 15장 1-11절에서 복음의 내용과 전달 과정을 다음과 같이 설명한다.

3절 내가 받은 것을 먼저 너희에게 전하였다.
　그리스도가 우리 죄를 위해서 성경대로 죽으셨다.
4절 그가 장사되었다.
　그리고 그가 사흘 만에 성경대로 일으켜졌다.
　성경대로 사흘 만에 다시 살아나셨다.
5절 그리고 그가 게바(베드로의 아람어 이름)에게 나타나셨다 (보여졌다).
　후에 열두 제자에게 나타나셨다.
6절 그 후에 오백여 형제에게 일시에 보이셨나니 그 중에 지금까지 대다수는 살아 있고 어떤 사람은 잠들었다.
7절 그 후에 야고보에게 보이셨으며 그 후에 모든 사도에게와

8절 맨 나중에 만삭되지 못하여 난 자 같은 내게도 보이셨다.

9절 나는 사도 중에 가장 작은 자라 나는 하나님의 교회를 박해하였으므로 사도라 칭함 받기를 감당하지 못할 자다.

10절 그러나 내가 나 된 것은 하나님의 은혜로 된 것이니 내게 주신 그의 은혜가 헛되지 아니하여 내가 모든 사도보다 더 많이 수고하였으나 내가 한 것이 아니요 오직 나와 함께 하신 하나님의 은혜다.

11절 그러므로 나나 그들이나 이같이 전파하매 너희도 이같이 믿었다.

부활하신 그리스도는 게바에게 나타난 후 "열둘"에게 나타났고, 500여 "형제들"에게도 한꺼번에 나타났다. 이어서 부활하신 그리스도는 "야고보와 그 후 모든 사도들"에게 나타났다고 말하고(7절), "마지막으로" 바울 자신에게도 나타났다고 증언한다(8절).

복음의 핵심은 그리스도의 죽음과 그의 부활에 있다. 이 구원의 사건들은 이미 구약성경에서 하나님이 선지자들을 통해 약속하신 것들이었다. 그러므로 "성경대로"(고전 15:3)라는 말을 덧붙여 이 사건들이 구약성경의 예언을 성취한 하나님의 구원 사건임을 밝히고 있다.

"성도의 삶은 오직 복음으로 이루어집니다"

본 교회는 성결교회의 초대 창립자들의 정신과 전통을 계승하며 그 중요한 내용은 아래와 같다.

> 1. 국내외에 그리스도의 복음을 전파하여 모든 영혼들을 구원하며 모든 교인에게 성결의 은혜 즉, 성령세례(聖靈洗禮)를 전하여 교회로 하여금 거룩되게 하기를 힘쓴다. 2. 교회를 설립하여 영혼을 구원함과 윤리의 실천을 힘쓰며 십자가의 복음과 성경의 권위를 보수하며 재림의 주를 대망하도록 한다(헌법 제1장 총강).

우리는 성경을 복음의 관점에서 해석하고 실천하며 살아가는 존재다. 누가복음 24장 44-48절의 말씀은 복음은 누구이며, 복음적 삶이란 무엇인지 잘 보여준다.

> "내가 너희와 함께 있을 때에 너희에게 말한 바 곧 모세의 율법과 선지자의 글과 시편에 나를 가리켜 기록된 모든 것이 이루어져야 하리라 한 말이 이것이라 하시고 이에 그들의 마음을 열어 성경을 깨닫게 하시고 또 이르시되 이같이 그리스도가 고난을 받고 제삼일에 죽은 자 가운데서 살아날 것과 또 그의 이름으로 죄 사함을 받게 하는 회개가 예루살렘에서 시작

하여 모든 족속에게 전파될 것이 기록되었으니 너희는 이 모든 일의 증인이라."

누가는 마음을 열어 성경을 깨닫게 되면서 복음을 믿는 것이란 무엇인지 세 가지로 요약하고 있다. 첫째, 모세의 율법과 선지자의 글과 시편에 기록된 모든 성경 말씀이 이루어져야 하는 바를 깨닫는 것이다(44절). 둘째, 그리스도가 고난을 받고 제 삼일에 죽은 자 가운데서 살아날 것을 믿는 것이다(46절). 셋째, 예수 그리스도의 이름으로 죄 사함을 받게 하는 회개가 예루살렘부터 모든 족속에게 전파될 것을 믿는 것이다(47절). 이것이 복음의 핵심이다. 그러나 진정한 복음의 삶은 단지 복음을 믿는 것에서 끝나지 않는다. 복음의 궁극적인 목적은 이러한 복음의 내용을 믿고, 고백하는 자들이 삶으로 복음의 증인이 되는 것이다(48절).

성경은 이스라엘 민족, 열두 제자들, 그리고 초대교회 성도들의 삶 속에서 복음을 통하여 임하는 하나님 나라가 세워질 때 어떤 영적 싸움이 있었는지, 그 싸움에서 승리하는 비결이 무엇인지를 보여준다. 하나님 나라의 복음은 성도들을 거듭나게 하고 거룩하게 하며, 치유되고 회복되어 공의로운 세상을 위한 선교적 삶과 소망으로 나아가게 한다. 이처럼 복음은 우리의 삶의 자리에서 구체적으로 선포되고 실현되는 것이다.

복음은 우리에게 구원을 주시는 하나님의 능력이기에 성도들을 믿음 위에 견고히 세우고, 거룩한 삶으로 인도하며, 주님 오실 때까지 온 세상에 복음을 증거하는 자로 살아가게 한다.

"사중복음은 복음의 핵심입니다"

하나님 나라의 복음에는 중생의 복음, 성결의 복음, 신유의 복음, 그리고 재림의 복음이 펼쳐져 있다. 이 복음의 능력이 나타나는 곳에 하나님 나라가 온전히 이루어진다. 이 사중복음은 예수의 네 가지 사역이자 하나님 나라의 네 가지 모습이다. 따라서 성결공동체는 복음의 핵심인 사중복음을 선포해 왔고, 지속적으로 선포해야 할 것이다. 성결교회는 헌법 서문에서 다음과 같이 선언한다.

> 성결교회 신앙교리의 근간은 존 웨슬리의 복음적 성결의 주창을 배경으로 하여 중생, 성결, 신유, 재림의 복음으로 요약된 교리적 정신이며 예수 그리스도와 그 사도들로 말미암아 나타내신 복음적 성경해석에 근거한 교리와 만국성결교회의 신앙교리를 토대로 해서 1925년에 공포한 것으로 모든 교회가 영구히 지키도록 했다(헌법, 1: 서문).

중생, 성결, 신유, 재림 사중복음은 성경이 증거하고 있는 복음의 네 가지 핵심이자, 성경 전체를 이해하는 주요 구조와 내용이다. 복음의 궁극적 목적을 담고 있는 사중복음이 갖고 있는 핵심적 내용과 가치를 간단히 살펴보자.

첫째, 중생은 죄를 용서받아 의롭다 함을 받는 것이다. 디모데후서에서 사도 바울은 하나님이 구원하시고 거룩하신 소명으로 우리를 불러주신 것은 우리의 행위에서 비롯한 것이 아니라, 오직 자기의 뜻과 영원 전부터 그리스도 예수 안에서 우리에게 주신 은혜대로 하신 것이라고 가르치고 있다(딤후 1:9). 즉 하나님의 '거룩한 부르심'이다. 이어서 그 부르심이 우리 구주 예수 그리스도의 나타나심으로 비롯되었고, 예수는 사망을 폐하시고 생명과 썩지 아니할 것을 드러내셨다(딤후 1:10). 중생은 예수 그리스도의 복음의 첫 열매이자 새로운 피조물이며, 새 생명이다.

중생은 의롭게 됨, 거듭남, 양자됨의 은혜를 포함하는 중요한 구원의 복음이다. 이것을 교리적으로는 칭의, 중생, 양자됨으로 부른다. 이 각각은 중요한 내용을 갖고 있다. 주님의 말씀처럼 사람이 거듭나지 않으면 하나님의 나라를 볼 수 없다. 중생해야 하나님의 나라에 참여한다. 즉 구원을 얻게 된다. 거듭난 사람은 죄를 용서받을 뿐 아니라 악한 본성이 변화되어 하나님의 형상이 회복되며, 성령 안에서 온전한 변화를 받는 성결의 은혜로 나아갈 수 있게 된다. 온전한 구원을 하나님의 형상을 완전하게 회복하는 것이라고 할 때, 중생은 구원의 시작이라고 볼 수 있다. 우리는 삼위일체 하나님의 사역으로 중생의 은혜를 경험하게 된다. 생명의 근원이신 성부 하나님, 생명을 구원하시는 성자 하나님, 또한 깨닫게 하시고 회개케 하시는 성령 하나님의 사역으로 인해 우리가 하나님의 은혜 안에서 거듭나게 되고, 의롭다하심을 얻고, 하나님의 자녀가 된다. 따라서 우리가 믿고 회개한 것은 모두 다 하나님의 은혜다.

둘째, 성결은 복음 안에서 원죄의 부패성을 제거하는 것이다. 성결은 성령을 좇아 열매 맺는 사랑의 가치다. 성결은 성령세례이며, 성령의 열매로 나타난다. 그것은 사랑과 희락과 화평과 오래 참음과 자비와 양선과 충성과 온유와 절제다(갈 5:22-23). 성결은 예수 그리스도의 복음의 빛으로 조명을 받으며 자라나는 사랑의 실재다.

성결의 복음은 중생이후 점차 성화되어가는 삶 속에서도 죄의 뿌리가 있음을 발견하고 그 원죄의 부패성을 성령세례를 통해 제거할 수 있다고 가르친다. 이는 종교개혁이 가르치는 대로 인간은 전적으로 타락했음을 인정하면서도, 동시에 성령의 능력, 새롭게 창조하시고 회복하시는 은혜를 통해 죄를 넘어설 수 있다. 그러나 이것이 인간을 초월하는 하나님의 거룩함을 말하는 것은 물론 아니다. 성결은 하나님의 명령이며, 하나님은 그 명령대로 살 수 있도록 하시는 분이시다. 우리는 하나님이 성결의 은혜를 통해 죄된 본성을 벗어나 하나님과 이웃을 온전히 사랑하는 삶을 살도록 하신다고 믿는다. 성결교회는 바로 이 성결의 복음을 전하고자 세워졌으며, 주님의 재림 때까지 성결한 삶을 살고 전하도록 강조한다.

셋째, 신유는 삼위일체 하나님의 능력으로 우리의 온몸과 마음이 고침을 받는다는 하나님의 은혜의 복음이다. 예수는 그를 따르는 제자들에게 더러운 귀신을 쫓아내며 모든 병과 모든 약한 것을 고치는 권능을 주셨다(마 10:1). 야고보서는 무리 중에 병든 자가 있으면 교회의 장로들을 청하고, 주의 이름으로 기름을 바르며 그를 위하여 기도하라고 명령한다(약 5:14). 신유는 믿음의 기도로 가능하다. 믿음의 기도는 병든 자를 구원하며, 주님이 그를 일으키시고, 죄를 범하였더라도 사하심을 받게 하는 능력이 있다(약 5:15). 신유는 서로의 죄를 서로 고백하며, 병이 낫기를 위하여 서로 기도할 때 이루어진다. 의인의 간구는 병이 낫도록 역사하는 큰 힘이 있다(약 5:16). 하나님의 치유하시는 복음은 이 땅에서 탄식하는 모든 피조물들을 온전하게 회복하는 평화의 가치로 나타난다.

성결교회는 신유(Divine healing)에 있어서도 치유하시는 하나님에게 집중한다. 이는 믿음의 치유를 포함하여 치유하시는 하나님의 은혜로 보는 것이다. 우리 자신의 믿음이나 은사가 아니라 생명의 주관자 되시는 하나님을 치유의 주권자로 인정함을 말한다. 신유의 은혜는 삼위일체 하나님의 사역이기 때문이다. 성부 하나님, 성자 하나님, 성령 하나님은 모두 인간의 구원과 치유를 위해 일하시고, 뿐만 아니라 마침내 온 세상까지도 구원하시고 치유하실 것이다. 우리는 신유의 하나님을 신뢰함으로 기도하며 신유의 은혜를 체험하고, 우리의 삶의 자리에서 치유하시고 회복하시는 은혜를 풍성히 누려야 할 것이다.

넷째, 재림은 예수 그리스도가 세상에 다시 오셔서 모든 선과 의로 심판하실 것을 믿고 소망하는 복음이다. 재림의 복음은 우리에게 삶의 실존적 종말이자, 예수 그리스도가 우리의 세상 속으로 다시 오시는 우주적 심판이다. 우리는 언제 우리에게 다시 오실지 모르는 그리스도에 대한 소망 속에서 선함과 의로움으로 살아야 할 존재다. 그러므로 재림의 복음 속에는 공의로운 삶의 가치가 들어있다. 사도 바울은 이러한 재림의 전인적 가치를 구체적으로 설명했다. 재림의 소망은 이 땅에서 그리스도인이 견디고 있는 모든 박해와 환난 속에서도 인내와 믿음으로 살아낼 수 있는 신앙의 원동력이 된다(살후 1:4).

재림을 기다리고 소망하고 인내하는 삶은 하나님의 공의로운 심판의 표다. 또한 우리에게는 하나님 나라에 합당한 자로 여김을 받을 수 있는 시금석이다. 그러므로 우리는 재림을 소망하며 하나님 나라를 위하여 고난을 받을 수 있다(살후 1:5). 하나님은 남에게 환난을 주는 자들에게는 환난으로 갚아주시고(살후 1:6), 환난을 받는 자들에게는 안식으로 갚아주신다. 그것이 바로 하나님의 공의다. 주 예수 그리스도가 천사들과 함께 하늘로부터 불꽃 가운데 재림하실 때, 하나님을 모르는 자들과 주 예수의 복음에 순종하지 않는 자들, 그리고 악을 행하며 산 자들에게는 형벌을 내리신다(살후 1:7-8). 그 형벌은 주의 얼굴과 영광으로부터 분리되어 영원히 멸망의 형벌을 받게 된다(살후 1:9). 하나님은 정하신 그날에 예수 그리스도가 강림하심으로 그의 자녀들로부터 영광을 받으신다. 그때 하나님은 모든 믿는 자들로부터 놀랍게 여김을 받으실 것이다(살후 1:10). 이러한 재림을 믿고 선함과 의로움으로 사는 공의의 가치를 지닌 자들에게는 예수 그리스도가 주실 상이 있다. 하나님은 각 사람들에게 행한 대로 갚아 주실 것이다(계 11:12). 성결교회는 특히 재림의 복음을 포기하지 않고 전하며, 이 땅의 불의에 항거했다. 우리는 주님 오심을 소망하며 땅 끝까지 복음을 전하고자 헌신하며 성결한 삶으로 주님을 맞이하자고 외쳤던 선조들의 신앙을 본받아야 할 것이다.

이처럼 사중복음은 예수 그리스도 구원의 복음을 핵심적으로 드러낸다. 따라서 사중복음을 통해 세워진 성결교회는 중생의 복음, 성결의 복음, 신유의 복음, 재림의 복음을 힘 있게 전하며 그 삶을 살아내야 할 사명을 감당해야 할 것이다.

제3장

삼위일체

삼위일체 고백은 왜 중요한가

우리는 삼위일체론을 믿는다고 고백하면서도 삼위일체론이 실 우리는 삼위일체 하나님을 믿는다고 고백하면서도 삼위일체에 대해 잘 모르는 것이 사실이다. 삼위일체에 대한 설명이 너무 복잡스럽고 모호해서 실제의 신앙과는 관련이 없는 교리일 뿐이라고 생각하기 쉽다. 성경에는 '삼위일체'라는 용어가 사용되지 않았다는 지적도 맞는 말이다. 심지어 삼위일체 신앙고백을 꺼리는 신앙인들도 있는데, 그들은 삼위일체 교리가 교회역사 속에서 형성된 과정을 문제 삼기도 한다.

그러나 우리가 믿는 하나님은 어떤 추상적인 신이거나 관념적인 신이 아니다. 성부 하나님은 예수 그리스도를 통하여 성령 안에서 자신을 계시하시는 삼위일체의 하나님이다. 성경이 증언하는 하나님은 성부 하나님과 성자 하나님과 성령 하나님으로 함께 존재하고 함께 활동하시는 삼위일체 하나님이다. 따라서 우리가 고백하는 삼위일체 신앙은 매우 큰 중요성을 갖는데 간단히 정리하면 다음과 같다.

첫째, 기독교의 하나님은 삼위일체 하나님이시기 때문이다. 이것이 다른 종교의 신과 분명히 구별되는 기독교의 삼위일체 신관이다. 삼위일체론은 기독교의 정체성을 드러낼 뿐만 아니라, 삼위일체가 아니면 기독교가 가진 진리를 표현할 수 없다. 우리는 성부 하나님과 성자 예수와 성령 하나님을 삼위일체의 하나님으로 고백함으로써, 다른 종교나 철학이나 자연과학, 특히 이단에서 말하는 일신론, 다신론, 삼신론, 범신론 등과 구별되어 있음을 알게 된다.

둘째, 삼위일체 하나님 고백이 없이는 예수 그리스도를 구세주로 받아들일 수가 없다. 우리가 예수 그리스도를 구세주로 영접하고 믿고 사랑하는 것은 그가 하나님이시기 때문이다. 삼위일체론 없이는 우리가 믿는 예수 그리스도는 단지 우리와 같은 한 인간이자 피조물일 뿐이다. 성경의 말씀에 따르면, 인간은 인간을, 피조물은 피조물을 구원할 수 없다.

셋째, 성령을 삼위일체 하나님으로 고백하지 않는다면, 성령은 다른 무속종교나 동양철학에서 말하는 귀신이나 유령, 혹은 기(氣)나 영적 에너지와 혼동될 것이다. 성령의 사역은 예수 그리스도의 탄생부터 생애 전반에 나타나며, 예수 그리스도가 잉태될 때 그를 잉태하게 하셨고, 그리스도가 능력 있는 사역을 펼치도록 하였으며, 십자가를 지고 구원의 사건을 완성하게 하신 분이다. 성령은 인격을 가지신 하나님이다. 이러한 성령의 신성은 삼위일체적인 하나님 고백 없이는 불가능하다.

넷째, 삼위일체론은 교회와 인간사회의 윤리적 관계의 원리이기 때문이다. 아버지, 아들, 성령의 관계는 서로 지배하거나 종속되지 않는다. 오히려 인격적으로 상호내주하면서 사랑으로 연합한다. 삼위일체란 다양성 속에서의 일치와 조화를 이루는 가장 이상적인 관계다. 이것은 교회공동체 안에서 신자들 간의 관계에 대한 신적 원리다. 나아가, 인간 사회의 윤리적 관계의 원형이기도 하다.

삼위일체의 성경적 근거

신앙고백 속에서의 삼위일체

삼위일체 하나님 고백은 초대교회 때부터 시작된 기독교 공동체의 신앙고백이다. 이 삼위일체에 대한 내용은 성경에 근거한 것이다. 요한복음 9장 38절에 보면, 날 때부터 소경된 자는 예수께 "주여 내가 믿나이다 하고 절"을 한다. 이 사람은 예수와의 만남을 통하여 눈을 뜨게 되었지만 유대인들에 의하여 출교의 위협을 받았고 심지어 쫓겨났다. 그러나 그는 자신이 만난 예수를 주로 고백하고 예배의 대상으로 섬겼다. 요한복음 20장 28절에서 의심 많은 도마는 부활하신 예수를 뵌 후에 "나의 주님이시오 나의 하나님이시니이다"라고 고백했다. 마태복음 16장 16절에서 베드로는 예수에게 "당신은 그리스도시오 살아계신 하나님의 아들이시니이다"라고 고백했다.

성경은 성부 하나님이 누구이신지를 우리에게 잘 보여주고 있다. 마태복음 3장 13-17절에는 예수가 갈릴리로부터 요단강으로 오셔서 세례 요한에게 세례를 받으시는 장면이 나온다(막 1:9-11, 눅 3:21-22).

예수가 세례를 받으시고 물에서 올라오실 때, 하늘이 열리고 하나님의 성령이 비둘기같이 내려 예수 위에 임한다. 그리고 하늘로부터 "이는 내 사랑하는 아들이요 내 기뻐하는 자라"는 소리가 있었다(마 3:17). 하늘이 열린다는 것은 천상의 영광이 현현하는 것이다. 성부 하나님이 성자의 세례 사건에 함께 계심을 상징적으로 보여주는 모습이다. 성령은 비둘기의 형태로 임재하여 강한 권능으로 성자에게 들어오신다. 하늘로부터 오는 소리는 성자를 향한 성부의 음성이다. 이것은 예수께서 세례를 받으시는 사건 속에 성부와 성자와 성령이 함께 참여하는 대표적인 삼위일체적 사건이다.

성자 예수는 그리스도이자 주님이시오 하나님의 아들이자 하나님이라는 삼위일체적 고백은 초대교회 시대 카타콤에서 발견된 하나의 암호에서 발견할 수 있다. 그것은 바로 물고기를 뜻하는 "익투스"(ΙΧΘΥΣ)다. 이 암호는 초대교회의 신앙을 가장 핵심적으로 요약하고 있다. 이른바, "예수 그리스도 하나님의 아들 구세주"의 약자를 넣어 만든 물고기 형상의 암호다. Ἰησοῦς(예수스=예수) + Χριστός(크리스토스=그리스도) + Θεού(테우=하나님의) + Ὑιος(휘오스=아들) + Σωτήρ(소테르=구주). 이것은 예수가 하나님이라는 신성의 고백이자, 삼위일체 하나님 가운데 성자 하나님이라는 것을 의미한다.

초대교회는 또한 성령 하나님을 경험하고 증언하고 있다. 그분을 하나님으로 고백하고 있다. 사도행전 5장 4절에서 아나니아와 삽비라가 성령을 속이고 땅 값 얼마를 감추자 베드로는 "너희가 어찌 함께 꾀하여 주의 영을 시험하려 하느냐?"(행 5:9)라고 말한다. 여기에서 성령은 "주의 영"으로 여겨지고 있다. 로마서는 "만일 너희 속에 하나님의 영이 거하시면 너희가 육신에 있지 아니하고 영에 있나니 누구든지 그리스도의 영이 없으면 그리스도의 사람이 아니라"(롬 8:9)고 분명히 밝히고 있다. 여기에서는 성령이 "하나님의 영"이자 "그리스도의 영"으로 받아들여지고 있다.

동시에 성령은 "생명의 성령"(롬 8:2과 "양자의 영"(롬 8:15), 그리고 "약속의 성령"(엡 1:13)으로 나타난다. 나아가 예수는 성령을 "진리의 영(요 14:6)"이자, "또 다른 보혜사"(요 14:16, 14:26, 15:26, 16:7)로 말씀하셨다. 신약성경에서 고백되고 있는 성령을 요약하면 다음과 같다. "성령 = 주의 영 = 하나님의 영 = 그리스도의 영

= 생명의 성령 = 양자의 영 = 약속의 성령 = 진리의 성령 = 또 다른 보혜사 = 하나님"

이처럼 예수 그리스도가 하나님이라고 믿고 고백되듯이, 성령도 하나님이라고 믿고 고백되고 체험되고 있다. 성령은 태초의 천지창조에서 함께 하셨던 "하나님의 영"(창 1:2)이다. 성령은 성막 건축의 예술가인 브살렐과 오홀리압에게 지혜와 총명과 지식을 준 "하나님의 영"(출 35:31)이다. 성령은 사사시대 이스라엘을 구원하기 위해 세운 사사들에게, 이스라엘을 향한 하나님의 심판과 구원을 전한 예언자들에게 임한 그 영이다.

성령에 의하여 "모든 성경은 하나님의 감동으로 된 것"(딤후 3:16)을 깨닫게 되고, "그리스도 예수 안에 있는 믿음으로 말미암아 구원에 이르는 지혜"(딤후 3:15)를 얻게 한다. 또한, 성령은 "우리의 연약함을 도우시나니 우리는 마땅히 기도할 바를 알지 못하나 오직 성령이 말할 수 없는 탄식으로 우리를 위하여 친히 간구"(롬 8:26)하시는 인격적인 하나님이다.

예배와 기도 속에서의 삼위일체

한편, 신약성경은 예수를 만나고 성령을 체험함으로써 하나님을 성부 하나님과 성자 하나님과 성령 하나님으로 믿고 고백하고 예배하는 삼중적인 구조가 생겨났음을 증언하고 있다. 한 분 하나님의 일치성을 보존하면서도, 동시에 성부와 성자와 성령으로서의 구별성을 보여주고 있다. 하나님에 대한 이러한 삼중적인 이해의 틀이 성경 곳곳에서 나타나고 있다.

마태복음 28장 19-20절에 있는 예수의 지상명령 속에는 세례의 형식이 나와 있다. "아버지와 아들과 성령의 이름으로 세례를 베풀라"고 말씀하셨다. 성부와 성자와 성령의 "이름들(복수)"이 아니라, 하나의 "이름"(단수)로 세례를 베풀 것을 명령하신다. 성부와 성자와 성령이 각각 다른 세 신들이라면 복수가 사용되었을 것이다. 그러나 여기에서는 단수로 사용되고 있다.

요한복음 4장에서 예수는 사마리아 여인에게 "하나님은 영이시니 예배하는 자가 영과 진리로 예배할지니라"(요 4:23)고 말씀하셨다. 올바른 예배는 영이신 성령 안에서, 진리이신 예수 그리스도 안에서 하나님 아버지께 나아가는 예배라고 가르치셨다. 고린도후서 13장 13절에 나오는 축도문도 삼위일체의 구조를 따른다. "주 예수 그리스도의 은혜와 하나님의 사랑과 성령의 교통하심이 너희 무리와 함께 있을지어다"

에베소서 1장에서 사도 바울이 드리는 찬양 또는 송영 속에서도 삼위일체의 하나님을 발견할 수 있다. "찬송하리로다 하나님 곧 우리 주 예수 그리스도의 아버지께서 그리스도 안에서 하늘에 속한 모든 신령한 복을 우리에게 주시되……약속의 성령으로 인치심을 받았으니……그의 영광을 찬송하게 하려 하심이라"(엡 1:3-14)

로마서 8장은 삼위일체 하나님이 성도를 위하여 간구하시는 기도가 삼위일체적 기도임을 알려준다. "성령이 말할 수 없는 탄식으로 우리를 위하여 친히 간구하시느니라.... 성령이 하나님의 뜻대로 성도를 위하여 간구하심이라.... 누가 정죄하리요 죽으실 뿐 아니라 다시 살아나신 이는 그리스도 예수시니 그는 하나님 우편에 계신 자요 우리를 위하여 간구하시는 자시니라"(롬 8:26-37)

이처럼 성경의 많은 부분에서 예수를 만나고 성령을 체험함으로써, 하나님을 성부 하나님과 성자 하나님과 성령 하나님으로 믿고 고백하고 예배하는 삼위일체적 구조가 생겨났음을 보여준다. 한 분 하나님의 일치성(unity)을 보존하면서도, 동시에 성부와 성자와 성령으로서의 구별성(distinction)을 인정하고 있다. 그러므로 성경의 많은 말씀들이 삼위일체 하나님을 분명하게 증언한다.

잘못된 삼위일체 신앙

기독교의 삼위일체 교리는 하루 밤 사이에 생겨난 것이 아니다. 당시의 이단 사상과 이방 종교의 도전에 맞서 치열한 논쟁 속에서 용어를 정리하면서 이루어진 교회 역사의 산물이다. 교회는 성경의 권위를 깨뜨릴 뿐 아니라, 왜곡된 신앙으로 인도하여 성도가 온전한 구원의 삶을 살 수 없도록 하는 이단과 맞서 싸워야만 했다.

주후 1세기 경, 초대교회의 기독교 신앙은 유대교, 헬레니즘 문화, 그리고 로마제국이라는 시대적 배경에서 태동되었다. 유대교는 철저한 유일신을 믿었으며, 군주신론적 경향을 갖는다. 따라서 그들은 그리스도인들이 고백하는 성부, 성자, 성령 하나님을 자신들이 믿는 야훼 하나님과 동등한 신이라고 받아들일 수 없었다. 초기 기독교의 교부들 중에도 이러한 유대교의 영향을 받은 이들은 유일신론을 고수하려고 하였고, 결과적으로 기독교의 신을 군주신론적 경향으로 기울게 만들었다.

한편, 헬레니즘의 영향을 받은 교부들은 삼위일체 신론을 종속론, 양태론, 양자론의 신관으로 해석하게 만들었다. 알렉산드리아의 아타나시우스((Athanasius of Alexandria, 290-373)는 헬레니즘의 분위기 속에서도 매우 신중하게 정통적 삼위일체 신관을 유지했다. 그러나 아리우스(Arius, 250, 또는 256-336)와 같은 사람들은 심각할 정도로 종속설에 치우치게 되었다.

로마제국은 황제를 신으로 여기는 정치문화를 갖고 있었다. 따라서 당시의 문화배경에서 하나님을 그런 군주처럼 다스리고 지배하는 신으로 이해할 여지가 많았다. 어떻게 보면 로마는 기독교의 하나님을 단일군주신론의 하나님으로 여기고 최고의 지배자로 고백한 것이다. 어떤 면에서는 이런 배경 때문에 기독교는 로마의 종교가 되었고, 결국 세계종교가 될 수 있었다고 볼 수 있다. 그러나 놀랍게도 기독교는 삼위일체의 신앙으로 군주신론의 하나님을 거부했다. 삼위 하나님이 동등하게 하나라는 주장은 군주신론과는 배치된다.

이처럼 초기 기독교는 전통적 유대교의 유일신론, 헬레니즘 문화에서 나온 그리스의 다신론, 영지주의자들의 이원론, 신플라톤

주의의 유출설과 중재설 등과 싸울 수밖에 없었다. 그렇다면 기독교의 삼위일체 고백을 잘못 이해하거나 왜곡했던 교리들은 어떤 것들이 있는가? 크게 세 가지로 요약할 수 있다.

양태론 : 아버지, 아들, 성령은 하나님의 세 가지 양태다

양태론에 따르면, 하나님은 한 분이며 고유하다. 하나님은 홀로 만물을 다스리는 주로서 우주적 군주의 기초를 놓으셨다. 하나님을 통해서 왕들이 통치하고 영주들이 다스린다. 그러므로 하나님은 역사 안에 계시의 세 가지 양태로 스스로 나타내신다. 아버지는 창조자요 율법의 수여자다. 아들은 구원자다. 성령은 거룩하게 하는 자요 영원한 생명의 수여자다. 그러므로 한 분 하나님은 세 가지 다른 이름을 갖는다. 쉽게 말해서, 한 분 하나님이 성부로, 성자로, 성령으로 그 양태를 달리해서 나타나셨다는 주장이다.

노에투스(Noetus of Smyrna, 200-225), 프락세아스(Praxeas, 2세기 말/3세기 초), 사벨리우스(Sabellius, ?-260?)와 같은 양태론자들의 시각에서 보면, 하나님은 나누어질 수 없는 분이고, 하나님 안에 세 위격들 간의 어떠한 연합도 존재할 수 없다. 그저 세 양태를 통해 우리에게 스스로를 드러내시는 한 분 하나님만 존재한다. 양태론은 그리스도 없는 하나님, 하나님 없는 그리스도를 생각하게 한다. 결국 양태론은 유대교의 유일신론과 다를 바가 없다. 기독교가 고백하는 세 위격들 사이의 연합과 일치를 통한 새

로움을 담아내지 못한다.

종속론 : 아버지만이 유일한 하나님이고 아들과 성령은 피조물
이다

종속론은 한 분 하나님 신앙을 선포하고 동시에 기도와 예배 속에서 예수 그리스도를 하나님으로 선포하면서도 예수 그리스도를 하나님과 동일시할 수는 없다는 주장이다. 그들에 따르면, 예수 그리스도는 하나님과 유사(homoiousios)하긴 하지만, 동일(homoousios)하지는 않다. 예수 그리스도는 하나님의 첫 피조물, 혹은 피조물의 원형일 뿐, 하나님은 아니라는 사상이다.

아리우스와 사모사타의 바울(Paul of Samosata, 200-275)같은 종속론자들은 예수 안에 말씀이 거하고 성령이 충만하였기 때문에 예수야말로 가장 완전한 인간이며, 하나님의 이름을 가질 만큼 인간의 완전함에 이른 하나님의 아들이라고 주장했다. 그럼에도 그는 하나님은 아니라는 것이다. 종속론은 성자와 성령을 성부 아래 수직관계 혹은 계급관계처럼 서열화시킨다. 그럼으로써 기독교의 하나님을 로마 황제의 일인군주제를 떠올리도록 왜곡한 결과를 낳았다. 그래서 종속론을 일신론적 군주신론이라고도 표현한다. 그러나 삼위일체 하나님의 주권은 한 위격이 다른 위격들을 지배하는 관계가 아니라, 인격적 상호내주와 연합과 자유의 관계에서 찾을 수 있다.

삼신론 : 아버지, 아들, 성령은 세 하나님이다

삼신론은 아버지, 아들, 성령 하나님의 세 위격을 각각 독립적이고 자율적인 실체로써 생각한다. 이들 사이에는 어떠한 관계도 없고 연합도 없다. 각각 서로 다른 세 신이 하나라는 개념 없이 병행하여 존재한다. 삼신론적 고백에 따르면, 절대자도 셋이요, 영원자도 셋이요, 창조자도 셋이 됨으로써 모순에 빠져버리고 만다. 이러한 삼신론자들의 주장은 위격들 사이의 구분은 주장할 수는 있지만, 위격들 사이의 상호침투적(페리코레시스) 연합에 대해서는 아무것도 설명할 수 없다.

이처럼 기독교 역사에서 교회는 모든 종류의 양태론, 종속론, 삼신론적 설명을 거부했고, 일신론적 사고방식과 삶의 원리도 받아들이지 않았다. 오히려 기독교의 하나님은 성부와 성자와 성령의 사랑의 사귐 속에서 하나를 이루고 있는 상호관계임을 선포했다. 그래서 교회사에서 삼위일체론이 종속론이나 양태론이나 삼신론을 거부하고 교회의 정통교리로 최종 결정되었다는 것은 엄청난 의의가 있다. 이는 단일군주신론을 뒷받침하고 있었던 일신론에 대한 승리였다. 나아가 로마 황제와 하나님을 일치시키려는 신학의 정치적 오용에 대한 승리였다.

삼위일체 신앙고백 정립의 역사

삼위일체 하나님에 대한 고백이 교회의 교리로 확정되기까지는 300년 동안의 긴 세월이 필요했다. 수많은 교부들과 신학자들의 노력과 논쟁 끝에 325년 니케아 공의회를 통해 공식적인 고백으로 만들어졌다. 여기에는 아리우스와 아타나시우스(Athanasius, 296-373)라는 두 신학자가 등장한다. 알렉산드리아의 장로이자 안디옥의 루키아누스(Lucianus von Antiochien, ?-312)의 제자였던 아리우스는 하나님은 결코 창조되지 않았고, 출생하지 않았고, 시작이 없는 분으로 이해해야 한다고 주장했다. 하나님은 오직 한 분이시고 자신의 신적 존재 혹은 본질을 다른 존재나 인격체와 공유할 수 없다고 했다.

따라서 성자는 하나님이 세상을 창조하실 때 하나님을 도운 조력자 혹은 대리자였을 뿐이며, 성부 하나님과 창조 질서 사이의 중간에 위치한다. 아들은 하나님의 일부도 아니고 세계 질서의 일부도 아니었다. 로고스인 아들을 피조된 존재로 보았던 아리우스가 내세운 대표적인 주장은 "그가 존재하지 않은 때가 있었다"는 것이다. 아리우스는 하나님의 삼위를 인정했지만, 그들이 공통된 속성 내지 본질을 공유하지 않는 각기 다른 세 존재라고 믿었다. 즉, 각각의 위격은 제각기 '다른 본질'(hereroousios)을 갖고 있고, 성령은 성자의 피조물일 뿐이라고 주장했다.

이러한 아리우스의 주장은 큰 논란을 낳았고, 동서방교회들이 분열할 위기에 이르게 되었다. 콘스탄티누스 황제는 325년 6월 약 300명의 감독들이 참석한 가운데 소아시아의 니케아에서 회의를 개최한다. 이 자리에서는 다음과 같은 내용의 신조가 채택되었다. 이를 니케아 신조라고 하며, 오늘날 삼위일체 신앙고백의 기초가 된다.

우리는 전능한 아버지시며 모든 보이는 것과 보이지 않는 것들의 창조자이신 한 분 하나님을 믿습니다. 또한 우리는 하나님의 독생자이신 한 분의 주 예수 그리스도를 믿습니다. 그는 성부의 본질에서 나오셨고, 하나님에게서 나오신 하나님이시며, 빛에서 나오신 빛이시며, 참 하나님에게서 나오신 참 하나님이시며, 창조되지 않고 출생하셨으며, 성부와 동일한 본질을 갖고 계시며, 그분을 통해 만물, 즉 하늘에 있는 것과 땅에 있는 것들이 존재하게 되었습니다. 그는 우리를 위해서 그리고 우리의 구원을 위해서 이 땅에 오셔서 육신을 받아 인간이 되셨고, 고난 받으시고, 사흘 만에 살아나셔서, 하늘에 오르셨으며, 산 자와 죽은 자를 심판하러 오실 것입니다. 또한 우리는 성령을 믿습니다. "그가 계시지 않았던 때가 있었다"고 말하거나, 하나님의 아들이 하나님과 다른 본체나 본질을 갖고 있다거나, 혹은 하나님의 아들이 피조물이라거나 변화에 굴복할 수 있다고 말하는 자들은, 하나인 사도적 교회로부터 저주를 받아 교회로부터 끊어질 것입니다.

니케아 공의회는 성자의 성부와의 영원한 공존이라는 문제를 해결했다. 그러나 완전히 해결하지는 못했다. 아리우스주의는 교회에서 사라지지 않았고, 이후 50년 이상 계속해서 하나님의 정체성에 대한 이해와 표현의 문제를 놓고 힘든 싸움은 계속되었다. 이 시기에 니케아 신앙을 변호한 대표적인 인물이 바로 아타나시우스였다.

그는 삼위일체에 대해 어느 정도 완벽한 교리를 전개했다. 그는 성자가 성부에게 발생하는 방식은 신비로운 과정이지만 본질에 있어서는 엄격하게 동일하다고 주장했다. 즉 성자는 "참 하나님이시며, 참 아버지와 동일 본질이시다" 그는 또한 성령에 대해서도 강력한 교리를 발전시켰다. 성령은 피조물이 아니라 분리될 수 없는 거룩한 삼위에 속한다고 말했다. 성령과 성자는 가장 가까운 관계이며, 성령과 성자는 성자와 성부처럼 동일한 본질을 공유한다.

아타나시우스는 사변적인 신학자가 아니었다. 그는 삼위일체의 신비를 존중할 것을 촉구했다. 그는 하나님의 단일성, 그리고 신적 본질에 대한 성부와 성자와 성령의 완전한 참여를 굳게 강조했다. 아타나시우스의 주장은 다음과 같이 요약할 수 있다. 오늘날 우리가 고백하는 삼위일체론은 바로 그가 정립한 사상을 토대로 형성되었다.

거룩하고 복된 삼위 한 조는 분리될 수 없으며, 본질적으로 하나다. 성부를 말할 때, 거기에는 말씀이 포함되며, 성자 안에 계신 성령도 포함된다. 성자를 언급할 때, 거기에는 성부가 포함되며, 성령 역시 말씀 밖에 존재하지 않는다. 왜냐하면 성령 안에서 성자를 통해 성부에 의해 실현되는 오직 하나의 은혜가 존재하기 때문이다.

"삼위일체 하나님의 본질은 하나이자 세 위격입니다"

우리는 삼위일체에 대해 고백할 때, "성부와 성자와 성령은 셋이면서 하나이며, 하나이면서 셋이다. 이것이 삼위일체다"라고 표현한다. 그러나 이것을 숫자적으로 생각하면 오해가 생긴다. 이것은 숫자의 문제가 아니라, 하나님의 본질과 신비에 관한 것이다. 그럼에도 우리는 다음과 같이 질문할 수 있다. 세 분의 신적 위격(인격, persona), 즉 셋이 어떻게 하나이고, 하나가 어떻게 셋이 될 수 있는가? 위격이란 자신의 주체성을 가진 독립된 존재인데 어떻게 독립된 세 가지 위격들을 말하면서 단 한 분 하나님이 있다고 말할 수 있는가? 이 부분이 삼위일체 하나님 고백에 있어서 이성적으로 이해하기 어려운 난제의 핵심이다. 그래서 고대교회 교부들을 비롯한 많은 신학자들이 이 문제를 풀기 위해 다양한 설명을 시도해 왔다.

수많은 논쟁의 역사를 거치면서 교회는 삼위일체 하나님에 대한 이해를 다음과 같이 정립하게 되었다. 삼위일체 하나님은 일자(一者)가 아니다. 그렇다고 해서 성부, 성자, 성령은 일자 하나님의 세 가지 마스크, 곧 세 가지 현상(양태)도 아니다. 삼위일체 하나님은 공통의 신성을 가지면서도 각자의 고유성을 가진 주체다. 그렇지 않으면 엄밀한 의미에서 삼위일체가 성립될 수 없다. 성부 하나님 속에 성자와 성령을 흡수하는 것도 문제이고, 성부, 성자, 성령을 개별적인 하나님으로 분리하는 것도 문제다.

성부와 성자와 성령은 동일한 신성을 가지면서도 위격(인격)에 있어서 각자의 고유성을 갖고 있다. 세 위격들은 하나의 신성을 공유하면서도, 서로 구분되는 각기 자신만의 독특한 인격을 소유하고 있다. 그러나 이것이 세 분의 신적 위격들이 나누어질 수 있음을 뜻하지는 않는다. 오히려 세 위격들은 각자의 '독특성을 가지고', '유기적 관계' 속에 있다. 아버지 하나님은 성령 가운데서 오직 그의 아들의 아버지로서 존재한다. 아버지 하나님의 아들 예수는 성령 가운데서 오직 아버지 하나님의 아들로서 존재한다. 성령과 성자 없는 성부가 있을 수 없고, 성령과 성부 없는 성자가 있을 수 없다. 성부와 성자 없는 성령 또한 있을 수 없다.

각 위격의 고유한 위격성은 서로 간의 관계성을 통해 구성된다. 성부는 성자와 성령의 관계 속에서 아버지라는 고유한 위격성을 갖는다. 성자는 성부와 성령과의 관계 속에서, 성령은 성부와 성자와의 관계 속에서 자신의 고유한 위격성을 갖는다. 세 분의 신적 위격은 서로 간의 관계성 속에서 각자의 고유성을 갖는다. 따라서 관계없는 위격도 없지만, 위격 없는 관계도 있을 수 없다.

　이러한 관계성 속에서 세 분의 신적 위격의 일체가 이루어진다. 여기서 일체(一體)란 일자(一者)가 아니다. '한 몸 됨'을 의미한다. 각자의 위격적 고유성을 통해 서로 구별될 수는 있지만 한 몸을 이루는 것을 뜻한다. 우리가 부부일체라고 말할 때, 부부가 수적으로 하나(一者)가 아니라 서로 구별되지만 깊은 사랑 속에서 한 몸 됨을 뜻하는 것과 같다. 이와 같이 삼위일체의 일체도 수적인 일자가 아니라 한 몸 됨을 말한다. 삼각형의 세 모서리는 각자의 고유성과 함께 서로 구별된다. 그러나 세 모서리는 분리될 수 없이 결합되어 삼각형이라는 '한 몸'을 이룬다. 결합되어 있지만 서로 구별되고, 구별되지만 하나로 결합되어 한 몸이라는 유기체적 일치 속에 있다. 삼위일체는 성부와 성자와 성령의 한 몸 됨을 말하는 동시에 그들 사이에 구별이 있음을 의미한다. 구별 속에서의 깊은 일치(unity in distinguishment)와 깊은 일치 속에서의 구별(distinguishment in unity)이 있다.

"삼위일체 하나님은 하나님의 고유한 속성을 갖고 계십니다"

　삼위일체 하나님의 속성 혹은 성품은 크게 세 가지로 나누어서 살펴볼 수 있다. 하나님의 본질적 속성, 경륜적 속성, 그리고 도덕적 속성이 그것이다.

첫째, 삼위일체 하나님의 본질적 속성이다. 이것은 하나님이 본래적으로 갖고 계신 고유한 속성으로, 우리가 가장 기본적으로 고백하는 하나님의 성품이다. 하나님은 본질적으로 영으로 존재하시는 분이다. "하나님은 영이시니 예배하는 자가 영과 진리로 예배할지니라"(요 4:24). 하나님은 본질적으로 공간과 시간에 매이거나 제한받을 수 없는 무한하신 분이다. 하나님은 본질적으로 알파와 오메가요, 시간적으로 시작 이전부터 존재하시고, 끝 이후에도 존재하시는 영원하신 분이다. "여호와여 주는 영원토록 지존하시니이다"(시 92:8). 하나님은 어제나 오늘이나 내일에도, 이곳에서나 저곳에서도 변함없는 모습으로 존재하시는 분이다. 하나님은 본질적으로 온전하시고 완전하신 분이다.

둘째, 삼위일체 하나님의 경륜적 속성이다. 경륜이란, 헬라어 '오이코노미아'(οικονομία, oikonomia)를 번역한 것으로, 하나님이 마음속에 있는 그분의 목적을 이루는 방법을 의미한다. 하나님은 뜻하신 일들이 성취되도록 세밀하게 계획하고 실행해 나가시는 행위를 하나님의 경륜이라고 말한다. 그러므로 '하나님의 경륜'은 하나님이 자기백성의 구원을 위해서 우주 만물의 운행과 질서, 시간을 가장 적절히 조절하며, 분배하고, 배열하며, 계획하고, 지배하며 관리하시는 일체의 과정을 뜻한다. 한 마디로, 경륜적 속성이란 하나님이 세상을 다스리실 때 갖고 계신 성품이다. 이처럼 세상과의 관계에 있어서 삼위일체 하나님은 첫째, 어디에나 존재하신다. 이 세상에서 하나님이 계시지 않은 곳은 없다. 이를 하나님의 편재성이라 한다. "내가 주의 영을 떠나 어디로 가며 주의 앞에서 어디로 피하리이까. 내가 하늘에 올라갈지라도 거기 계시며 스올에 내 자리를 펼지라도 거기 계시니이다. 내가 새벽 날개를 치며 바다 끝에 가서 거주할지라도 거기서도 주의 손이 나를 인도하시며 주의 오른손이 나를 붙드시리이다"(시 139:7-10). 둘째, 무슨 일이든지 하실 수 있는 전능하신 분이다. 셋째, 세상의 모든 것을 아시고 이해하시는 전지하신 분이다. 넷째, 지식과 지혜가 충만하여 모든 일을 온전케 하신다. "깊도다 하나님의 지혜와 지식의 풍성함이여, 그의 판단은 헤아리지 못할 것이며 그의 길은 찾지 못할 것이로다"(롬 11:33). 다섯째, 하나님은 세상을 은혜와 사랑으로 다스리신다.

셋째, 삼위일체 하나님의 도덕적 성품이다. 도덕적으로 하나님은 거룩하신 분이다. 거룩이란 구별됨이자 다름이다. 삼위일체 하나님은 피조물과 근본적으로 다르시고 구별되신다. 그래서 하나님은 성결하시다. "나는 너희의 하나님이 되려고 너희를 애굽 땅에서 인도하여 낸 여호와라 내가 거룩하니 너희도 거룩할지어다"(레 11:45). 성결하신 하나님은 동시에 사랑이 끝이 없으시다. 자신이 창조하신 만물과 손으로 빚으신 사람에 대한 하나님의 사랑은 성자를 십자가에 내놓을 만큼 깊고 오묘하시다. "하나님이 우리를 사랑하시는 사랑을 우리가 알고 믿었노니 하나님은 사랑이시라 사랑 안에 거하는 자는 하나님 안에 거하고 하나님도 그의 안에 거하시느니라"(요일 4:16). 사랑의 하나님은 또한 정의와 공의가 충만하시다. 하나님의 공의는 진실함에서 비롯된다. "오직 만군의 여호와는 정의로우시므로 높임을 받으시며 거룩하신 하나님은 공의로우시므로 거룩하다 일컬음을 받으시리니"(사 5:16). 나아가 하나님의 진실하심은 은혜와 자비로부터 나온다.

"삼위일체 하나님은 예배의 유일한 대상이십니다"

삼위일체는 '다른 인격 없이' 홀로 존재하는 것이 아니다. 오직 상호관계 안에서만 존재하는 하나님이다. 세 분의 신적 위격의 상호관계를 잇는 중요한 요소는 사랑이다. 삼위일체 하나님은 사랑 안에서 상호내주(相互內住)하고 상호침투(perichoresis)한다. 서로 간에 일어나는 상호침투와 깊은 사랑의 교통 속에서 모든 것을 함께 나눈다. 한 마디로 하나님의 삼위일체는 하나님의 깊은 사랑을 나타낸다. 삼위일체의 비밀은 하나님의 깊은 사랑에 있다. 삼위일체 안에 있는 사랑의 신비를 체험한 아우구스티누스는 이렇게 말했다. "네가 사랑을 볼 때, 너는 삼위일체를 본다. 삼위는 사랑하는 자, 사랑 받는 자, 그리고 사랑이기 때문이다"

삼위일체 하나님은 홀로 계신 단자(單子)가 아니라 전적으로 자유하면서도 소통하는 사랑이시다. 하나님은 타자를 이기려 하는 극단의 권력자가 아니다. 오히려 지고한 연합자이며, 권능과 생명을 함께 나누어 일하고자 하는 협력자다. 전능하신 삼위일체 하나님은 자신의 권능을 나눠주고 받아들이며 공유하는 사랑의 하나님이다. 서로에게 생명을 주고 교제 속에 살고 싶어 하는 분이다. 그래서 삼위일체 하나님의 통치는 강제적인 지배가 아니라 주권적인 사랑의 통치다. 삼위일체 하나님의 권능은 강제적이지 않다. 오히려 희생적으로 자기를 비우고 내어주는 사랑이다(케노시스). 이러한 사랑은 창조적이며 새로움을 불러일으키는 사랑이다. 삼위일체 하나님의 영광은 남을 지배함에 있지 않다. 오히려 타인과 함께 삶을 공유하는 데 있다. 그러므로 우리가 삼위일체 하나님을 고백하는 것은 '하나님은 사랑이시라'(요일 4:8)는 성경의 선언에 일치하는 신앙이다.

† 제4장

성부하나님

성부하나님은 왜 중요한가

신학이란 원래 신(神)에 관한 이론(理論), 곧 신론(神論)을 뜻한다. 따라서 하나님에 대한 지식, 이것이 신학의 가장 중요한 주제다. 세상의 어느 종족이나 민족을 막론하고 신, 혹은 하나님을 믿지 않는 종족이나 민족은 없다. 내용이나 형식이 어떠하든, 문명이 발달하든 발달하지 않던, 인류는 보편적으로 신에 대한 인식과 신앙심을 갖는 것으로 보인다. 우리나라의 애국가에 '하나님'의 이름이 나올 만큼 하나님에 대한 신앙은 우리 민족의 의식 속에서도 깊이 뿌리박고 있다. 특정 종교를 갖고 있지 않거나, 혹은 거부한다고 할지라도, 넓은 의미에서 본다면 인간은 하나님에 대한 신앙을 갖고 있다고 할 수 있다. 그래서 인간을 '종교적 인간'(homo religiosus), 또는 '신앙하는 인간'(homo fidei)이라고 부르기도 한다.

그러나 이렇게 모든 사람이 하나님에 대한 신앙을 가졌다고 해서 그것이 성경에서 고백하고 있는 하나님의 모습과 일치한다고는 볼 수 없다. 다시 말해서 일반적인 하나님에 대한 신앙은 예수 그리스도 안에 계시된 하나님의 모습과 같지 않다. 이스라엘이 믿고 고백하던 그 하나님이 인간의 죄를 감당하시기 위해 스스로 인간의 모습을 취하여 인류에게 화해의 길을 열어 놓으셨음을 고백하는 신앙은 일반적인 하나님 신앙 속에서는 발견할 수 없다.

특히 하나님을 성부, 성자, 성령 하나님, 즉 삼위일체 하나님으로 고백하는 기독교 신앙은 일반적인 신 개념이나 하나님 신앙과는 큰 차이를 갖는다. 그렇다면 우리는 하나님을 왜 성부하나님으로 믿고 고백하는가? 그리고 성부하나님은 왜 중요한가?

첫째, 기독교 신학과 신앙에 있어서 가장 중심적인 문제는 무엇보다도 하나님에 관한 것이기 때문이다. 기독교 신학은 처음부터 마지막까지 하나님에 관한 이야기로 시작해서 하나님으로 끝난다. 모든 것이 하나님과의 연관성 속에서 이야기한다. 우리가 잘 아는 아브라함, 이삭, 야곱, 요셉, 모세, 다윗, 솔로몬 등 수많은 신앙의 사람들과 이스라엘 민족의 역사는 모두 하나님과 관계되어 있다. 신구약 성경 어느 이야기도 하나님을 빼고는 설명될 수 없고, 아무런 의미도 없다.

둘째, 하나님 신앙은 인간의 가장 근원적이고 궁극적인 종교적 체험이자, 인간 이해를 위한 근본적 토대이기 때문이다. 신학자

폴 틸리히(Paul Tillich, 1886-1965년)가 말했듯이 하나님은 인간의 궁극적 관심(ultimate concern)이다. 인간이 세상의 많은 타자와 사물과 자연에 대한 관심을 갖고 사는 존재지만, 그 관심의 궁극에 들어가면 결국 하나님에게 이른다. 무신론자조차도 실존적 궁극의 상황에 이르면 하나님을 찾는다. 하나님은 인간에게 하나님의 형상이라는 신성을 부여하셨기 때문이다. 나아가, 하나님 없이는 인간 존재의 근원을 이해할 수 없다. 하나님을 안다는 것은 곧 인간 자신을 안다는 것이다. 인간은 하나님의 신앙 안에서 볼 때 진정한 인간 존재의 실체를 볼 수 있다.

셋째, 하나님 없는 세상에서는 절대적 진리, 절대적 가치, 절대적 규범이란 존재할 수 없기 때문이다. 이 세상의 모든 진리와 가치와 규범은 상대적이다. 인간이란 유한한 존재이다. 그 누구도 자신의 생각과 가치를 절대적이라고 말할 수 없다. 특히 자율적 주체를 강조하는 포스트모던 한 세상에서는 개인 자신이 모든 것의 기준과 규범이다. 모든 가치가 다원화되고, 모든 윤리도 상대화되고 혼란스러워진다. 죄를 지어도 죄라 생각하지 않는다. 극단적인 방종과 타락과 무도덕이 지배한다. 하나님 없는 현대인은 스스로 자신이 세상의 주인공이라고 주장하지만, 사실은 그 자신의 욕망의 노예일 뿐이다. 하나님 없는 인간 세상은 절대적 진리, 절대적 가치, 절대적 규범의 상실과 혼란 속에 놓인 카오스다.

"하나님은 한 분이십니다"

　기독교가 고백하는 성부하나님은 한 분 하나님이다. 비록 기독교는 삼위일체 하나님을 믿고 고백하지만, 근본적으로 삼위일체 하나님은 한 분이신 성부하나님의 유일성(唯一性神)에서 출발한다. 영어로는 'the One'으로 번역되고, 고대철학에서는 '일자'라고 부르는 하나님의 유일성은 기독교에서 '하나님은 오직 한 분이시다'라는 말과 깊이 연관되어 있다.

　특히 그리스의 신플라톤주의자 플로티누스(Plotinus, 205-269)는 '일자'에 대한 관심이 많았던 철학자다. 그러나 기독교에서 말하는 하나님의 유일성은 플로티누스가 태어나기 1,500년 전 모세에 의해 이미 선포되었다. "이스라엘아, 들으라. 우리 하나님 여호와는 오직 유일한 여호와이시니 너는 마음을 다하고 뜻을 다하고 힘을 다하여 네 하나님 여호와를 사랑하라"(신 6:4-5)는 말씀이 그것이다. 유대인들은 모세의 이 선포를 대표적인 하나님의 말씀으로 삼고 수천 년 동안 아침, 저녁으로 하루 두 번씩 낭독해 오고 있다. 이 말씀은 이방 종교로부터 히브리 신앙의 정체성을 지키는 신앙고백이었다.

　신약성경에서도 이 고백은 이어진다. 예수 또한 자연스럽게 이러한 말씀을 외우며 자라셨을 뿐만 아니라, 제자들에게도 "너희의 아버지는 한 분이시니 곧 하늘에 계신이시니라"(마 23:9)고 가르치셨다. 예수께 하나님은 아버지이시자, 그 아버지는 오직 한 분이시며, 그분은 바로 하늘에 계신 성부하나님이셨다. 사도 바울 또한 다르지 않았다. 그는 "하나님은 한 분밖에 없는 줄 아노라"(고전 8:4)고 말했고, "하나님은 한 분이시니 곧 만유의 아버지시니라. 만유 위에 계시고 만유를 통일하시고 만유 가운데 계시도다"(엡 4:6)라고 고백하고 있다. 성부하나님은 한 분이시고, 그분은 만물의 아버지신데, 그 아버지는 만물 위에, 만물 가운데 존재하시며 만물을 하나로 통일하시는 분이시다.

기독교의 성부하나님의 유일 신앙은 아브라함 때부터 시작한다. 아브라함은 유대교와 이슬람과 기독교의 조상이다. 이 세 종교의 공통점은 유일신, 즉 한 분 하나님을 섬긴다는 것이다. 성부하나님은 갈대아 우르의 다신교 문화권에서 우상을 만들고 장사를 하던 아브라함을 부르셔서 가족과 친척과 고향을 떠나게 하셨고, 오직 한 분 하나님, 보이지 않는 하나님, 영원한 하나님에 대한 신앙의 여정을 시작하게 하셨다. 75세에 부름을 받고 시작된 아브라함의 여호와 유일 신앙은 100년 동안 수많은 믿음의 시행착오를 거치면서 성장해 갔다. 그는 오직 한 분이시며 보이지 않는 하나님의 말씀을 따라 자신의 영적 여정을 걸어갔다.

아브라함에게서 시작한 한 분 하나님 신앙은 이삭, 야곱, 요셉을 거치면서 더욱 깊어졌고, 출애굽과 광야 시대를 거치면서 모세를 통해 야훼 하나님, 즉 홀로 스스로 계신 자의 모습으로 이스라엘 민족에게 나타나셨다. 한 분 하나님 신앙은 시내산의 모세를 통해 십계명의 제일 계명, 즉 "너는 나 외에는 다른 신들을 네게 두지 말지니라"는 말씀으로 명문화된다. 여러 신들을 선택적이고 이기적으로 섬기는 다신교 신앙을 버리고, 오직 한 분 하나님 앞에서, 한 분 하나님만을 섬기고 경배하는 유일 신앙을 강조하게 되었다. 성경은 하나님 외에 다른 신들을 섬기는 것을 우상숭배라고 규정하고, 그들을 섬기는 것에 대해서 하나님은 질투하시고 용납하시지 않는다고 말씀하신다. 성경은 오직 한 분 하나님만을 사랑하고 섬길 것을 반복적으로 가르치고 있다.

"이스라엘아 들으라 우리 하나님 여호와는 오직 유일한 여호와이시니 너는 마음을 다하고 뜻을 다하고 힘을 다하여 네 하나님 여호와를 사랑하라"(신 6:4-5)

따라서 우리는 하나님의 명령을 따라 오직 유일하신 하나님만을 신뢰하며, 사랑하고 섬기기로 고백한다. 우리가 오직 한분 하나님만을 섬기며 사랑할 때 우리는 비로소 가장 행복하며 참된 평안을 발견한다. 하나님만을 섬길 때 세상을 두려워하지 않게 되며, 세상의 모든 거짓된 신성을 거절함을 의미한다. 보이지 않는 하나님만을 섬김으로써 보이는 이 세상의 모든 피조물에 대하여 자유함을 가질 수 있다.

"하나님은 창조주이자 전능자이십니다"

이스라엘 사람들은 하나님을 부를 때 자신들이 체험한 것을 형용사로 표현하여 고백하는 습관이 있다. 이 중에 그들이 가장 많이 부른 이름이 바로 엘로힘, 창조주 하나님이다. 이 외에도 엘로이는 살피시는 하나님, 엘샤다이는 전능하신 하나님, 엘올람은 영원하신 하나님, 엘칸나는 사랑하시는 하나님, 엘엘리온은 가장 높으신 하나님, 임마누엘은 함께 하시는 하나님 등이 있다. 이스라엘이라는 말도 물론 야곱이 얍복강에서 하나님께 받은 이름이지만, '하나님과 싸워서 이긴 사람'이란 뜻이자 '싸워주시는 하나님'이란 의미다. 지금은 한 나라의 이름이 된 하나님의 이름이다. 이처럼 이루 말할 수 없을 정도로 이스라엘 사람들은 모든 것을 하나님과 연결된 삶을 살고자 했다. 그러나 무엇보다도 이들 중에 가장 많은 이름은 엘로힘이다. 구약성경에 2,600회 정도 등장한다. 그만큼 구약에서 하나님은 자신의 백성들에게 창조주로 가장 많이 경험되고 있다.

유일하신 한 분 하나님은 창조주 하나님이다. 성부하나님은 말씀을 통해 무로부터 만물을 창조하셨다. 하나님이 창조하신 세계는 선하다. 하나님이 선하게 창조하신 피조 세계는 하나님의 뜻에 따라 통치하시고, 보존하시고, 인도하신다. 피조 세계를 파괴하려는 악의 세력에 대하여 창조주 하나님은 이를 이기시고 승리하신다.

하나님은 이 세상을 '무로부터 창조'하셨다. 선지자 이사야는 "나는 만물을 지은 여호와라 홀로 하늘을 폈으며 나와 함께한 자 없이 땅을 펼쳤다"(사 44:24)고 표현했다. 사도 바울은 하나님을 "없는 것을 있는 것으로부터 부르시는 이"(롬 4:17)라고 고백했다. 이후 교부들도 하나님께서는 "무엇보다 무에서 유를 이끌어내신 분"이라고 강조했다. 이처럼 '무로부터의 창조'는 기독교가 받아들인 히브리적 사고인데, 하나님께서 '창조주'이자 곧 '절대자'라는 뜻을 담고 있다. 하나님이 우주 만물의 제1원리이자 동시에 제2원리라는 의미다. 기독교의 위대한 신학자이자 사상가인 아우구스티누스(Augustin, 354-430)는 그의 『고백록』에서 이를 이렇게 고백하고 있다.

> 당신만이 존재하셨으며 그 옆에는 당신께서 그것으로부터 천지를 창조해 내신 그런 것은 전혀 존재하지 않았습니다. 주님은 무로부터 하늘과 땅을 창조하셨으니, 주님은 전능하시고 선하시며 모든 선한 것을 만드실 수 있으시기 때문에 저 큰 하늘과 저 작은 땅도 그렇게 선하게 만드셨습니다.

성부하나님의 '무로부터의 창조'는 곧 하나님의 '절대적 독립성'과 '전능성'을 뜻한다. 즉 하나님은 자신의 전능성을 보존하기 위해 자신이 만들지 않은 재료를 필요치 않으신 분이다. 하나님은 어떠한 물질이나 질료에도 의존하지 않으시는 절대적 독립자이자 전능자로서 스스로 모든 만물을 창조하신 분이다. 하나님은 물질 세계의 법칙을 초월하여 창조하신 분이시기에 그를 믿는 신실한 자들에게 부활을 선물할 수 있는 전능한 자시다. 그러므로 조금도 죽음을 두려워할 필요가 없다.

한편, 하나님이 창조하신 피조물은 하나님의 능력과 신성을 찬양하는 존재다. 그들은 하나님의 영광과 위엄을 믿고 경배한다. 피조물은 하나님의 창조 역사를 기뻐하고 즐거워한다. 피조물 가운데 인간은 하나님이 창조하신 피조물 가운데 가장 존귀한 존재다. 인간은 '하나님의 형상'(image of God)을 따라 빚어진 존재이기 때문이다. 피조물인 인간의 존재 안에는 하나님의 신성, 하나님의 영, 그리고 하나님의 성품이 심겨져 있다.

하나님은 인간에게 하나님의 영화를 누리게 하시고, 존귀의 관을 씌우셨다. 그래서 인간은 피조물 가운데 유일하게 하나님의 자녀가 되는 권세를 누리는 존재가 되었다. 나아가 창조주 하나님은 인간에게 구원의 표지를 새겨 놓으셨다. 비록 인간은 썩어질 것들에게 종노릇하는 죄인이지만, 하나님은 이로부터 구원하실 수 있는 분이다. 그러므로 인간에게는 하나님이 주신 자유와 해방의 은혜가 있다. 하나님의 형상을 따라 지음 받은 인간은 창조세계의 관리자이자 청지기이며, 하나님의 창조목적에 따라 피조 세계를 잘 관리하고 보살피는 사명자다.

만물을 무로부터 말씀으로 창조하신 하나님의 능력은 전지전능하다. 하나님의 전능하심은 만물을 통치하시는 능력으로 나타난다. 전능자이신 하나님은 당신의 권위로 이 세상을 다스리시고, 사랑으로 섭리하신다. 하나님의 사랑의 권능은 피조세계를 치유하시고, 온전케 하시는 구체적 행위로 보여주신다. 나아가 하나님의 치유의 능력은 저 하늘에서만 바라보는 것이 아니다. 오히려 인간의 구체적인 역사의 현실 속에 깊이 개입해 들어오셔서 함께 고통을 당하시고, 우리를 고통으로부터 구원하시는 능력이다.

"하나님은 아버지이십니다"

오직 한 분이시고, 창조주이시며, 전능하신 성부하나님은 또한 우리의 아버지 하나님이시다. 아버지 하나님은 자신의 백성들을 지으신 분이고, 세우신 분이자, 사랑하고 돌보는 분이다. 또한 아버지 하나님은 인류뿐만 아니라 만물을 돌보시는 자비로우신 분이다. 그러나 하나님을 아버지로 고백하도록 매우 강조하고 가르친 분은 바로 예수시다.

예수는 우리에게 무섭고 공포스러운 심판과 처벌의 하나님이 아니라, 우리에게 늘 가까이 계시고 사랑하시고 늘 함께하시는 아버지로 고백할 것을 강조하셨다. 자신 또한 친히 하나님을 아버지로 대하셨다. 십자가의 죽음을 앞둔 전날 밤 겟세마네 동산에서 예수는 아버지와 대화하듯이 하나님께 기도하셨다. 십자가에서 마지막 숨을 거두실 때에도 자신의 영혼을 아버지께 맡기셨다. 심지어 제자들에게 가르쳐주신 주의 기도에서도 하나님을 '하늘에 계신 우리 아버지'라고 부를 것을 말씀하셨다.

아버지 하나님 신앙은 물론 구약성경에서도 등장한다. 출애굽기 4장 22절에는 "너는 바로에게 이르기를 여호와의 말씀에 이스라엘은 내 아들 내 장자라"라고 기록되어 있다. 하나님이 이스라엘에게 있어서 아버지라는 간접 표현이다. 그리고 40년 후, 모세의 고별설교인 신명기 후반부에 가서 하나님이 이스라엘 민족의 아버지임을 이렇게 묘사한다. "어리석고 지혜 없는 백성아 여호와께 이같이 보답하느냐 그는 네 아버지시요 너를 지으신 이가 아니시냐 그가 너를 만드시고 너를 세우셨도다"(신 32:6). 하나님은 이스라엘 백성을 창조하시고 세우신 아버지라는 것이다. 시편에도 하나님을 아버지라고 표현한 것이 두 번 정도 나온다. "그의 거룩한 처소에 계신 하나님은 고아의 아버지시며 과부의 재판장이시라"(시편 68:5). 그리고 시편 89장 26절에서는 "그가 내게 부르기를 주는 나의 아버지시오 나의 하나님이시오 나의 구원의 바위시라 하리로다"고 고백하고 있다. "아버지가 자식을 긍휼히 여김 같이 여호와께서는 자기를 경외하는 자를 긍휼히 여기시나니"(시 103:13).

예언자들에게 가면 하나님을 아버지로 표현하는 강도가 좀 더 깊어진다. 선지자 예레미야는 하나님을 이스라엘의 아버지라고 직접적으로 표현한다. "그들이 울며 돌아오리니 나의 인도함을 받고 간구할 때에 내가 그들을 넘어지지 아니하고 물 있는 계곡의 곧

은 길로 가게 하리라 나는 이스라엘의 아버지요 에브라임은 나의 장자니라(렘 31:9)."

선지자 이사야는 미래에 오실 메시아의 이름을 영존하는 아버지라 불렀다. "이는 한 아기가 우리에게 났고 한 아들을 우리에게 주신 바 되었는데 그의 어깨에는 정사를 메었고 그의 이름은 기묘자라, 모사라, 전능하신 하나님이라, 영존하시는 아버지라, 평강의 왕이라 할 것임이라"(사 9:6). 나아가 그는 여호와는 우리를 지으시고 만드신 토기장이 아버지, 곧 창조주 아버지로까지 그 의미를 확장한다. "여호와여, 이제 주는 우리 아버지시니이다 우리는 진흙이요 주는 토기장이시니 우리는 다 주의 손으로 지으신 것이니이다"(사 64:8).

이처럼 구약성경에서도 하나님을 아버지라고 표현한 구절들은 꽤 발견되는 것이 사실이다. 그러나 하나님의 속성을 아버지로 설명하는 것이었지, 이스라엘 민족 전체가 하나님을 '엘로힘'이나 '여호와'나 '아도나이'처럼 직접 부르는 이름은 아니었다. 하나님을 아버지로 본격적으로 직접 부르고 고백하고 대화하기 시작한 분은 바로 예수시다. 예수의 영향으로 아버지 하나님은 기독교의 핵심적인 신관이 되었고, 2,000년 동안 기독교 신론의 중심이 되었다. 이런 파격적인 신관이 어떻게 가능했을까? 어느 종교가 자신의 신을 아버지라고 부르는 데가 있을까? 너무나 인격적인 호칭이고, 친밀한 이름이며, 가족적인 느낌의 하나님이다.

신약성경, 특히 4개의 복음서에서 예수께서 부르신 '아버지 하나님'은 구약 전체와 사복음서의 엄청난 분량의 차이에도 불구하고 상대적으로 매우 많은 횟수를 보여주고 있다. 마가복음이 6회, 마태복음이 47회, 누가복음이 21회, 요한복음은 무려 100회가 넘는 빈도수를 나타내고 있다. 네 권의 책에서 150회 이상 하나님을 아버지로 언급하고 있다. 질적으로 보아도 예수는 노골적으로 하나님을 아버지로 부를 것을 가르치셨고, 자신이 직접 하나님을 아버지라고 부르셨다. 심지어 자신이 생각하는 하나님의 속성을 아버지로 풀어내 보이시기까지 하셨다. 한 마디로 예수의 신관은 아버지 신관이요, 그의 신학은 아버지 신학이며, 그의 신앙은 아버지 신앙이다.

예수의 입에서 나온 아버지라는 호칭의 사용은 그야말로 거침이 없었다. 놀랄 정도로 아버지가 입에 붙으신 분이셨다. "하늘에 계신 너희 아버지", "너의 아버지", "하늘에 계신 우리 아버지", "은밀한 중에 보시는 네 아버지", "너희 하늘 아버지", "하늘에 계신 내 아버지의 뜻대로", "하늘에 계신 내 아버지 앞에서", "천지의 주재이신 아버지여", "자기 아버지의 나라", "아버지의 원대로", "아버지와 아들과 성령의 이름으로", "아바 아버지여" 등. 이처럼 예수께 아버지 칭호는 너무나 자연스러웠다. 유대인들이 하나님의 이름을 부르는 것을 두려워하는 것과는 거리가 멀었다.

예수 그리스도가 고백하시고 우리에게 고백하라고 가르쳐주신 아버지 하나님은 어떤 분인가? 하나님 아버지의 성품에 대하여 가장 잘 설명해 준 복음서는 누가복음 15장에 나오는 탕자의 비유다.

고대 시대를 사셨던 예수께서 아무리 하나님을 아버지라고 불렀다 해도 구약의 하나님 이름들과 크게 다를 게 없는 이유가 있다. 아버지라는 이름 또한 왕처럼 무서운 이미지이기 때문이다.

동양에서 군사부일체라 하여 왕과 스승과 아버지를 같은 반열에 올려놓고 공경하라고 한 것처럼, 예수 당시에도 왕이나 아버지는 여전히 전능한 권력자이기 때문이다. 자녀들의 생사여탈권을 소유한 당시의 아버지의 권위는 국가의 법을 초월해 있었다. 명예를 최고의 가치로 여겨 자식의 목숨보다 아버지의 명예가 더 중요한 시대에 아버지는 자녀들에 대한 명예살인을 집행할 수 있었다. 개인보다는 집단과 공동체의 이익을 우선하는 시대에 자녀에 대한 아버지의 폭력은 우리의 상상을 넘어선다.

바로 그런 시대에 예수는 탕자의 비유라는 짧은 이야기를 통해서 자신이 섬기는 아버지는 이런 분이라고 소개해 주신다. 예수께서 고백하는 아버지의 속성은 대략 7가지 모습으로 묘사된다. 죽기 전에 유산을 상속해 달라는 패륜적인 아들의 요구를 속절없이 받아주는 아버지(12절), 떠나는 아들을 잡지 못하는 아버지(13절), 떠난 아들을 한없이 기다리는 아버지(20절), 아들을 보고 체면 따위 무시하고 쏜살같이 달려가는 아버지(20절), 측은히 여겨 달려가 목을 안고 입을 맞추는 아버지(20절), 아들의 패륜적 과거를 잊고 제일 좋은 옷, 가락지, 신발, 살진 송아지를 잡아 환영 잔치를 베푸는 아버지(22, 23절), 내 것이 다 네 것이라고 밝히는 아버지(31절).

예수의 아버지 하나님은 더 이상 가부장 시대의 절대 권력자가 아니다. 전지전능하여 막강한 힘으로 이스라엘을 보호하고 다스리는 왕도 아니다. 군대 사령관처럼 군인들을 명령하고 통솔하는 강력한 카리스마도 아니다. 이 비유에서 밝히고 계신 예수의 아버지 하나님은 풍요롭고 모든 것을 가진 분이지만 자식에게 하염없이 자애로운 분이다. 자식을 지극히 사랑하지만, 자식의 의사결정 또한 매우 존중하는 분이다. 아버지의 뜻을 거역하여 떠나도 자식이 내린 결정이기에 아프지만 잡지 않는 분이다. 그리고 그리움의 속앓이를 심하게 하시는 분이다. 떠난 자식의 고통을 덜어줄 힘이 있지만 자식의 독립성을 존중하여 하지 않으시는 분이다. 그저 자식을 하염없이 기다리는 분이다. 그러나 아버지에게로 돌아오는 자식에게는 자신의 체면과 권위와 지위를 잊고 달려가 입을 맞추고 품에 안는 분이다. 과거의 모든 잘못을 망각하고 현재의 자식의 모습만을 기뻐하는 분이다. 그리고 자신의 모든 것을 주고 베푸는 분이다.

제5장

성자하나님

예수 그리스도는 왜 중요한가

예수 그리스도는 기독교 신앙의 원천이자 근거이며, 기독교의 중심이다. 예수 그리스도는 유대교와 이슬람 같은 다른 계시종교들과 구별되는 가장 결정적 근거다. 예수 그리스도는 기독교 정체성의 핵심이며, 기독교의 영원한 화두다. 기독교 역사에서 예수 그리스도에 대한 고백이 강했을 때 기독교는 생명력이 있었다. 그러나 그에 대한 고백이 흐려졌을 때, 기독교는 빛을 잃었다. 예수 그리스도는 신앙의 중심, 교회의 중심, 나아가 역사의 중심이다.

우리는 예수 그리스도의 십자가와 부활을 통하여 참 하나님을 발견할 수 있고, 하나님을 만날 수 있으며, 나아가 하나님의 자녀가 될 수 있다. 예수 그리스도 없이는 어떠한 인간에게도 죄사함,

구원, 영원한 생명이란 주어질 수 없다. 예수 그리스도는 우리에게 신앙의 대상 그 자체이자, 하나님 아버지께 나아가는 길이며, 성령으로 우리에게 다시 오신 주님이다. 기독교 신앙은 오직 예수 그리스도의 십자가와 부활의 빛을 통해서만 열리는 세계다.

우리는 예수 그리스도의 역사적 삶과 죽음과 부활을 통해 하나님 나라의 메시아적 생명의 세계에 대한 하나님의 약속을 경험할 수 있다. 예수 그리스도를 통하여 죄의 세력에 묶여 희망을 잃어버린 우리에게 하나님의 새로운 희망이 열린다. 하나님과 그의 계시, 하나님의 은혜와 구원, 교회의 본질과 사명, 세계의 미래, 기독교 윤리와 삶의 실천에 대한 모든 이해의 열쇠는 오직 예수 그리스도의 인격과 삶의 역사 속에 있다. 우리의 모든 삶의 가치관과 세계관은 오직 예수 그리스도의 삶과 가르침 위에서만 세워질 수 있다.

"예수 그리스도께서는 선재하셨습니다"

예수 그리스도의 선재성은 삼위일체 하나님과 관련되어 있다. 예수 그리스도는 그 본질에 있어서 성부하나님과 같으신 분이다. 그러므로 성자이신 예수 그리스도는 성부하나님과 성령하나님과 함께 창세전에 함께 계셨고, 또한 창조 사역에 함께 참여하셨다. 니케아-콘스탄티노플 신앙고백에 의하면, 예수 그리스도는 영원 전부터 저 위에 계신 "하나님으로부터 오신 하나님"이요, "빛으로부터 오신 빛"이다. 그는 영원 전부터 선재하는 삼위일체 하나님의 둘째 품격, 곧 성자하나님이시다.

요한복음은 예수 그리스도의 여러 측면 중 특별히 신성을 강조하는 복음서다. 그 중에 가장 확실한 증거가 말씀이신 그리스도의 선재성이다. 사도 요한은 복음서 첫 구절부터 이 사실을 선포하듯이 기록하고 있다. "태초에 말씀이 계시니라. 이 말씀이 하나님과 함께 계셨으니 이 말씀은 곧 하나님이시니라. 그가 태초에 하나님과 함께 계셨고 만물이 그로 말미암아 지은 바 되었으니 지은 것이 하나도 그가 없이는 된 것이 없느니라"(요 1:1-3) 요한복음 8장 58절에서 예수는 자신에 대하여 그렇게 말씀하셨다. "진실로 진실로 너희에게 이르노니 아브라함이 나기 전부터 내가 있느니라"

그리스도의 선재성은 예수의 신성을 믿는다는 것인데, 역사적으로 수많은 이단 종파들과 자유주의 신학에 의해 부정되고 공격받았다. 예수를 성인군자의 한 사람으로 믿고 있는 사람들은 예수의 선재하심을 받아들이지 않는다. 특히 양태론자들은 성부하나님이 성자 예수로, 성령이라는 세 양태로 모양만 바뀌어서 나타났을 뿐, 예수 그리스도는 신약에 와서야 비로소 나타났다고 주장한다. 따라서 그들은 창세전에 예수 그리스도가 계셨다는 것을 믿지 않았다.

그러나 그리스도의 선재성 교리는 무너지지 않았고, 오히려 사도 요한이 증언하는 것처럼 기독교의 가장 중요한 교리가 되었다.

요한복음 1장 1절에서 말하는 "태초"는 창세기 1장 1절의 "태초"와 다른 의미다. 창세기의 태초는 하나님께서 창조사역을 시작하신 때를 가리키지만, 요한복음의 태초는 창세 이전의 영원의 때를 의미한다. 그리고 여기서 말씀(로고스)은 바로 성자 예수 그리스도를 뜻한다. 따라서 성자 그리스도는 영원 전부터 계셨으며, 성부 하나님과 함께 영화를 누리셨고(요 17:5), 창조 사역에 함께 참여하셨다(요 1:3). 나아가, 요한복음 1장 10절은 "그가 세상에 계셨으며 세상은 그로 말미암아 지은 바 되었으되 세상이 그를 알지 못하였다"고 기록한다.

예수 그리스도는 자신의 선재성을 믿지 못하는 유대인들에게 이렇게 말씀하셨다. "그러면 너희가 인자의 이전 있던 곳으로 올라가는 것을 볼 것 같으면 어찌 하려느냐"(요 6:62) 이 말씀은 양태론자들이 주장하듯이 어떤 특정한 시점에 예수가 하나님의 아들이 된 것이 아니라는 뜻이다. 나아가 예수 스스로 자신이 창세 전에 선재했다는 것을 고별설교 후 기도에서 분명히 밝히셨다. "아버지여 창세 전에 내가 아버지와 함께 가졌던 영화로서 지금도 아버지와 함께 나를 영화롭게 하옵소서"(요 17:5)

"예수 그리스도는 성육신하신 하나님의 아들이십니다"

영원 전부터 선재하신 성자하나님이 인간의 몸을 입고 이 세상에 오신 분이 예수 그리스도다. 영원 전부터 저 위에 선재하는 삼위일체 하나님과 그의 성육신이 예수 그리스도 사역의 출발점이다. 요한복음 1장의 로고스 그리스도론은 이러한 관점을 잘 보여준다. "태초에 말씀(로고스)이 계셨다. 그 말씀은 하나님이었다. 그는 하나님과 함께 계셨다. 그리고 그 말씀이 육신이 되셨다" 히브리서는 영원히 저 위에 계신 하나님이 그의 아들을 세상에 보내셨고, 보냄을 받으신 하나님의 아들 예수는 이 땅 위에 오셔서 자기를 희생제물로 바친 후 "하늘에 올라가신 위대한 대제사장"이라고 증언했다(히 4:14).

이른바 "육체를 입다"라는 뜻의 라틴어에서 유래한 '성육신'(incarnation)은 성경에 나오는 단어는 아니다. 그러나 예수 그리스도께서 이 땅에 오셨다는 성경적 진리를 담고 있는 신학적 표현으로써 "말씀이 육신이 되어"라는 요한복음 1장 14절의 말씀을 의미한다. 그리스도의 성육신은 그분의 신성과 인성 모두를 포함하는 용어다. 사도 요한이 증언하는 그리스도의 성육신은 하나님의 연합 안에서 영원한 존재인 분이 하나님과의 하나 됨을 포기하지 않은 채 어느 한 시점에 인간이 되셨다는 의미다. 여기서 '육체'라는 말은 단순히 육체적인 몸을 의미하는 것이 아니라, 완전한 인간성(human personality)을 뜻한다.

사도 바울도 예수 그리스도의 성육신을 말하고 있다. "하나님이 자기 아들을 죄 있는 육신의 모양으로 보내셨다"(롬 8:3)고 했는데, 여기서 '모양(likeness)'은 그분의 본성이 죄에 오염되지 않은 것 말고는 우리의 본성과 같았다는 의미다. 즉 완전한 인간으로 오셨다는 것이다. 디모데전서 3장 16절에서 사도 바울은 그리스도의 성육신의 비밀을 이렇게까지 외친다. "크도다 경건의 비밀이여, 그렇지 않다 하는 이 없도다. 그는 육신으로 나타난 바 되시고 영으로 의롭다 하심을 받으시고 천사들에게 보이시고 만국에서 전파되시고 세상에서 믿은 바 되시고 영광 가운데서 올려지셨느니라"

주후 451년에 열렸던 칼케돈 공의회에서는 예수 그리스도의 선재성과 삼위일체성, 그리고 성육신의 진리를 다음과 같이 고백하고 있다.

> 우리는 한 분이며 동일하신 성자 곧 우리 주 예수 그리스도를 고백할 것을 가르친다. 그분은 신성에 있어 완전하시며 인성에 있어서도 똑같이 완전하시다. 그분은 참 하나님이시오, 이성적 육체와 영혼을 지니신 참 인간이시다. 그분은 인성에 있어 우리와 동일한 본질을 지니신다. 모든 일에 우리와 같으나 죄는 없으시다. 그분은 신성을 따라서는 만세 전에 성부에게 나셨으나 인성을 따라서는 후에 우리와 우리의 구원을 위하여 동정녀 마리아에게서 나셨다.

그리스도의 성육신은 다른 말로 그리스도의 '자기비움(케노시스)'이기도 하다. 이른바 케노시스는 그리스도께서 이 땅에 성육신하실 때 종의 형태를 취해 자기를 비우신 그리스도의 행위를 묘사하는 말이다. 이 용어는 사도 바울이 빌립보서 2장 5-8절에서 사용한 헬라어 '케노오'에서 유래했다.

> 너희 안에 이 마음을 품으라 곧 그리스도 예수의 마음이니 그는 근본 하나님의 본체시나 하나님과 동등됨을 취할 것으로 여기지 아니하시고 오히려 자기를 비워 종의 형태를 가지사 사람들과 같이 되셨고 사람의 모양으로 나타나사 자기를 낮추시고 죽기까지 복종하셨으니 곧 십자가에 죽으심이라(빌 2:5-8).

예수 그리스도의 자기비움은 십자가의 수치를 성육신하시기 전 성자께서 택하신 자유롭고 자발적인 행위다. 필연으로써가 아니라 사랑의 주권적 선택으로써 예수 그리스도는 십자가의 길을 위해 하늘의 영광을 포기하셨다. 그분은 분명히 자신을 구할 능력이 있으셨지만 사용하기를 거부하셨다. 예수 그리스도의 자기비움으로서의 성육신은 그리스도의 인성을 무시하려는 모든 가현설적 시도들에 대항하여 그리스도의 참된 인성을 보여주는 교리다.

"예수 그리스도께서는 십자가에서 죽으셨습니다"

창세전에 선재하셨고, 이 땅에 육신으로 오신 예수 그리스도의 지상에서의 삶의 가장 중요한 사건은 십자가의 고난과 죽음이다. 예수의 죽음은 다른 모든 사람의 죽음과 다르다. 복음서는 "그분의 영혼이 떠났다"(마 27:50)고 기록하고 있듯이, 그분의 죽음은 철저한 자기결단에 의한 자발적 떠남이었다. "이를 내게서 빼앗는 자가 있는 것이 아니라 내가 스스로 버리노라 나는 버릴 권세도 있고 다시 얻을 권세도 있으니 이 계명은 내 아버지에게서 받았노라"(요 10:18). 십자가의 죽음은 그분에게 강요된 것이 아니었다. 인간을 구원하기 위한 하나님의 뜻으로 스스로 받아들이신 죽음이었다. 고통 속에서 절규하며 받아들인 죽음이었다.

> 내 아버지여 만일 할만하시거든 이 잔을 내게서 지나가게 하옵소서. 그러나 나의 원대로 마시옵고 아버지의 원대로 하옵소서……내 아버지여 만일 내가 마시지 않고는 이 잔이 내게서 지나갈 수 없거든 아버지의 원대로 되기를 원하나이다(마 26:39-42).

십자가의 죽음에서 예수 그리스도가 겪으신 영혼의 고뇌 중 가장 고통스러운 것은, 그 끔찍한 시간에 아버지가 그분에게서 얼굴을 돌리셨다는 것이다. 우리를 위한 대속은 잃어버린바 된 영혼의 고통스러운 행로, 곧 어둠의 깊은 미로 속으로 걸어 들어가는 길이었다. 예수는 모든 사람을 위하여 죽음을 맛보신 분이다(히 2:9). "오직 우리가 천사들보다 잠시 못하게 하심을 입은 자 곧 죽음의 고난 받으심으로 말미암아 영광과 존귀로 관을 쓰신 예수를 보니 이를 행하심은 하나님의 은혜로 말미암아 모든 사람을 위하여 죽음을 맛보려 하심이라"

예수 그리스도의 십자가의 죽음은 우리에게 어떤 의미인가? 첫째, 그리스도의 십자가 죽음으로 하나님과 분리되었던 우리가 하나되었다. 이 죽음은 단순한 육체적 죽음 이상을 의미한다. 예수 그리스도가 십자가 위에서 "나의 하나님, 나의 하나님, 어찌하여 나를 버리셨나이까"(막 15:34)라고 부르짖으실 때, 그분은 훨씬 극심한 일을 겪으셨다. 그분은 죄의 대가를 지불하고 계셨던 것이다. 죄의 대가란 하나님과 분리되는 것이었다. 이것은 우리의 구원을 위해 예수 그리스도가 지불해야 하는 값이었다. 하나님의 아들이 아버지로부터 분리됨으로써, 분리되었던 우리는 하나님과 하나가 될 수 있었다.

둘째, 예수 그리스도의 죽음으로 우리는 거룩한 하나님에게 나아갈 수 있게 되었다. 히브리서 기자는 이 사실을 이렇게 말한다. "그러므로 형제들아 우리가 예수의 피를 힘입어 성소에 들어갈 담력을 얻었나니 그 길은 우리를 위하여 휘장 가운데로 열어 놓으신 새로운 살 길이요 휘장은 곧 그의 육체라"(히 10:19, 20). 이것은 예수 그리스도가 죽으실 때 지성소를 막아 둔 휘장이 둘로 갈라짐을 통해 상징적으로 표현하고 있다.

셋째, 예수 그리스도의 죽음은 우리에 대한 하나님의 죄의 용서다. 최후의 만찬에서 예수는 이 사실을 말씀하셨다. "이것은 죄 사함을 얻게 하려고 많은 사람을 위하여 흘리는 바 나의 피 곧 언약의 피니라"(마 26:28). 같은 맥락에서 사도 바울도 "그의 피로 말미암아 속량 곧 죄 사함을 받았느니라"(엡 1:7)라고 말한다. '사함'과 '용서'는 모두 '아페시스'라는 헬라어에 대한 번역인데, 이 단어는 빚을 탕감해 주고 형벌을 면하도록 용서해 주는데 사용되는 '아피에미'에서 비롯되었다. 죄와 형벌로부터 죄인을 분리하는 것은 오직 하나님만이 하실 수 있는 신적인 용서다. 이를 위해서는 갈보리의 십자가가 요구되었던 것이다.

넷째, 예수 그리스도의 죽음은 나 자신 또한 십자가에 못 박는 것을 의미한다. 사도 바울은 십자가의 그리스도를 만난 후 이렇게 선포했다. "내가 그리스도와 함께 십자가에 못박혔나니 그런즉 이제는 내가 사는 것이 아니요 오직 내 안에 그리스도께서 사시는 것이라 이제 내가 육체 가운데 사는 것은 나를 사랑하사 나를 위하여 자기 자신을 버리신 하나님의 아들을 믿는 믿음 안에서 사는 것이라"(갈 2:20). 예수 그리스도의 십자가는 제자된 그리스도인이 따라서 살아야 할 십자가다.

"예수 그리스도께서는 부활 승천하셔서 통치하십니다"

　예수 그리스도의 십자가의 죽음으로 모든 것이 침묵하는 암울한 세계 속에서 복음서 기자들은 놀라운 소식을 전한다. "놀라지 말라 너희가 십자가에 못 박히신 나사렛 예수를 찾는구나 그가 살아나셨고 여기 계시지 아니하니라 보라 그를 두었던 곳이니라"(막 16:6).

　신약성경은 예수 그리스도의 부활을 증언하기 위해 구약의 말씀들을 사용한다. "고난과 죽음을 당한 하나님의 종은 높이 들림을 받을 것이다"(사 52:13), "의로운 자가 하늘로 높이 들려질 것이다"(왕하 2:1-18), "죽은 자들이 잠자는 상태에서 다시 살아날 것이다"(사 26:19, 단 12:2), 구약성경의 이러한 말씀들에 의존하여 신약성경은 예수 그리스도의 부활을 이렇게 고백하고 있다. "하나님은 예수를 그의 오른편으로 높이셨다"(행 5:31), "예수를 하늘로 들어 올리셨다"(행 1:10-11, 5:30-31).

　신약성경은 예수의 부활을 "깨우다"(egeiro)와 "일어나다"(anbistemi)라는 두 가지 개념을 사용한다. 이 둘을 함께 섞어 보면, 부활은 "잠에서 깨어나 일어나는 것"을 의미한다. 곧 아버지 하나님이 그의 영을 통해 잠자는 예수를 깨우셔서, 잠자던 예수가 잠에서 일어나는 것을 말한다. 이러한 은유적 표현은 죽음을 잠자는 것에 비유하는 유대교와 고대 그리스의 표상에서 유래한다.

　예수 그리스도의 부활은 단순히 기독교의 여러 가지 교리 중 하나가 아니다. 오히려 가장 핵심적인 것이다. 한 신학자는 이렇게 말한다. "기독교는 기적의 종교인데 그리스도의 부활의 기적은 기독교 신앙의 생생한 핵심이자 목적이다" 에밀 부르너(Emil Brunner, 1889-1966)는 "이 부활에 다른 모든 것이 달려 있다"고 말함으로써, 부활신앙이 모든 교리의 중심임을 강변하고 있다.

부활이 없다면 십자가 죽음은 헛된 것이다. 부활은 예수의 속죄의 죽음을 인증하고 가치를 부여한다. 사도 바울은 이렇게 말한다. "예수는 우리가 범죄한 것 때문에 내줌이 되고 또한 우리를 의롭다 하시기 위하여 살아나셨느니라"(롬 4:25). 예수의 부활은 죄에 대한 그분의 희생이 받아들여졌음을 증명한다. 부활을 통하여 예수 그리스도는 새로운 인류의 첫 열매가 되셨다. 바울은 그리스도의 부활이 없다면, 우리의 전파하는 것도 헛것이요, 믿음도 헛것이며, 우리가 하나님의 거짓 증인이요, 여전히 죄 가운데 있을 것(고전 15:14-19)이라고 소리높여 강조한다. 이처럼 성경은 우리의 구원에 부활이 본질적인 것임을 확실히 하고 있다.

초대교회는 부활하신 예수 그리스도를 만난 체험에서 시작된 공동체다. 베드로를 비롯한 예수의 제자들, 예수의 동생 야고보, 다메섹에서 회심한 바울 등 모든 사도들과 그리스도인들은 부활하신 예수의 체험이 그들의 신앙의 중심에 자리잡고 있다. 부활은 당시 교회의 말씀선포, 즉 케리그마에서 가장 핵심적인 주제였다. 베드로의 오순절 설교나, 바울의 설교와 간증 속에서 가장 중요한 메시지는 예수 그리스도의 부활이다.

예수 그리스도의 부활은 승천으로 이어진다. 승천에 대한 신약성경의 사실적 묘사는 그리 많지 않다. 누가가 기록한 두 구절이 전부다. "예수께서 그들을 데리고 베다니 앞까지 나가사 손을 들어 그들에게 축복하시더니 축복하실 때에 그들을 떠나 하늘로 올려지시니"(눅 24:50-51), "이 말씀을 마치시고 그들이 보는데 올려져 가시니 구름이 그를 가리어 보이지 않게 하더라 올라가실 때에 제자들이 자세히 하늘을 쳐다보고 있는데 흰 옷 입은 두 사람이 그들 곁에 서서 이르되 갈릴리 사람들아 어찌하여 서서 하늘을 쳐다보느냐 너희 가운데서 하늘로 올려지신 이 예수는 하늘로 가심을 본 그대로 오시리라 하였느니라"(행 1:9-11).

그러나 신약성경 곳곳에서 여러 저자들은 예수 그리스도의 영광스러운 승천을 언급하고 있다. 바울은 하나님이 예수 그리스도를 죽은 자들 가운데서 다시 살리시고 하늘에서 자기의 오른편에 앉히셨다고 고백한다(엡 1:20). 베드로는 예수 그리스도께서 하늘에 오르사 하나님 우편에 계시니 천사들과 권세들과 능력들이 그에게 복종한다고 말하고 있다(벧전 3:22). 나아가 그는 오순절 설교에서 예수 그리스도의 승천을 다음과 같이 증언하고 있다.

다윗은 하늘에 올라가지 못하였으나 친히 말하여 이르되 주께서 내 주에게 말씀하시기를 내가 네 원수로 네 발등상이 되게 하기까지 너는 내 우편에 앉아 있으라 하셨도다 하였으니 그런즉 이스라엘 온 집은 확실히 알지니 너희가 십자가에 못 박은 이 예수를 하나님이 주와 그리스도가 되게 하셨느니라 하니라(행 2:34-36).

승천의 중요성은 분명하다. 이는 그리스도께서 성부의 우편에 높이 올리셔서 주권적 주님으로서 적합한 자리를 받으셨음을 의미하기 때문이다(행 2:33-36, 5:31, 엡 1:19-23). 이 신앙은 또한 예수 그리스도가 천국까지 인성을 지니고 가셨음을 의미하기도 한다. 그분은 우리의 인간적인 경험들을 공유하셨기 때문에 자비로우시고 신실하신 대제사장이 될 수 있다고 말한 히브리서에서 강조되었다.

"그러므로 그가 범사에 형제들과 같이 되심이 마땅하도다 이는 하나님의 일에 자비하고 신실한 대제사장이 되어 백성의 죄를 속량하려 하심이라"(히 4:17).

"그러므로 우리에게 큰 대제사장이 계시니 승천하신 이 곧 하나님의 아들 예수시라 우리가 믿는 도리를 굳게 잡을지어다 우리에게 있는 대제사장은 우리의 연약함을 동정하지 못하실 이가 아니요 모든 일에 우리와 똑같이 시험을 받으신 이로되 죄는 없으시니라"(히 4:14-15).

"예수 그리스도는 다시 오십니다"

창세전부터 선재하시고, 성육신하시고, 십자가에 죽으시고 부활하시고 승천하신 예수 그리스도는 장차 다시 오신다. 우리는 하나님의 아들 그리스도 예수를 우주와 역사의 주(큐리오스)라고 고백한다. 그러나 우주와 역사는 아직도 죄와 죽음의 세력을 벗어나지 못하고 있다. 무덤 속에 갇힌 자들이 예수의 부활을 통해 부활의 역사를 맞이했지만, 죄와 죽음의 세력은 여전히 파괴적 힘을 발휘하고 있다. 죄와 죽음의 세력과의 투쟁의 역사는 창조의 중재자요 역사의 주님이신 예수가 다시 오실 때 마무리될 것이다.

이때 하나님이 모든 만물 안에서 모든 것이 될 것이며(고전 15:28), 우주와 역사에 대한 예수의 주권이 완성될 것이다. 모든 부정적인 것이 부정되고, "더 이상 죽음과 슬픔과 울부짖음과 고통이 없는" 새 하늘과 새 땅이 올 것이다. 십자가에 달리고 부활하신 예수가 우주의 통치자요 역사의 주님이란 사실이 증명될 것이다. 그러므로 신약성경의 교회공동체는 역사의 주님이요 완성자이신 주님의 다시 오심을 믿고 기다리며 살고 있다(살전 3:13, 고전 15:23, 마 24:3). 초대교회는 주님의 재림에 대한 기다림 속에 있는 공동체라 말할 수 있을 정도로 다시 오실 주님에 대한 기다림 속에 있다.

이른바 "주의 날(고전 1:8)", "주의 오심(살후 2:1)", "주의 나타나심(딤전 6:14)" 등의 말은 예수 그리스도의 재림을 잘 보여주는 표현들이다. 요한계시록은 "현재에도 계시고, 과거에도 계셨고, 또 미래에 오실 분"에 대하여 이야기하고 있다(계 1:4, 8; 4:8). 그 밖에도 신약성경의 여러 본문들이 주님의 '오심'이나 '강림'에 대해, 혹은 "잠시 잠간 후에 오실 그분"에 대해 증언한다(고전 4:5; 11:26; 15:23; 히 10:37).

재림으로 번역되는 그리스어 '파루시아(parusia)'는 본래 '도래' 혹은 '현재'를 뜻하는 말이다. 곧 과거로부터 '되어가는 것'이 아니라 아직 주어지지 않은 미래로부터 '오는 것'(라틴어 advenire. 이 단어에서 '강림' 곧 Advent란 단어가 생성됨), 즉 미래로부터 와서 현재가 되는 것을 뜻한다. 따라서 재림은 '장차 오실 그분"이 지금 오고 있음을 의미한다.

마태복음에서 예수는 그의 이름으로 모이는 사람들 가운데 함께 계실 것이라고 말씀하셨다(마 18:20). 즉 미래에 오실 그분이 자기의 이름으로 모인 사람들 가운데 지금 함께 계신다는 것이다. 예수 그리스도는 단순히 역사의 마지막 시점에 오시는 것이 아니다. 오히려 성령의 능력 속에서 지금 오고 계신다. 그분은 지금도 세상의 연약한 생명들을 찾아오시며, 그의 이름으로 모인 사람들 가운데 현존해 계신다. 그는 미래적인 동시에 현재적이다. 그래서 초대교회 공동체는 이렇게 고백했다. "마라나타!(주께서 오신다, 고전 16:22)"

신약성경의 교회공동체와 오늘날 우리는 그리스도 예수의 다시 오심을 기다리는 존재들이다. 그리스도 예수는 자기를 기다리는 공동체에게 이렇게 약속하신다. "내가 진실로 속히 오리라!(계 22:20, 7, 12 ; 3:11)." 이에 대해 교회공동체는 다음과 같이 응답한다.

아멘, 주 예수여 오시옵소서!(22:20) 오셔서 이 세상을 심판하시고, 새 하늘과 새 땅을 이루어주시옵소서. 주님을 믿는 자를 하나님의 영광에 참여하게 하시고, 약속된 하나님 나라를 실현하여 주옵소서. 역사의 알파와 오메가 되시는 주 예수 그리스도께서 오심으로 불의한 세상을 정의롭게 하시고, 우리로 하여금 하나님 나라에 합당한 자로 살아가게 하소서.

제6장

성령하나님

성령하나님은 왜 중요한가

성령은 성자예수와 성부하나님에 비해 별로 중요하지 않은 분으로 여겨지는 경향이 있다. 성령은 아버지 하나님의 뜻을 전하는 비둘기 같은 존재인 천사 정도로밖에 보이지 않는다. 기독교 신학의 역사에서도 우리는 성령이 소외되는 현상을 쉽게 찾아볼 수 있다. 위르겐 몰트만은 서구 기독교의 역사는 '성령 망각의 역사'라고까지 말했다. 그러나 성령은 기독교 신앙의 모든 면에서 매우 중요한 삼위일체 하나님이다.

첫째, 성령은 삼위일체 하나님 가운데 한 분이다. 성령을 통해 성부와 성자가 서로 구별되는 동시에 한 몸을 이루기 때문이다. 성부와 성자를 묶는 상호침투와 교제의 매체인 성령을 통해 삼위일체가 성립될 수 있다. 삼위일체가 허물어지면 기독교는 존립 근거가 없어진다. 또 다시 구약시대의 일신론을 믿는 유대교로 환원되고 말 것이다. 그러므로 성령은 기독교의 삼위일체 하나님 고백을 가능하게 하는 근원적 토대다.

둘째, '참 사람'이신 예수 그리스도는 오직 성령을 통해 '참 하나님'이 되신다. 예수 그리스도의 신성과 인성은 성령을 통해 하나로 연합된다. 성령을 통해, 성령 안에서 예수는 아버지 하나님 안에, 아버지 하나님이 예수 안에 계시며 한 몸을 이룬다. 예수 그리스도의 삶 자체는 성령 안에서, 성령과 함께, 성령을 통하여 이루어졌다. 나아가 예수의 고난은 혼자만의 고난이 아니다. 그분의 고난은 성령을 통하여 아버지 하나님이 함께 당하신 삼위일체적 고난이었다. 십자가의 죽음과 부활은 삼위일체 하나님의 죽음이자 부활이다.

셋째, 성령이 없이는 우리에게 구원의 역사와 새 창조는 불가능하다. 하나님의 구원의 역사에서 성령은 현실적으로 성부와 성자보다 더 중요한 일을 하신다. 성령은 예수 그리스도 안에서 일어난 하나님의 구원을 역사 속에서 실현하시고 새로운 창조를 수행하시기 때문이다. 성부의 사랑과 성자의 은혜가 있어도 성령의 교통이 없이는 구원은 이루어질 수 없다.

넷째, 우리가 그리스도와 인격적으로 만나고, 하나님을 아버지라 부를 수 있는 신비로운 관계는 오직 성령을 통해서만 가능하다. 성령은 성도와 그리스도를 연결하신다. 성령 안에서 이루어지는 그리스도와의 교제를 통해 우리는 삼위일체 하나님의 구원의 역사에 참여하게 된다. 성령이 우리의 마음속에 살아 움직일 때, 우리는 그리스도의 십자가 앞에서 죄를 깨닫고 참회하며 회개할 수 있다. 우리가 거듭나고, 성결케 되고, 치유받고 하나님의 은혜 가운데 사는 것은 오직 성령으로 말미암는 것이다.

"성령은 하나님이십니다"

구약성경에서 성령은 하나님의 '영', 곧 'ruach'(루아흐)에서 유래한다. 루아흐는 그리스어 'pneuma'(프뉴마)로, 라틴어 'spiritus'(스피리투스)로 표기한다. 구약성경에서 루아흐는 총 378회 등장하는데, 그 가운에 '루아흐 야훼'(ruach Jahwe), 즉 '여호와의 영'이 27번 나온다. 성령, 곧 '거룩한 영'이라는 표현은 두 번 사용된다(시 51:13; 사 63:10). 한글개역성경에서 루아흐는 귀신, 영, 콧김(욥 4:9; 출 15:8), 바람(출 15:10; 사 11:15), 호흡(사 30:33), 기운(사 40:7; 욥 37:10; 34:14), 생기(창 2:7) 등으로 번역된다.

신약성경은 루아흐를 '프뉴마'(pneuma)로 번역한다. 그리스어 pneuma는 바람이 '불다(pnein)'에서 유래했다. 그것은 강한 바람, 움직이는 공기, 숨결을 뜻한다. 공기가 없으면 생명이 끊어진다. 따라서 공기, 곧 프뉴마는 생명을 가능하게 하는 생명의 힘이다. 이런 점에서 프뉴마는 구약의 루아흐와 동일하다. 즉 신약에서의

'영'은 구약에서 쓴 '루아흐' 개념과 같다.

우리가 고백하는 기독교의 하나님은 영원 전부터 성부와 성자와 성령으로 이루어진 삼위일체의 하나님이다. 따라서 성령은 어느 특정한 때에 '성부로부터' 혹은 '성부와 성자로부터' 나오신 분이 결코 아니다. 성령은 성부와 성자와 함께 처음부터 계신 분이다. 그는 성부와 성자에게서 '추가적'으로 나오는 제3의 존재가 아니다. 성령은 처음부터 성부와 성자와 함께 있는 삼위일체의 한 신적 인격이다. 세 분의 인격들 사이에 존재하는 평등성과 상호성과 호혜성은 하나님의 삼위일체에 있어서 본질적인 것이다. 성부와 성자와 성령은 영원 전부터 함께, 동시적으로 존재하셨다.

신약성경은 성령을 '하나님의 영'(롬 8:9, 14; 고전 2:11;7:40; 12:3; 고후 3:3; 요일 4:2' 혹은 '그리스도의 영'(벧전 1:11)이라고 부르고 있다. 이 표현들은 성부와 성자에 대한 성령의 종속적 위치를 가리키는 것이 아니다. 오히려 성부와 성자와 성령의 분리될 수 없는 삼위일체적 결합성을 의미한다. "하나님은 영이시다"(요 4:24), "주님은 영이시다"(고후 3:17)라는 구절 또한 성부와 성자의 영적 존재를 나타내는 동시에 영원 전부터 공존하는 삼위의 하나됨을 가리킨다. 성부와 성자와 성령이 영원 전부터 함께 존재한다면 성령은 성부와 성자와 동등한 신적 인격이다. 성령은 창조 안에서, 구원의 역사 안에서, 예수 그리스도를 통한 구원 안에서, 죽은 자들로부터의 부활을 통한 인간의 완성 안에서 활동하시며, 하나님의 생명을 중재하는 '하나님 자신'이다.

성령은 성부와 성자와 동등한 신적 인격이기 때문에 성령의 오심은 삼위일체 하나님 자신의 오심이다. 성령이 계신 곳에는 삼위일체 하나님 자신이 계신다. 우리 안에 계신 성령의 현존은 삼위일체 하나님의 인격적 현존이다. 따라서 성부와 성자와 성령의 모든 사역은 삼위일체의 공동사역이다. 성부의 창조, 성자의 구원, 성령의 성화와 새 창조 혹은 구원의 완성은 성부와 성자와 성령이 함께 참여하여 이루는 공동의 사역이다. 예수의 십자가의 고난 또한 예수 자신만의 고난이 아니다. 그것은 예수 안에 계신 성령을 통한 삼위일체 하나님 자신의 고난이다.

우리는 자신 안에 계신 성령을 하나님 자신으로 경험하는 사람이다. 지금 우리가 성령을 만나고, 성령 안에서 행하고, 성령과 함께 동행하는 것은 곧 하나님을 만나고, 하나님 안에서 행하고, 하나님과 함께 동행하는 것이다. 성령이 주시는 구원과 위로와 모든 은사와 성령의 열매들은 모두 하나님 자신이 우리에게 주시는 것이다.

"성령은 생명을 주십니다"

성령은 본질적으로 생명의 영이요 새 창조의 영이다. 성령은 무에서 만유를 창조하며, 죽은 예수를 다시 살리며, 죽어가는 생명을 새로운 피조물(고후 5:17)로 '살리는 영'(고후 3:6)이다. 그는 죄악된 것을 '새롭게 하는'(딛 3:5) 영이요, 죄와 불의가 있는 곳에 자유를 가져오는 '자유의 영'(고후 3:17)이다. 성령은 죄와 죽음의 세계 속에서 '새로운 생명'으로 인도하는 '생명의 영'이다.

사도 바울은 인간을 새롭게 창조하시고 생명을 주시는 성령의 사역을 다양하게 표현한다. 원수 관계에 있었던 자들이 '하나님과 화해하게 되었다'(롬 5:10). '어둠'에 있던 자들이 '빛의 자녀'가 되었다(엡 5:8). '죄의 종'이었던 자들이 '의의 종'이자 '하나님의 종'이 되었다(롬 6:17-22). 죄의 세력에 묶여 있던 '옛 사람'은 그리스도와 함께 십자가에 달려 죽고 부활하신 그리스도와 함께 새 사람으로 태어났다(롬 6:6-9). 그는 '영원한 생명', '하나님의 생명'(롬 5:21, 10)을 얻었다. 죄의 지배를 받던 자녀들이 하나님을 '아바 아버지'라고 부르는 '하나님의 자녀들'이 되었다(롬 8:5). 그들은 죄와 죽음의 세력이 다스리는 세계를 벗어나 '그리스도 안에서 누리는 영원한 생명'으로, 하나님이 다스리는 '새로운 생명'의 세계로 옮겨졌다(롬 5:18; 6:4, 23).

생명의 원천이신 성령으로 말미암아 우리는 예수 그리스도 안에서 아버지 하나님과 교제하게 되었다. 성령으로 말미암아 우리는 예수 그리스도 안에서 거듭났다. 성령으로 말미암아 우리는 예수 그리스도 안에서 새 하늘과 새 땅에 참여할 수 있게 되었다. 성령으로 말미암아 우리는 이 땅에 교회라는 공동체에 속하게 되었다. 성령으로 말미암아 우리는 하나님의 성품을 닮아갈 수 있는 자들이 되었고, 영원한 생명의 면류관을 받을 것을 소망할 수 있게 되었다.

우리에게 성령이 임했다는 말은 곧 우리에게 믿음이 생겼다는 것이다. 성령을 받는다는 것은 삼위일체 하나님에 대한 믿음이 들어왔다는 뜻이다. 또한 성령을 받는다는 것은 그리스도인의 삶을 시작한다는 의미이기도 하다(갈 3:2, 3). 나아가 성령으로 세례를 받는다는 것은 그리스도의 몸을 이루는 지체가 되었다는 뜻이다(고전 12:13).

우리가 하나님의 자녀가 되는 것, 하나님의 생명과 능력을 힘입어 사는 것은 성령의 사역에 달려 있다. 누구든지 '그리스도의 영(롬 8:9)'이 없으면 그리스도인일 수도 없고, 그리스도께 속한 자일 수도 없으며, 그리스도의 능력을 힘입어 살아갈 수도 없다. 성령을 받아야만 하나님의 자녀가 될 수 있고, 하나님을 아버지라 부를 수 있으며(롬 8:14-17; 갈 4:6, 7), 하나님이 주시는 자유함을 누릴 수 있다(고후 3:17). 우리를 하나님의 자녀라고 인정받을 수 있는 하나님의 인(印, 도장)은 할례나 세례가 아니라 우리 안에 임재하신 성령이다(고후 1:22; 엡 1:13, 14).

성령은 새 시대를 여는 생명의 영이다. 성령의 선물을 받지 않으면 새 시대의 삶을 살 수 없다. 성령은 새 시대의 생명이다(롬 8:2, 6, 10; 고전 15:45; 고후 3:6; 갈 5:25). 성령은 생명을 주시는 영(요 6:63)으로서, 위로부터 오시는 능력이며, 새로운 탄생을 주시는 하나님의 생명의 씨앗이며(요 3:3-8; 요일 3:9), 누군가 그리스도를 믿을 때 그에게 생명을 주시는 생수의 강이다(요 7:37-39; 4:10, 14).

"성령은 인격이십니다"

성령을 뜻하는 히브리어 '루아흐'나 그리스어 '프뉴마'가 바람, 공기, 호흡, 숨결을 뜻하다 보니, 삼위일체 하나님 가운데 한 위격이신 성령을 물질적 존재로 착각하는 경우가 있다. 마치 성령을 에너지, 힘, 능력, 기운, 기적과 같은 비인격적이고 상징적인 의미로 인식한다. 그러나 분명한 사실은 성령은 하나의 인격체만이 가질 수 있는 지성(고전 2:10)과 감성(엡 4:30; 롬 8:26)과 의지(고전 12:11; 행 15:6-7)를 가지고 계신다. 성경은 곳곳에서 성령에 대하여 지성과 감성, 그리고 의지를 가지신 분으로 증언하고 있는데, 이 세 가지는 인격의 대표적인 속성이다.

초대교회가 고백한 삼위일체론은 성부와 성자와 동일한 성령의 인격성을 전제한다. 그렇지 않으면 엄밀한 의미에서의 삼위일체 하나님 고백이 성립되지 않는다. '삼위', 즉 세 분의 신적 인격이 하나가 되었다는 것은 성부와 성자와 동일한 성령이 자신의 신적 주체성을 가진 '삼위일체 가운데 한 인격'으로 전제될 때에만 가능하다. 그러므로 성령의 인격성은 있어도 좋고 없어도 좋은 것이 아니다. 하나님의 삼위일체를 가능하게 하는 가장 중요한 요소는 바로 인격성이다.

인격적 존재란 대상이 있다는 뜻이다. 성령이 인격적 존재라는 것은 또 다른 인격적 존재와의 관계 속에 있음을 의미한다. 하나님의 영은 인격적 대상으로서 인간에게 나타나 말씀하신다. "그

때에 영이 내 앞으로 지나매 내 몸에 털이 쭈뼛하였느니라. 그 영이 서 있는데 나는 그 형상을 알아보지는 못하여도 오직 한 형상이 내 눈 앞에 있었느니라"(욥 4:15-16). 성령은 단지 하나님의 힘이나 능력이 아니라 인격적 대상으로서 활동하신다. "영이 나를 들어 데리고 안뜰에 들어가시기로 내가 보니 여호와의 영광이 성전에 가득하더라"(겔 43:5).

무엇보다도 성경은 성령의 하시는 모든 일을 인격적 존재만이 할 수 있는 것으로 표현한다. 성령은 주님에 관하여 증거하신다(요 15:26). 성령은 말씀하시고 명령하신다(행 10:9; 11:12; 13:2; 딤전 4:1; 히 3:7; 계 2:7; 14:13). 성령은 가르치신다(요 14:26; 고전 2:13). 성령은 인도하고 지도하신다(요 16:13; 행 16:6-17). 성령은 은사를 나누어 주신다(고전 12:11). 성령은 주님의 사역을 위한 지도자와 일군을 선택하신다(행 13:2; 20:28). 성령은 신자들을 깨닫게 하신다(살전 5:19; 마 22:43). 성령은 계시하신다(엡 3:5). 성령은 우리 안에서 하나님을 '아바'라 부르게 하신다(갈 4:6; 롬 8:15). 성령은 우리의 연약함을 도우신다(롬 8:26; 빌 1:19). 성령은 우리를 위하여 간구하신다(롬 8:26, 27). 성령은 우리를 위로하신다(행 9:31). 성령은 하나님의 깊은 것을 통달하신다(고전 2:10). 성령은 근심하고 탄식하신다(롬 8:26; 엡 4:30). 성령은 기뻐하신다(살전 1:6). 성령은 거짓된 가르침을 경고하신다(딤전 4:1).

성령의 인격성은 성경의 수많은 인격적 은유들을 통해 나타난다. 인격이신 성령은 우리의 '주님'이다. 니케아-콘스탄티노플 신조는 성령을 '주와 살리는 자'로 고백한다. 우리의 '주님'이신 성령은 인간을 노예화시키고 지배하는 세속의 '주'가 아니다. 오히려 인간에게 해방과 자유와 새로운 삶을 열어주는 '주님'이다. 주님이신 성령은 인간에게 자유를 주시는 영이다. "주는 영이시니 주의 영이 계신 곳에는 자유가 있느니라"(고후 3:17).

인격이신 성령은 심판자, 새 창조자, 위로자, 조력자로 나타나신다. 성령은 '심판의 영'(사 4:4)이다. 성령은 "광야와 메마른 땅이 기뻐하며, 사막이 백합화 같이 피어나게 하시는"(사 35:1-2) 새 창조자. 성령은 '위로를 주시는 하나님'이자, "모든 환난 가운데에서 우리를 위로하여 주시는 분"이다(롬 15:5; 고후 1:3-4). 성령은 "나를 돕고 위로하시는 분이요"(시 86:17), "영원한 위로와 선한 희망을 주시는 하나님"(살후 2:16)이다. 성령은 이스라엘 백성을 홍해의 위기에서 벗어나도록 도우신다. 성령의 도우심으로 사사들은 이스라엘을 구했고, 제자들은 '하나님의 나라의 복음을 증언했다(행 2:3). 성령은 우리의 연약함을 도우시는 분이다(롬 8:26).

인격이신 성령은 어머니처럼 우리를 돌보신다. 구약성경의 루아흐는 여성형이다. 삼위일체 하나님의 세 위격 가운데 오직 성령은 어머니라는 인격적 상징으로 나타나신 분이다. 성령은 해산의 고통을 감당하는 어머니 같은 분이다(사 42:14; 신 32:18). 성령은 자녀를 보살피고 양육하는 어머니의 모습으로 오셨다(사 63:13; 렘 31:20). 성령은 "어머니가 자식을 위로함 같이"(사 51:12) 그의 자녀들을 위로하신다(사 66:13; 행 9:31; 롬 8:26). 성령은 어머니처럼 고난 속에 있는 피조물과 함께 신음하며 간구하신다(롬 8:26).

"성령은 은사를 주십니다"

인격적 존재이신 성령은 우리의 주인이자, 새 창조자이자, 위로자일 뿐만 아니라, 우리에게 '선물'을 주시는 분이다. 성경은 이 선물을 은사라고 번역한다. 은사의 개념은 신약성경에서 '카리스마'(charisma)를 번역한 것으로, '값없이 선사하다'를 뜻하는 그리스어 '카리조마이(charizomai)'에서 유래했다. 하나님의 '은혜'(charis)라는 말도 여기서 나왔다. 따라서 은사는 하나님이 값없이 거저 주시는 은혜의 선물 곧 공짜로 주신 선물이다.

성령이 우리에게 은사를 주시는 근본적인 이유는 예수 그리스도가 부활하시고 승천하시면서 우리에게 남기신 지상명령을 수행하게 하기 위함이다. 즉 예수 그리스도의 증인이 될 수 있도록 하기 위함이다. 성령은 우리에게 다양한 은사를 주시고, 우리가 중생 이후 성령세례를 통한 완전한 성화를 체험할 수 있도록 하신다. 교회 안에서 우리는 각자에게 임한 성령의 은사를 가지고 주님의 몸 된 교회를 세워간다.

성령의 은사는 또한 교회공동체를 유지하고 발전시키기 위한 목적을 함께 갖는다. 각 사람에게 성령의 은사를 주심은 유익하게 하려 하심이다(고전 12:7). 성령의 은사는 교인 자신의 영적 성장을 위해서는 물론 교회의 성장과 발전에 지대한 영향을 미친다. 사도행전에 의하면, 초대교회는 방언, 예언, 병고침, 귀신축출 등 많은 '표적'과 '기적'을 통해 급속하게 성장했다. 여기에 성령의 다양한 은사가 신자 개개인에게 주어지면서 교회공동체는 더욱 견고해지고 발전했다. 신약성경에서 나타나고 있는 은사들은 매우 다양했다. 사도, 선지자, 교사, 전도자, 목사, 능력, 병고침, 서로 돕는 것, 다스림, 지혜의 말씀, 지식의 말씀, 믿음, 예언, 영 분별, 방언, 방언 통역, 섬기는 일, 가르침, 권위하는 일, 구제, 긍휼, 결혼생활, 독신생활 등이 있다. 이들 외에도 신약성경은 예수에 대한 신앙고백(고전 12:3), 순교(고전 13:3), 소망과 사랑(고전 13:13), 계시와 환상을 보는 것(고전 14:6; 고후 12:1), 감독직(행 20:28) 등 더 많은 은사들을 보여주고 있다.

이처럼 성령의 은사는 매우 다양하다. 신자 개개인이 다양한 인격과 성향을 가졌듯이, 성령의 은사 또한 개개인의 인격과 성향에 따라 다르다. 은사가 사람마다 다르다는 것은 사역 또한 사람마다 다르다는 의미다. 사역이 다르다는 것은 교회 안에서 직분 또한 다양하다는 뜻이다. 그만큼 성령의 은사는 교회공동체 안에서 사람마다 자유롭고 다양하게 주어진다. 그러나 한 가지 분명한 사실이 있다. 아무리 성령의 은사가 다양하고, 직분이 다르고, 사역이 여러 가지라 하더라도, 그것을 주시는 성령은 오직 한 분이다. "은사는 여러 가지나 성령은 같고, 직분은 여러 가지나 주는 같으며,

또 사역은 여러 가지나 모든 것을 모든 사람 가운데서 이루시는 하나님은 같으니 각 사람에게 성령을 나타내심은 유익하게 하려 하심이라"(고전 12:4-7).

이처럼 교회 안에서 역사하는 성령의 은사는 통일성과 다양성의 조화 속에 이루어진다. 하나님의 나라는 획일성의 나라가 아니다. 다양성 안에 통일성이 있고, 통일성 안에 다양성이 있는 나라다. 그것은 피조물의 다양한 가능성들을 파괴하지 않는다. 오히려 다양한 가능성들이 실현될 수 있는 자유로운 공간을 열어준다. 자유로운 공간 속에서 신자들은 한 분 하나님의 영이 부어주시는 다양한 은사들을 하나님 나라를 위해 조화롭게 사용한다.

제7장

인류의 타락

　오늘날 인류가 당면한 문제들은 매우 심각하다. 갈수록 더해가는 강력범죄와 전쟁, 기후변화와 생태계 위기, 빈부갈등, 기아, 폭력, 착취 등의 부조리하고 악한 문제들은 해결될 기미가 보이지 않는다. 이러한 문제의 원인은 무엇인가? 성경에는 이러한 상황을 이해할 수 있게 하는 중요한 단서들이 있다. 인류의 문제는 어떤 외부적 요인이 아니라 인간 자신에게 있다는 것이다. 에덴동산에서의 원래 인간과 에덴동산을 떠난 인간의 상태는 비교될 수 없을 만큼 참담하다. 성경은 하나님의 인간 창조와 타락과 죄의 비극에 대하여 다음과 같이 세 가지 명제를 던져주는 하나님의 말씀이다. 첫째, 성경은 인간 창조에 대한 놀라운 이야기다. 둘째, 성경은 인간 타락에 대한 비참한 이야기다. 셋째, 이러한 이유로 현재 모든 인류는 비참하고도 죄악이 가득한 상태에 처해있다.

성경은 하나님이 인간을 창조하셨고, 그 인간이 자신을 닮도록 자신의 형상으로 만드셨다고 기록한다. 놀라운 은혜와 축복의 이야기다. 그러나 인간은 그러한 축복을 계속 누리지 못한다. 하나님의 형상을 잃어버리게 되고 생명을 주신 하나님과 분리된다. 인간 자신이 스스로 하나님을 거절했기 때문이다. 결과적으로 인간의 범죄는 모든 인류와 세상에 비참한 영향을 미치게 되었다. 현재의 세상은 타락한 인류가 타락한 마음으로 악이 일상이 된 삶을 사는 세계다.

"인간은 하나님의 형상대로 지음 받았습니다"

하나님 형상과 인간의 존엄성

구약성경에서는 '하나님의 형상'(Imago Dei)에 대한 언급이 세 번 나온다. 창세기 1장 26-27절이다. "하나님이 이르시되 우리의 형상을 따라 우리의 모양대로 우리가 사람을 만들고 그들로 바다의 물고기와 하늘의 새와 가축과 온 땅과 땅에 기는 모든 것을 다스리게 하자 하시고 하나님이 자기 형상 곧 하나님의 형상대로 사람을 창조하시되 남자와 여자를 창조하시고", 창세기 5장 1절도 "하나님이 사람을 창조하실 때에 하나님의 모양대로 지으시되"라고 기록하고 있다. 또한 창세기 9장 6절에서는 "하나님이 자기 형상대로 사람을 지으셨"기 때문에 살인하게 되면 살인한 자도 죽어야 한다고 경고한다.

신약성경에서 바울은 "남자는 하나님의 형상과 영광"(고전 11:7)이라고 했다. 야고보는 인간의 혀가 하나님을 찬송하기도 하고 동시에 하나님의 형상대로 지음 받은 인간을 저주하기도 하는 것은 합당한 일이 아니라고 주장한다(약 3:9).

히브리어로는 '형상'(첼렘, צלם)과 '모양'(데무트, תמות)이라는 단어가 함께 사용되는데, 히브리어 원문에 접속사 없이 나란히 나온다(우리의 형상, 우리의 모양으로). 그러나 이후 70인역(LXX)과 라틴어역(Vulgata)에서는 두 어휘 사이에 접속사 '와'(그리고)를 삽입하였다. 이후 하나님의 형상은 형상과 모양이라는 이중적 의미로 해석하면서 인간을 이원론적으로 이해하게 되었다.

그러나 히브리어 본문에서 두 단어는 차이 없이 동일하게 사용된다. 차이가 있다면 '첼렘'은 '베다'라는 동사에서 유래하는데, 이는 어떤 모습대로 조각하는 광경을 뜻한다. '데무트'는 '~와 비슷하다'는 동사에서 유래하였고, '비슷한 모양'이라는 의미다. 이 두 단어는 사람이 하나님을 따라 비슷하게 지음 받았고, 하나님을 대표하는 존재라는 뜻이다. 이에 대해 몰트만은 형상(첼렘)은 밖을 향해 하나님을 대리하는 측면이라면, 모양(데무트)은 안을 향한 반사의 측면이라고 주장한다.

이 본문의 해석은 전통적으로 두 가지 견해가 있다. 하나는 인간이 하나님의 형상 자체라는 것이다. 이 관점에 의하면 하나님의 형상은 인간의 본질과 본성 자체와 분리될 수 없다. 다른 하나는 인간이 하나님의 형상을 지니고 있다는 관점이다. 즉 하나님의 형상은 인간 외부에 존재하는 것이고, 그 형상을 따라서 인간이 창조되었다는 것이다. 그러나 이 두 가지 견해는 서로 보완적으로 보아야 한다.

또한 하나님의 '형상'이라는 말이 지닌 의미다. 성경 전체의 맥락과 창세기 기록 당시의 고대 근동의 문화적 맥락에서 보면, 형상이란 말은 반여, 반사, 대표, 아들권이라는 의미를 담고 있다. 따라서 인간이란 하나님을 반영하는 존재다. 인간을 볼 때 하나님의 모습이 반사됨을 보게 된다. 또한 하나님을 대표하는 자, 심지어 대리하는 자, 대신하는 자로 창조되었다. 더 나아가 인간이 신의 아들권을 가진 자, 왕족이라는 의미를 갖는다.

사실 고대 근동 사회에서는 통치자인 왕들을 두고 신의 형상이라고 믿었다. 오직 왕들만이 신의 형상이라고 믿었던 시대에 인간이 하나님의 형상으로 창조되었다는 말씀은 만인이 신의 아들이며 신의 왕족이라는 파격적 선언이다. 이것은 하나님 앞에서 모든 인간이 갖는 신성함, 존엄함을 천명하고, 모든 인간들 사이에 존재론적 평등을 확실하게 반포했음을 의미한다. 따라서 창세기에 선포된 하나님의 말씀은 인간이 만들어낸 불평등의 구조와 신적 권위를 내세우며 인간의 절대적 통치를 정당화하는 세상의 왕들에 대한 전복적이고도 혁명적인 사상이다. 인간이 만들어 낼 수 있는 범위를 넘어선 놀라운 선언인 것이다.

하나님 형상의 세 가지 관점

구체적으로 하나님의 형상이란 무엇을 말하는가? 하나님의 형상에 대해 역사적으로 다양한 해석들이 있었다. 첫째는 하나님의 형상을 인간이 갖는 특성이나 능력으로 보는 실체론적 관점, 둘째는 인간이 행하는 기능으로 보는 관점, 셋째는 인간과 하나님의 관계성으로 보는 관점이 있다.

하나님의 형상을 충분히 이해하기 위해서는 앞에서 말한 세 가지 관점(실체론, 기능론, 관계론)의 어느 하나만이 설명하기는 어렵다. 하나님 형상에 대한 성경적이고 총체적인 이해는 이 세 가지 관점들이 모두 통합되어야 한다. 따라서 인간이 하나님의 형상으로 창조되었다는 말은 이렇게 이해할 수 있다. "영혼과 이성과 자유의지를 가진 인간은 진리와 사랑과 의와 같은 속성을 드러낸다. 그는 하나님과의 관계 안에서 자유로이 응답하며, 사람과 사람 사이에서 인격적인 관계를 맺는 존재다. 뿐만 아니라 다른 피조물과의 관계에서 하나님의 대리적 통치자로서 만물을 다스리며 돌보는 지배적 기능을 행사하는 존재다"

존 웨슬리는 하나님의 형상을 인간이 소유한 어떤 특성이나 자질로 보기보다는 하나님과의 관계로 이해했다. 그는 하나님의 형상을 자연적 형상, 정치적 형상, 도덕적 형상으로 구분한다.

첫째, 자연적 형상이란 인간이 이성, 결단, 자유를 가진 존재로 지음받았다는 것이다. 하나님은 영이시기 때문에 인간이 지닌 하나님의 형상도 영적이다. 따라서 이성, 결단, 자유의지는 영적인 존재인 인간이 지니는 기본적인 자질이다.

둘째, 정치적 형상은 하나님이 인간에게 다른 피조물들을 다스릴 수 있도록 부여하신 지도력과 관리 능력이다. 인간은 정치적 능력을 통해서 하나님이 만드신 질서대로 세상을 관리한다. 또한 정치적 능력으로 하나님의 사랑이 피조물들 속에서 나타나게 한다. 이는 하나님이 사랑으로 세상을 창조하시고 생명을 주시고 다스리시는 분이기 때문이다.

셋째, 도덕적 형상은 하나님과 인간의 관계에 대한 최고의 표식으로, 하나님과의 관계성 안에서 성립된다. 관계적 특성을 가진 도덕적 형상은 인간이 지닌 재능이나 기능이 아니다. 오히려 철저히 하나님과의 관계 속에서 지속적으로 순종하면서 유지되는 것이다. 영적 존재인 인간이 영이신 하나님과 관계적으로 열리는 것을 뜻한다. 존 웨슬리는 이것을 "영적인 호흡"이라고 불렀다.

하나님 형상의 전인적 의미

인간은 창조주 하나님의 사랑을 그대로 반사하거나 반영하면서 다른 피조물들에게 사랑과 축복을 중재하는 존재다. 예수는 하나님을 사랑하고 이웃을 사랑하는 것은 율법의 본질이라고 가르치셨다(마 22:36-40). 또한 제자들에게 새로운 계명을 주셨다. "새 계명을 너희에게 주노니 서로 사랑하라 내가 너희를 사랑한 것 같이 너희도 서로 사랑하라"(요 13:34). 이러한 사랑은 "원수까지도 사랑"하는 것이다(마 5:44). 바울 역시 "너희 모든 일을 사랑으로 행하라"(고전 16:14)고 권면한다. 인간에게는 "사랑의 질서"가 선천적으로 주어져 있으며, 사랑이 인식의 범위를 결정한다(막스 셸러).

인간이 하나님의 형상대로 지음받았다면, 모든 인간은 하나님의 형상대로 창조된 존재다. 하나님의 형상은 인간 안에 덧붙여진 어떤 첨가물이 아니다. 하나님의 형상은 인간의 부분적 속성이 아니라, 인간 존재 그 자체를 말한다.

하나님의 형상을 인간의 기능으로 분리시키는 견해는 인간의 존엄성을 기능이나 역할로 환원시킬 위험성이 있다. 또한 하나님의 형상을 이성이나 지성 등으로 이해하는 것도 인간을 계급화하거나, 육체를 열등하게 보거나, 심지어 죄악시하는 경향을 불러온다. 이러한 해석들은 하나님의 형상의 본래적 의미를 드러내기보다 인간 자신과 사회를 계급화하고 다른 피조물들을 억압하는 이데올로기로 사용되어왔다. 하나님의 형상이 의미하는 인간의 전체성, 전인성, 공동체성, 그리고 연대성을 훼손해 왔다.

인간이 하나님의 형상으로 지음 받았다는 말씀은 인간 존재가 지배자가 아니라 사람 전체라는 것, 남자가 아니라 남자와 여자라는 것, 특정 문화와 계급과 인종이 아니라 모든 사람들이라는 것을 담고 있다. 모든 인류가 동등하게 하나님의 형상, 하나님의 대리자, 하나님의 광채로 창조되었다. 그리고 죄와 악의 침입으로 훼손되었을지라도, 모든 사람들은 그리스도 안에서 온전하게 하나님의 형상을 이루도록 부름받았다. 따라서 하나님 형상대로 지음받았다는 것은 인간 존엄성에 대한 신적 근거를 보증하는 것이다. 나아가 인간 사회 속의 모든 차별과 불평등을 불식할 수 있는 혁명적인 가치를 제공한다.

하나님의 형상 사상은 왕만을 세계의 유일한 근원자 또는 신의 대리자로 보는 지배 이데올로기를 거부하는 것이다. 마찬가지로 신약성경에서도 구약성경의 인간관을 계승한다. 그리스도 안에서 유대인이나 헬라인이나 종이나 자유인이나 남자나 여자가 모두 하나라고 선언한다(롬 3:22, 29, 갈 3:28). 또한 성찬에 참여하는 모든 사람은 그리스도 안에서 '한 몸'이다(고전 10:16).

인간이 하나님의 형상으로 지음 받았다는 것은 인간의 고유한 가치가 신적으로 부여받았음을 강력히 표명한다. 따라서 그리스도인은 현대 사회에서 일어나는 모든 형태의 인종차별, 인간차별, 식민주의와 제국주의를 거부하며, 사회 양극화, 인간 소외와 착취, 억압을 극복하고자 한다.

하나님 형상에 대한 기독교의 이해는 창세기 1장의 주석만으로는 부족하다. 신약성경에 이르러서야 하나님의 형상에 대한 가장 명료하고 심층적 의미가 새롭게 드러난다. 바로 예수 그리스도 안에 있는 하나님의 형상이다. 예수 그리스도는 하나님이 의도하신 인간의 모습이 가장 충만하게 드러나신 분이다. 바로 인간 예수 그리스도야말로 '하나님의 형상'(고후 4:4, 골 1:15)이다. 그러므로 그리스도인은 그리스도 안에서 하나님의 형상을 닮아가는 존재다. 이것이 참된 하나님의 형상을 회복하는 길이다.

"아담의 범죄로 죄가 세상에 들어왔습니다"

아담의 불순종, 죄의 시작

성경은 하나님이 세상을 창조하셨고, 보시기에 매우 좋았다고 기록한다. 그러면서 또한 "모든 사람이 죄를 범하였으매 하나님의 영광에 이르지 못하였다"(롬 3:23)고 말씀한다. 이것은 세상의 모든 사람들에게 죄가 보편적이라는 사실을 의미한다.

그렇다면 죄는 어떻게 생겨난 것인가? 창세기는 아담과 하와가 선하게 창조되었고, 하나님과 교제를 누리는 존재였음을 증언한다. 하나님은 인간을 에덴동산으로 이끄시고, 경작하고 지키게 하셨다. 그들은 벌거벗었으나 부끄러워하지 않았으며 죄가 없는 순전한 상태였다(창 2장). 이들은 자유롭게 에덴동산에서 각종 나무의 열매를 먹었다. 또한 동물에게 이름을 붙여주고 평화롭게 공존하였다.

하나님은 인간에게 단 한 가지 금지명령을 주셨다. "여호와 하나님이 그 사람에게 명하여 이르시되 동산 각종 나무의 열매는 네가 임의로 먹되 선악을 알게 하는 나무의 열매는 먹지 말라 네가 먹는 날에는 반드시 죽으리라 하시니라"(창 3:16-17). 그러나 아담과 하와는 하나님의 명령을 어기고 불순종했다.

인간의 불순종은 자신이 가진 자유로 하나님의 명령을 어기는 선택에서 시작한다. 처음부터 인간은 하나님 안에서 완전한 자유를 가졌다. 자유로운 행위자로서 선악을 선택할 수 있었다. 자유가 없는 곳에서는 도덕적인 선과 악도 존재할 수 없다. 죄란 인간이 자신의 자유를 사용하여 잘못된 선택을 한 것이다. 그래서 웨슬리는 "죄는 인간의 자유의 남용으로 들어오게 되었다"고 말한다. 이것이 최초의 범죄이며 죄의 시작이다.

아담은 하나님과 같이 거룩하고, 순결하고, 자비롭고 완전하게 창조되었다. 그런데 거룩하고 의로운 존재였던 아담이 어떻게 범죄 할 수 있었는가? 아담이 의지의 자유를 남용하게 된 이유는 무엇인가? 웨슬리는 이것을 불신과 교만, 자기 숭배, 그리고 불순한 욕망이 원인이었다고 보았다. 그는 하나님보다 마귀의 말을 더 믿었으며, 하나님처럼 되고자 하는 불순한 욕망과 교만으로 하나님에게 반역했다. 인간은 하나님의 형상대로 창조되었지만 불변하는 존재는 아니었다. 마귀의 유혹을 받아 결국 생명의 근원이신 하나님과 분리된 것이다.

뱀의 존재와 유혹

하나님은 세상을 지으시고 보시기에 좋았다고 하셨다. 하나님의 선한 창조다. 그런데 어떻게 하나님을 거역하도록 유혹하는 마귀와 죄가 세상에 생겨난 것인가?

죄의 기원은 신비에 속한 영역이다. 성경에 기록된 말씀 안에서 다 해명되기 어렵다. 일반적으로 인간보다 먼저 타락한 천사들이 사탄이 되었을 것으로 본다. 사탄은 하나님의 창조물인 인간에게 하나님의 명령을 범하도록 유혹했다. 사탄이 자발적으로 하나님에게 대항하여 타락한 것이라면, 인간은 그들에게 알려지지 않았던 힘의 존재, 곧 뱀(사탄)의 유혹을 받아 하나님으로부터 분리되었다.

그렇다면 하나님은 왜 선악을 알게 하는 지식을 금지하셨는가? 인간은 '선악을 알게 하는 지식'을 하나님의 금지법으로 받아들였다. 하나님이 인간에게 금지하신 이유를 인간은 다 알 수는 없다. 그러나 분명한 것은 하나님이 금지하신 이유가 전적으로 인간을 위한 것이었다는 사실이다. 하나님과의 사랑의 관계 속에 자유롭게 응답하며 살아가는 아담과 하와가 하나님의 명령을 따라 그 나무의 열매를 먹지 않는 것이 가장 안전하기 때문일 것이다. 당시에 이미 악한 세력, 즉 반역한 무리들이 있는 상태에서 인간이 악한 세력을 모르는 것이 악에서 보호받는 길이었을 수도 있다.

이처럼 하나님의 금지명령은 하나님의 사랑이며, 그 말씀의 경계선이 바로 인간 삶의 기준이다. 하나님의 말씀 자체가 삶의 기준이 되고, 경계가 되는 삶 속에서만 인간은 참된 행복과 번영과 축복을 누릴 수 있다. 왜냐하면 인간의 자유는 언제나 하나님과의 관계 안에서만 누릴 수 있는 최선의 축복이기 때문이다.

인간이 마귀의 유혹으로 인해 범죄했다고 해서 하나님의 말씀을 불순종한 인간의 책임을 덜어주지는 못한다. 뱀의 유혹은 인간이 선택하기 전까지는 단지 유혹일 뿐이기 때문이다. 하나님은 아담에게 선택이라는 절대적 자유를 주셨고, 아담의 순종 여부를 지켜보셨다. 죄의 기원에 대한 성경의 분명한 메시지는 하나님은 악의 창시자가 아니라는 점이다. 죄는 인간 본성의 창조적이고 독립적인 행동이며 자유로운 선택의 결과다. 죄의 궁극적 원인은 인간 자신에게 있다.

악을 선택한 자유의지

아담이 하나님의 말씀대로 따르기를 거부하고 불순종한 것은 결국 하나님을 거부한 것이다. 그것은 의도적으로 하나님의 통치를 거절하고 자신의 판단을 신뢰하고 자기의지로 살겠다는 독립선언이다. 하나님을 떠나 자신이 스스로 선악을 판단하며 살겠다는 것이다. 인간은 자신을 하나님처럼 높이는 교만과 자기숭배와 모든 관계를 파괴하는 자기중심적 삶을 선택했다. 이제 인간은 하나님 안에서 누릴 수 있던 자유와 행복의 나라를 떠났다. 인간은 자신 스스로가 만든 것에서 만족을 찾고 스스로 행복할 수 있는 길을 찾아 나선 것이다. 결국 인간은 자신의 정욕과 욕심에 이끌려 욕구충족을 최상의 가치로 삼는 우상숭배적 길을 걷게 되었다(골 3:5).

인간은 이제 선악을 선택할 자유의지를 행사할 근거를 상실했다. 인간이 가진 자유로운 선택의 능력과 그 선택을 행사할 의지는 그것을 부여한 하나님의 은혜 안에서만 가능한 능력이다. 인간은 스스로 선을 선택할 근거를 잃어버렸기에 그가 행하는 모든 일은 악할 뿐이다. 인간은 더 이상 자유로운 존재로 살아갈 수 없게되었다. 그는 악을 선택할 자유를 선택함으로써 악에게 종속된 상황을 맞았다.

"인간은 죄로 말미암아 하나님의 영광에 이르지 못합니다"

인간의 죄의 결과

인간의 죄의 결과는 하나님과의 분리이며 사망이다. 하나님은 인간을 에덴에서 추방하셨고, 생명나무로 접근할 수 없도록 막으셨다. 그런데 이 죄는 아담 이후 모든 인간에게 영향을 미쳐 인류는 같은 운명에 처하게 되었다(롬 5:12). 웨슬리는 인간이 범죄한 결과를 다섯 가지로 구분하여 설명했다. 그것은 하나님과의 관계 단절, 그로 인한 죽음, 하나님의 형상 상실, 죄로 향한 경향성, 그리고 자연계에 미치는 영향이다.

첫째 하나님과의 관계 단절이다. 하나님과의 완전한 교제는 아담의 범죄 이후 더 이상 지속되지 못했다. 죄를 지은 아담은 하나님을 두려워하여 숨었으며, 하나님의 사랑과 신뢰의 관계를 바랄 수 없게 되었다. 아담 스스로 하나님으로부터 소외되었으며, 하나님과의 인격적 교제는 단절되었다. 아담 이후 모든 인간은 태어날 때부터 이러한 하나님과의 소외와 단절상태를 갖게 되었다.

둘째, 하나님과의 관계 단절은 인간의 죽음을 가져왔다. 죽음은 분리이며, 따라서 육체의 소멸인 죽음이란 분리 이후의 현상일 뿐이다. 인간에게 죽음은 생명의 근원인 하나님으로부터의 분리다. 웨슬리는 죽음을 세 가지로 구분한다. 육체적 죽음, 영적 죽음, 그리고 영원한 죽음이다. 하나님이 "네가 먹는 날에는 반드시 죽으리라"(창 2:17)고 하신대로 아담은 먼저 영적으로 죽었다. 이후 930년을 살다가 육체적으로 죽었다. 영원한 죽음은 하나님과의 영원한 분리다. 죽음은 분리이므로, 영적으로 하나님과 분리된 인간은 영이 죽은 것이다. 그리고 육체와 영혼이 분리됨으로써 육체적 죽음을 맞는다. 이후 하나님과 영원히 분리되는 죽음이 기다리는데, 이것이 계시록에서는 말하는 둘째 사망이다(계 21:8).

셋째, 하나님의 형상을 상실했다. 아담은 하나님이 부여하신 고유한 하나님의 형상 대신 이제 새로운 형상을 갖게 되었다. 곧 마귀의 형상이다. 그는 더 이상 선하고 의로운 존재가 아니다. 원의(original righteousness)가 사라졌다. 하나님의 도덕적 형상을 상실하였고, 하나님과 하나님의 사랑에 대한 지식도 잃어버렸다. 교만과 자기숭배라는 그릇된 지식을 갖게 되었다. 결과적으로 인간은 야수적 존재가 되었다.

넷째, 인간은 범죄의 결과로 죄책과 악의 경향성을 지니게 되었다. 죄에는 죄에 대한 책임, 즉 죄값이 따른다. 그리고 죄책은 형벌을 가져온다. 이 형벌이 죽음과 고통이다. 아담은 범죄의 순간 영적으로 사망했다. 육체가 죽음에 이를 때까지 고통을 경험한다. 고통이란 모든 행복을 상실한 상태다. 즉 하나님이 함께 하지 않는 상태다.

다섯째, 인간의 범죄는 자연계에도 영향을 미쳤다. 땅이 저주를 받아 가시덤불과 엉겅퀴를 내게 되었다(창 3:17-19). 또한 모든 동물과 피조물들과 인간의 신뢰 관계는 상실되었다. 인간과 자연의 조화도 깨졌다. 로마서의 말씀처럼, 이제 모든 피조물들은 썩어짐의 종노릇에서 해방될 날, 즉 하나님의 자녀들이 영광스런 자유를 회복할 날을 소망하게 되었다(롬 8:21).

전적 타락, 전적 부패

인간이 하나님의 형상으로 창조되었다는 것과 함께 강조해야 할 진리는 아담과 하와의 범죄와 타락 이후 인간이 처하게 된 비참한 상태다. 이 사실에 대해서 전통적 신학에서는 "인간 본성의 전적 타락"이라는 표현을 사용한다. 여기서 '타락'이란 '부패'를 의미한다. 따라서 영어로는 타락과 부패를 뜻하는 'depravity'와 'corruption', 그리고 오염을 뜻하는 'contamination'이라는 용어를 함께 사용해 왔다.

아담과 하와의 범죄 이후 일반적인 생식 방법에 의해서 태어난 모든 인간의 본성은 전적으로 타락된 상태 또는 부패한 상태. 그 이유는 모든 자연인은 모태에서 잉태될 때부터 죄 가운데 있기 때문이다. 즉 영적으로 죽은 상태, 다른 말로 하나님과의 관계가 끊어진 상태에서 태어난다. 그 결과 인간의 영혼과 육체를 포함한 본성 자체가 죄로 물들게 되었고, 오염되었고, 죄의 저주에 처했다. 사도 바울은 에베소서 2장 1절에서 이런 상태를 "허물과 죄로 죽었던 너희"라고 표현했다. 모든 인간의 영혼이 이미 죽은 상태에서 이 땅에 태어난다는 것이다.

인간의 본성이 전적으로 타락하고 부패했다는 말은 모든 자연인의 영혼이 죽어있다는 뜻이다. 인간의 몸도 죄의 저주와 오염으로 인해 죄의 노예가 되었고, 심지어 죄의 병기로 사용되기까지 했다. 생물학적인 생명이 있다고 하더라도 인간의 육신은 연약하고, 병들고, 늙고, 끝내 죽을 수밖에 없는 운명에 처하게 되었다.

나아가, 인간의 마음도 부패해졌다. 예레미야는 "만물보다 거짓되고 심히 부패한 것은 마음이라 누가 능히 이를 알리요"(렘 17:9)라고 지적한다. 인간의 마음이 이 세상 모든 만물보다 더 거짓되고 심히 부패했다는 선언이다. 그래서 예수도 인간의 마음에서 온갖 더러운 것들이 나온다고 하셨다(마 15:18-20).

인간 마음의 부패는 양심의 부패이기도 하다. 양심은 하나님이 인간 마음에 심어 놓으신 도덕적 감각과 의식과 판단의 능력이다. 양심이 죄로 인하여 부패하게 됨으로써 인간은 선악을 분별할 수 없게 되었다. 즉 가치가 역전된 상태에서 살아간다. 그 결과 선을 악이라 말하고, 악을 선이라 말한다. 로마서 1장 32절에서 이런 상태의 인간에 대하여 바울은 다음과 같이 고발한다. "그들이 이 같은 일을 행하는 자는 사형에 해당한다고 하나님께서 정하심을 알고도 자기들만 행할 뿐 아니라 또한 그런 일을 행하는 자들을 옳다 하느니라"(롬 1:32)

지성, 감성, 의지, 관계에 미친 죄의 영향

죄는 인간의 지성에도 파괴적인 영향을 미쳤다. 죄로 인하여 인간의 지성은 어두워졌고, 구부러졌고, 왜곡되었다. 타락 전 아담의 지성은 밝고, 빛났고, 포괄적이고, 정밀하고, 예리했지만, 죄는 인간의 지성을 심각하게 훼손했다. 그 결과 모든 인간은 하나님의 진리에 대해서 전혀 알 수 없는 영적 무지 속에서 살게 되었다. 참과 진리는 거부한 채, 거짓을 추구하고, 거짓을 믿고, 거짓을 따라 살아가는 비참한 존재가 되었다.

죄는 인간의 감성에도 엄청난 해악을 끼쳤다. 인간의 감성은 균형감각을 잃었고, 방향을 상실했다. 많은 사람들이 분노 조절에 실패하게 되었다. 사랑해야 할 것을 미워하고, 미워해야 할 것을 사랑하는 감정적 도착증에 빠지게 되었다. 감사와 기쁨보다는 원망, 짜증, 불평이 인간 감성의 기본 상태가 되었다. 심지어 도박과 포르노와 마약 같은 것들에 대하여 극단적인 중독 증세를 보이는 사람들이 날로 증가한다.

죄는 인간의 의지에도 심각한 재난을 가져왔다. 인간의 의지는 역방향으로 질주하여 하나님과 선을 선택하고 행할 수 있는 자유의지를 상실했다. 의지는 죄에 속박되어, 죄에 사로잡힌 욕망을 따라 악을 선택하고 행하는 죄의 노예가 되었다. 그 결과 인간이 계획하고 결심하고 행하는 모든 일은 하나님 앞에서 악한 것으로 정죄 받는다.

죄는 인간의 관계성에도 해악을 미친다. 서로 사랑하고, 용서하고, 격려하며 살아가야 할 인간이 서로 미워하고 판단하고 미워하고 죽이는 삶을 살아가게 되었다. 서로를 높이며 서로의 유익을 구하는 삶이 아니라, 서로를 짓밟으며, 서로를 이기적으로 악용하고 착취한다. 그 결과 인간관계는 적자생존의 원리에 기초한 극도의 경쟁 관계와 "만인에 대한 만인의 투쟁"의 관계가 되었다. 결론적으로 하나님을 대항하여 반역하고 범죄한 인간은 전적인 타락의 상태에서 영원한 멸망을 향하여 질주하고 있는 비참한 상태에 처하게 되었다.

기독교 원죄 신학

원죄에 대한 인정과 깨달음의 여부는 매우 중요하다. 존 웨슬리는 원죄를 인정하는가의 여부가 기독교와 이교도가 갈라지는 지점이라고 보았다. 원죄란 아담의 후손들이 모두 타락한 본성을 갖고 있어, 하나님이 주신 원래의 의(원의)와 거룩함을 상실한 상태다. 따라서 원죄는 영적으로 죽은 상태이며, 쉽게 악에 빠지는 경향성을 갖고 있어 하나님과 반대 방향에 서 있는 처지를 말한다.

원죄와 죄의 보편성

원죄(original sin)란 무엇인가? 이는 아담의 타락의 결과가 그의 후손들에게 영향을 준다는 것을 뜻하는 신학적 용어다. 아담의 범죄 결과 그는 하나님의 형상을 상실했다. 하나님이 주신 원래적 의를 잃어버렸다. 그의 본성은 전적으로 부패하여 마음에 하나님을 두기 싫어했다. 오히려 마귀를 좇아 살고자 하는 성품을 가지게 되었다. 아담의 이러한 본성은 그의 후손들에게 그대로 이어졌다.

원죄란 유전된 부패성, 타고난 죄, 생래적인 죄, 악의 경향성을 뜻하는 말이 되었다. 아담 이후 모든 인간의 자연적 상태는 바로 원죄를 갖고 있는 인간이라 볼 수 있다. 이에 대해 웨슬리는 "하나님 나라로 가는 길"이라는 설교에서 다음과 같이 표현한다.

> 그대는 죄인임을 알라. 그대의 깊은 속에 있는 성품은 전적으로 부패하였고, 원의에서 떠났고, 성령에 거슬리고 있다. 그리고 그대가 가진 모든 능력도, 영혼의 모든 기능도 부패하였다.

그대의 영혼은 발바닥에서 머리까지 성한 곳이 없다"(웨슬리 설교 7번. "하나님 나라로 가는 길")

아담의 죄의 결과가 온 인류에게 영향을 미치게 되는 이유는 무엇인가? 원죄가 어떻게 유전되느냐의 문제다. 원죄가 유전되는 이유에 대해 웨슬리는 아담이 전 인류를 대표하는 자였기 때문이라고 설명했다. 아담이 처음 지은 죄는 그의 모든 후손들을 대표하는 공적인 사람의 죄다. 아담은 공인으로서 모든 인간의 머리였기에 그는 자기 후손들을 대신해 행동한다. 그는 인간의 운명을 결정하는 대표로서 행동한 것이다. 웨슬리는 이를 이렇게 말한다. "한 사람으로 말미암아 죄가 세상에 들어왔고, 죄로 말미암아 죽음이 들어왔으며, 따라서 그 죽음이 모든 사람에게 임하게 되었다. 이는 모든 사람이 우리 온 인류의 조상이며 대표이신 그분 안에 포함되었기 때문이다"

따라서 우리는 원죄의 유전에 대해 아담의 죄가 전 인류에 미치는 것을 인정한다. 아담 안에서 모든 사람이 죽고, 하나님을 떠났다. 악마의 성품을 갖고 태어난 우리는 모두 진노의 자식이 되어 영원한 죽음을 면할 수 없는 상태가 되었다. 그러나 원죄가 어떻게 유전이 되는지에 대한 구체적인 방법에 대해서는 신학적으로 적절한 설명이 없다. 물론 한때 생물학적 유전을 통해 죄가 유전된다고 보는 생물학적 유전설이 있었다. 그러나 현대 과학의 영역에서는 지지받지 못하고 있다.

원죄가 유전되었다는 것은 죄의 보편성을 의미한다. 모든 인간은 죄인이라는 명제는 죄의 보편성이며, 이것은 원죄에서 비롯한다. 인간은 아담의 범죄로 인하여 "그의 성품이 전적으로 타락하였고, 그의 영혼이 완전히 부패하였으며, 그 마음의 생각과 계획이 항상 악할 뿐"(창 6:5)이다. 종교개혁자들을 비롯한 기독교 신학의 전통은 인간의 전적 타락을 주장한다. 이것은 원죄의 교리를 따른 것이다. 원죄는 인간 본성의 죄성을 넘어 인류 전체의 죄성까지 의미한다. 특히 인간이 세운 모든 것들, 가족, 사회, 국가, 정치제도, 경제제도, 시스템 등에도 악이 작동함을 뜻한다. 인간 개인만이 아니라 사회의 구조와 체계 속에서, 심지어 신을 추구하는 종교에서도 악은 존재한다.

죄의 다섯 가지 종류

인간은 타락 이후, 원죄를 가진 상태로 태어나서 살아가는 동안에 죄의 경향성과 부패성을 갖고 살아간다. 인간의 원죄는 모든 죄의 뿌리다. 그러나 이때 인간의 원죄와 그로 인해 짓게 되는 다양한 죄들은 구별해야 한다. 그러므로 우리는 인간이 짓는 범죄의 종류를 구별할 필요가 있다. 기독교에서는 죄의 종류를 크게 원죄와 자범죄, 의지적인 죄와 무의지적인 죄, 내적인 죄와 외적인 죄, 소극적인 죄, 그리고 신자 안에 있는 죄로 나누어 이해한다.

첫째, 원죄와 자범죄다. 원죄는 아담에게서 유전된 죄성이며,

이것은 죄의 뿌리다. 이 죄의 뿌리에서 나온 열매가 자범죄다. 이 둘은 서로 연결되어 있다. 그러나 인간이 죽음에 이르게 되는 것은 개인이 저지른 범죄 때문이다. 원죄에서 유전된 부패성으로부터 자범죄가 나온다. 따라서 원죄는 상태로서의 죄이며, 자범죄는 행위로서의 죄다. 원죄가 모든 죄의 뿌리라면, 자범죄는 원죄로부터 자라난 죄의 가지이자 열매다. 자범죄는 전적으로 개인의 선택이자 개인의 책임이다.

둘째, 의지적인 죄와 무의지적인 죄다. 자범죄는 "하나님의 알려진 법에 대한 의지적 위반" 행위다. 여기서 중요한 것은 죄란 의지라는 사실이다. 사망에 이르는 죄책은 의지적인 죄에만 해당한다. 이런 점에서 사망에 대한 책임은 인간에게 있다. 인간 자신이 스스로의 선택에 의해 죄에 참여한 자범죄로 인해 받게 되는 것이 사망의 형벌이다. 반면 무의식적인 죄는 인간의 연약성에 기인한다. 이는 육체와 정신의 자연적 결함일 뿐 죄는 아니다. 이 연약성으로 인해 인간은 의도치 않은 죄를 지을 수 있다. 그것은 주로 무지, 오류, 둔감한 이해력, 상상력의 약점, 기억력 결여, 언어표현의 미숙에서 온다. 이런 것들은 의지적인 죄가 아니고 비의지적 죄다. 어떤 인간도 연약성에서 완전히 자유로운 존재는 없다. 물론 하나님의 법에서 볼 때 무의지적인 죄 또한 죄다. 따라서 속죄의 보혈이 필요하다.

셋째, 내적인 죄와 외적인 죄다. 자범죄는 내적인 죄와 외적인 죄로 구별한다. 내적인 죄가 성장하여 구체적인 행동으로 나타나면 외적인 죄가 된다. 내적인 죄란 유혹을 받아 물리치지 못하고 하나님의 은혜에 머물지 못하여 죄가 싹트기 시작하는 것이다. 웨슬리는 이러한 내적 죄가 외적인 행동으로 진행되는 단계를 여덟 단계로 설명했다. ① 거룩한 사랑의 씨가 하나님에게서 태어난 인간 안에 머문다. 그는 하나님의 은혜로 보호되기 때문에 죄를 범할 수가 없다. ② 그러나 유혹이 찾아온다. ③ 성령은 죄가 가까이 왔으니 깨어서 기도할 것을 경고한다. ④ 그러나 유혹에 매력을 느끼고 끌리면서 어느 정도 시험에 빠진다. ⑤ 점차 믿음이 약해지고 하나님에 대한 사랑이 식어지면서 성령은 슬퍼한다. ⑥ 성령은 더욱 강력하게 경고한다. ⑦ 하나님의 말씀보다 마귀의 달콤한 음성에 귀를 기울인다. ⑧ 악한 욕망이 싹터서 그의 영혼에 퍼지며, 믿음과 사랑은 식어지고, 결국 범죄하게 된다.

넷째, 소극적인 죄다. 내적 죄라고도 한다. 주로 태만죄, 혹은 무관심의 죄이며, 신자가 신앙생활을 게으르게 하는 것이다. 기도생활, 성서연구, 전도, 봉사 등에 태만한 상태다. 이것은 형제의 죄를 벌하지 않고 꾸짖지 않는 태만, 은혜의 수단 등을 활용하는 것에 게으른 것 등이다. 이러한 태만죄는 당장 은혜에서 멀어지고 사망을 가져오는 죄는 아니다. 그러나 반복적인 태만죄는 신앙과 사랑에서 멀어지게 하여 범죄에 이른다.

다섯째, 신자 안에 있는 죄다. 이 죄는 거듭난 신자 안에 죄가 남아있는 상태, 즉 원죄의 죄성을 말한다. 이것은 신자가 죄를 짓느냐 안 짓느냐의 문제가 아니다. 그의 내면에 아직도 죄성이 남아 있느냐의 문제다. 중생한 신자는 자범죄와 원죄의 죄책을 용서받았다. 물론 원죄의 죄성이 변화되기 시작했지만, 아직 완성되지는 않았다. 새로운 본성이 주어져 다스리지만, 옛 본성이 아직 남아있어 여전히 그를 괴롭힌다. 이것이 죄악된 성품이자 정욕이. 악한 성품의 씨라 할 수 있는 "육"이며, 성령에 대항하여 싸운다. 그리스도인이 자기 속에 남아있는 죄성을 발견하고, 이를 해결하고자 회개하고 기도할 때, 그는 중생 이후 두 번째 은혜인 성결의 은혜를 받는다. 자신의 죄성이 사라지고, 사랑으로 충만해진다. 이것을 우리는 성결이라 부른다.

인간의 전적 타락과 선행은총

인간의 본성이 전적으로 타락했다는 진리는 기독교에서 의심의 여지 없이 받아들여졌다. 그렇다면 인간은 통째로 악의 덩어리인가? 인간에게는 선한 것은 하나도 남아있지 않은가? 심각한 신학적 질문이 제기되었다. 이에 대해 장 칼뱅과 같은 종교개혁자는 인간에게 선한 것은 하나도 남아있지 않다는 입장을 강조했다.

그러나 대부분의 신학자들은 비록 인간이 전적으로 타락했지만, 여전히 훼손된 채로 잔존해 있다는 입장을 갖고 있다. 신학자 라인홀드 니버는 하나님의 형상이 훼손되었다 해도 인간은 여전히 하나님의 형상을 지니고 있다고 주장했다. 물론 인간 본성의 모든 부분은 죄로 인하여 심각하게 훼손되고 오염되었다. 그래서 인간은 자기 스스로의 힘으로는 결코 하나님과 화해할 수 없다. 그럼에도 불구하고 인간은 훼손되고 왜곡되었지만, 여전히 하나님의 형상을 지니고 있다. 인간은 여전히 하나님이 창조한 인간이라는 것이다. 그러므로 하나님과의 수직적 혹은 영적 차원이 아니라, 인간 사이의 수평적 차원에서 인간은 "선한 일"을 행할 수도 있다고 본다. 물론 이 "선한 일"조차도 영적으로 볼 때 "더러운 옷"(사 64:6)임에는 틀림없다.

바로 이 지점에서 웨슬리는 인간의 전적 타락과 함께 하나님의 선행은총을 말했다. 인간이 전적으로 타락하고 부패해 있지만, 하나님의 말씀을 듣고 회개하기 위해서는 그의 마음이 하나님을 향해 결단해야 한다. 이때 전적으로 타락한 인간은 전혀 그렇게 할 수 있는 힘과 의지가 없다. 그래서 하나님은 타락한 인간에게 여전히 하나님의 형상을 남겨놓으셨다. 심지어 하나님은 인간을 구원하기 위한 은총을 베풀어 놓으셨다. 웨슬리는 이것을 하나님의 선행은총이라고 불렀다.

제8장

선행은총

선행은총은 왜 중요한가

성경은 인간이 하나님을 떠나 전적으로 타락하고 부패했다고 증언한다. 그러나 인간은 정도의 차이는 있지만 양심을 갖고 있다. 여전히 인간은 도덕적인 행동을 하며, 책임적 존재로 살아간다. 나아가 어느 시대나 인간은 종교적 믿음을 갖고 있다. 그렇다면 이러한 인간의 현상을 어떻게 설명할 수 있는가? 인간이 죄를 범하고 하나님을 떠난 후에도 하나님의 형상은 손상되지 않고 유지되는 것은 아닌가? 타락한 인간에게 베푸신 하나님의 구원 가능성은 없는 것인가?

선행은총은 바로 이러한 문제에 답을 주는 중요한 교리다. 선행은총은 인간의 전적 타락과 인간의 책임의 문제, 그리고 하나님의 뜻과 인간의 자유의지라는 상반된 주제를 통합하는 중요한 역할을 한다. 나아가 선행은총은 구원의 과정으로 이끄는 인도자의 역할을 하는 하나님의 무조건적 사랑이다.

"하나님은 선행은총을 베푸셨습니다"

선행은총(先行恩寵)이란 "보다 먼저 오는 은총"(grace that goes before)을 말한다. 즉 하나님이 미리 모든 인간에게 베풀어주신 은혜다. 하나님이 모든 인간에게 먼저 베푸신 조건 없는 은혜다. 그러므로 선행은총이란 우리가 회심하기 전에 작용하는 하나님의 은총이다. 이 은혜를 받는 것에는 아무런 조건이 필요하지 않다. 그래서 선행은총을 보편적 은총(universal grace), 선재 은총, 또는 예비 은총이라고 부른다.

선행은총 사상은 성경적인 교훈이지만, 용어 자체는 성경에 없다. 그러나 선행은총의 개념은 성경의 여러 곳에서 찾을 수 있다. 이것은 삼위일체라는 용어와 비슷한 경우다. 삼위일체의 교리는 매우 성경적이지만, 성경에 삼위일체라는 용어가 없는 것과 같다.

선행은총은 언제 시작되었는가? 선행은총은 이미 하나님의 구원하심을 약속한 창세기에서 나타난다. 창세기 3장 15절에 있는 "최초의 복음"은 구원의 약속이다. 이때부터 하나님의 구원의 은혜의 역사는 시작된다. 창조 이전부터 "참 빛"으로 혼돈과 어둠에 빛을 비추셨다는 말씀은 하나님의 은총의 역사를 의미한다(창 1:2). 그 참 빛이 이 세상에 오셔서 나타나셨다(요 1:9). 또한 하나님은 모든 사람을 차별하지 않으시고 해를 빛으로 주셨다(마 5:45).

존 웨슬리는 로마서에 나타난 선행은총에 대한 내용을 다음과 같이 언급한다. "자기 아들을 아끼지 아니하시고 우리 모든 사람을 위하여 내주신 이가 어찌 그 아들과 함께 모든 것을 우리에게 주시지 아니하겠느냐"(롬 8:32). 웨슬리는 하나님이 그리스도로 인하여 모든 사람에게 모든 것을 값없이 주시기를 원하신다고 주장했다. 또한 그는 요한 서신에 언급된 빛을 예수 그리스도의 선행적 은총으로 보았다(요한1서 1:3-10, 2:8-10).

종교성과 양심에 심겨진 선행은총

하나님의 선행은총은 어디에 심겨지는가? 첫째, 인간이 갖는 초월적 관심과 종교성이 선행은총의 결과이며 증거다. 타락한 인간이 갖는 하나님에 대한 열망과 신지식, 종교성 등은 선행은총이 작용한 결과며, 선행은총의 증거다. 하나님이 은혜를 베푸시고, 그리스도가 세상에 빛을 비추셨기에 사람들은 하나님에 대한 부분적인 지식을 가질 수 있다. 하나님을 정확히 모르는 사람들도 종교를 통해 선을 추구하고, 도덕적인 삶을 영위하려고 노력하며, 정의로운 사회를 위해 노력하는 등의 일들을 추구할 수 있다.

인간은 본래 종교적 존재다. 종교적 인간(Homo Religious)이다. 종교적 세계관이 철학적, 예술적 세계관과 함께 세계에 대한 근본적인 이해방식이자 삶의 방식이다. 시대와 지역을 초월하여 모든 인간은 자신의 실존적 문제를 해결하고 삶과 죽음의 궁극적 의미를 발견하려는 본성을 가졌다는 것이다. 따라서 인간이란 실제로 어떤 종교를 가졌느냐와 관계없이 종교적 존재다.

둘째, 인간이 지닌 양심도 선행은총의 증거다. 웨슬리는 자연적 인간이 양심을 갖는 것을 하나님의 초자연적 선물로 보았다. 그는 양심을 선행은총과 동일시하기도 했다. 사람에게는 누구에게나 양심이 있기에 하나님의 은혜를 받지 않는 사람은 전혀 없다. 그래서 사람들이 일반적으로 갖는 양심은 실상 선행은총으로 볼 수 있다. 그러므로 선행은총은 만인을 위한 은총(universal grace)이며, 만인 안에서 작용하는 은총이며, 거저 주시는 은총이다.

선행은총 논쟁사

선행은총의 교리는 웨슬리가 특별히 강조하여 알려졌지만, 그 사상은 이미 초대교회부터 시작되었다. 초대교부 터툴리아누스(Tertulliaus)는 선행적 은총에 대해 언급하였고, 클레멘트와 오리게네스, 키푸리안 교부들도 선행은총 사상을 갖고 있었다. 특히 서방 신학자들 중에서는 아우구스티누스가 『자연과 은총』(De natura et gratia)에서 "선행은총"이라는 용어를 처음 사용했다.

중세 신학자 아퀴나스는 선행은총과 뒤따르는 은총의 관계를 다루기도 했다. 특히 웨슬리는 크리소스톰을 통해 은총의 개념에 대한 내용을 배웠다. 거저 주시는 은혜(free Grace), 은총에 대한 응답의 필요성, 은총 안에서의 성장과 퇴보, 은총의 보편성 등에 대한 것들이다.

16세기 네덜란드의 신학자 아르미니우스(Jacobus Arminius, 1560-1609)는 칼뱅주의 개혁파 목사로서 레이던 대학의 신학교수였다. 그는 당시 칼뱅의 이중예정에 대해 의문을 품었던 법률가 디릭 코른헤르트(Dirck Coornhert, 1522-1590)를 반박하는 임무를 부여받고 성경을 연구했다. 그러나 나중에는 칼뱅의 이중예정론을 반대하는 결론을 얻게 되었다. 아르미니우스는 하나님의 예정이 인간의 자유의지를 배제하고 무조건적이라는 칼뱅의 주장을 의심하게 되었다. 그는 타락 전 예정론과 타락 후 예정론을 모두 반대하고, 예정이 아닌 예지를 주장하게 된다. 그는 하나님의 선행적 은총론과 저항 가능한 은혜, 그리고 보편적 대속을 주장했다.

아르미니우스가 죽은 뒤, 그를 따르는 사람들은 1610년에 5개조의 항의문을 제출하기에 이른다. 이 항의문은 하나님의 선행적 은총이 그 바탕이 된다. 이들의 다섯 가지 주장은 다음과 같다. 1) 조건적 선택론: 선행은총은 예지에 기초한 조건적 선택이다. 2) 만인구원설: 선행은총은 인간의 개인적 믿음에 의해 제한되는 만인구원이다. 3) 자연적 무능력: 하나님의 은총 없이는 선을 행할 수 없다. 4) 효력상실설: 선행은총은 인간이 선을 행할 근거가 되는 것으로, 죄인들에 의해 거부되어 효력이 상실되기도 한다. 5) 타락 가능성: 선행은총은 조건적 견인으로써, 구원 이후 타락의 가능성이 있다.

이러한 선행은총의 내용은 영국 국교회인 성공회의 39개 신조로 나타난다. 여기에서 제10조는 〈자유의지에 관하여〉라는 항목이다. 타락 후 인간은 선한 일을 할 만한 능력이 없지만 "우리를 인도하시는 그리스도에 의한 하나님의 은총을 통해서만 우리는 선한 의지를 가질 수 있고, 그 선한 의지로 선한 행동을 할 수 있다"고 명시하고 있다. 이러한 성공회의 신조는 존 웨슬리의 선행은총론에도 그대로 이어졌다.

이 선행은총의 개념은 넓은 의미와 좁은 의미 두 가지로 쓰인다. 넓은 의미의 선행은총은 하나님이 인간에게 먼저 베푸신 은혜다. 좁은 의미에서 사용하는 선행은총은 칭의 이전에 주어지는 하나님의 은총을 말한다.

"구원은 선행은총으로 시작됩니다"

선행은총은 삼위일체 하나님의 사역이다. 성부하나님의 사랑은 인간의 범죄에도 불구하고 인간의 구원을 위한 은혜를 베푸시어 하나님의 형상을 부분적으로 회복시켜주신다. 성자 예수 그리스도는 우리가 아직 죄인임에도 불구하고 우리의 죄를 용서하시고, 하나님과의 관계를 회복하셨다. 성령하나님은 이 모든 과정에서 사람의 양심을 조명하시고, 깨닫게 하셔서 하나님에게로 인도하신다. 이처럼 선행은총은 삼위일체 하나님이 우리를 구원으로 인도하시는 은혜의 사건이다. 우리가 구원받기 전, 즉 회심 체험 이전에 삼위일체 하나님의 은총은 우리를 구원으로 인도하신다.

따라서 선행은총은 하나님의 전적인 은혜다. 이 은혜는 성부, 성자, 성령이 함께 일하시는 삼위일체적인 성격을 갖는다. 웨슬리는 "죄인은 성부의 사랑에 이끌리고, 성자에 의해 빛이 비추어지고, 성령에 의해 죄를 깨닫게 된다"고 설명했다.

그는 원죄를 죄책과 죄성으로 구분한다. 인간은 아담으로 인해 죄책을 함께 갖게 되었다. 이 죄책으로 인해 벌을 받게 되지만, 인간은 죄책 때문에 죽는 것이 아니다. 아담의 죄책 때문에 죽지 않고 자신의 죄, 즉 자범죄의 죄책 때문에 사망한다. 원죄의 죄책은 선행은총인 그리스도의 의로 인해 원죄의 죄책이 제거된다. 원죄의 죄책은 나의 의지와 관계없이 지워진 연대적 책임이므로 사면 또한 나의 의지와 관계없이 선행은총으로 이루어진다. 그러므로 인간이 죽임을 당하는 것은 원죄 때문이 아니라 자범죄 때문이다. 예수 그리스도의 속죄는 만인에게 적용되는 은총이다.

선행은총은 하나님의 형상을 부분적으로 회복시킨다. 타락 후 아담은 하나님의 형상을 상실했지만, 선행은총으로 어느 정도 회복되어 인간이 타락 전과 후에도 어느 정도 연속성을 지니게 된다. 따라서 장 칼뱅처럼 전적 타락만을 주장할 때 해결할 수 없었던 인간의 이성적 능력과 선택의 자유 등을 선행은총으로 설명할 수 있게 되었다. 그렇지 않으면 인간의 전적인 타락에 대해 다른 입장으로 설명해야 한다.

선행은총으로 인해 인간의 이성도 어느 정도 회복하여 하나님을 인식하게 된다. 따라서 이성을 무시하거나 경시해서도 안 되지만, 이성 그 자체를 과대평가해서도 안 된다. 선행은총 안에서 이성은 계속되는 하나님의 은총인 믿음을 통해 '깨우침을 받는 이성'이 되어 하나님의 깊은 것까지 통달하는 이성이 되어야 한다.

선행은총과 구원의 과정

선행은총은 우리에게 두 가지로 작용한다. 깨달음과 그 깨달음에 대한 응답이다. 첫째, 선행은총은 우리에게 깨달음을 촉발시켜 하나님에 대해 인식하게 하고, 우리 자신의 구원의 필요성을 깨닫게 해준다. 자연 속에서 자연계시를 통해 하나님의 존재 가능성을 인정하게 하며, 율법을 통해 우리는 자신의 죄를 깨닫게 된다. 이것은 성령이 일반적으로 사용하는 방법이다.

둘째, 선행은총은 우리에게 하나님의 은총에 대해 응답하는 능력을 준다. 인간은 깨달음을 통해 하나님을 찾고자 하는 욕망, 하나님을 기쁘시게 하려는 마음을 갖게 된다. 또한 죄에 대한 두려움도 갖는데, 이것은 칭의를 위한 예비적 은총이다. 이 은총을 통해 인간은 은총에 응답할 수 있는 능력을 갖는다. 응답은 하나님의 은총을 받아들일 수도 있고, 거절할 수도 있는 능력이다. 따라서 하나님의 은총은 인간의 의지로는 거부할 수 없는 '불가항력적 은혜'가 아니다. 이것은 선행은총 교리를 따르는 교파들의 특징이다. 동시에 칼뱅주의와는 구별되는 지점이다.

선행은총의 교리는 우리로 구원에 참여할 것을 촉구한다. 만일 누군가가 구원받지 못한다면, 그 원인은 하나님이 아니라 우리에게 있다. 그 이유는 우리가 은총을 받지 못해서 범죄하고 멸망한 것이 아니라, 주신 은총을 사용하지 않았기 때문이다. 하나님의 은혜에서 제외된 사람은 한 사람도 없다. 우리는 은총을 따르거나 거절할 자유와 능력이 있다. 이는 선행은총으로 인간의 선택할 능력, 즉 의지의 자유가 회복되었기 때문이다. 따라서 응답할 수 있는 우리는 자신의 선택에 책임을 지는 인간, 즉 책임적 존재다.

선행은총은 하나님의 구원 사역의 첫 단계이며, 그리스도의 구속 사업이 우리 영혼에 처음으로 적용되는 은총의 시작이다. 따라서 구원은 선재적 은혜와 함께 시작한다. 선행은총으로 인간은 처음으로 하나님을 기쁘시게 하려는 마음이 싹튼다. 또한 희미하지만 하나님의 뜻을 깨닫게 된다. 나아가 자신이 하나님께 죄를 범했다는 인식, 즉 자신이 죄인이라는 자각을 갖게 된다. 이러한 마음은 생명으로 향하는 첫 걸음이다.

선행은총을 받은 인간은 하나님이 주도하시는 구원의 은총에 참여할 수 있다(롬 2:15). 선행은총은 예수 그리스도를 이 땅에 보내신 하나님 아버지의 은혜의 역사(요 6:44)에서 출발하여, 인간이 하나님의 은혜 안에 거하게 되고, 그 은혜를 사모할수록 점점 더 풍성해지는 은혜다(요 1:16).

구원의 시작이 선행은총이라면 선행은총의 최종목표는 구원이다. 선행은총은 우리를 구원으로 이끄는 것이긴 하지만, 실제적인 구원사건을 일으키는 은총은 아니다. 선행은총은 보편적으로 모든 사람에게 조건 없이 베풀어진 은총이다. 만일 그렇다면 모든 사람이 다 구원에 이르러야 할 것이다. 이에 대해 웨슬리는 이렇게 말했다. "선행은총은 인간 영혼 속에 은혜의 서광이 비치기 시작한 때부터, 영광 속에 구원이 완성될 때까지, 하나님의 활동의 전 과정에 있어서 첫 출발일 뿐이다"(설교 50번 "성서적 구원의 길"에서). 따라서 그는 다시 한번 이렇게 강조한다. "선행은총은 전부가 아니요, 시작에 불과하다. 그것은 한낮의 밝은 빛이 아니라, 여명에 따르는 최초의 빛이다. 그것은 진실된 빛이요, 하나님의 손길을 발견하고 거기에 당도하기에 충분한 빛이다"

그렇다면 선행은총은 구원을 위한 충분한 은총은 아니지만, 구원으로 "인도하는 필요적 은총"이다. 우리를 회개로 이끌어주는 선행은총에 응답하면 우리는 더 높은 은혜의 단계로 나아간다. 즉 회개와 칭의의 은총으로 인도받는다. 그러나 하나님의 회개로 이끄시는 은혜를 거부하면, 여전히 자연적 상태의 인간으로 남게 된다. 그러므로 선행은총으로 하나님의 계심을 인식했다면, 하나님을 구하기 위해 나아가야 한다.

구원은 선행은총으로부터 시작하여 영화의 은총에서 완결된다.

인간의 구원에 역사하시는 하나님의 은총에는 선행은총, 깨닫게 하는 은총(회개의 은총), 칭의의 은총, 성화의 은총, 그리고 영화의 은총이 있다.

죄인에게 베푸신 선행은총

한 마디로 선행은총은 우리가 범죄함에도 불구하고 베푸신 하나님의 은혜다. 선행은총의 교리는 인간의 전적 타락과 무능력함을 인정하면서도, 인간이 하나님을 구하고 찾을 수 있는 구원의 가능성을 이해할 수 있게 해준다. 물론 인간은 태어날 때부터 도덕적 능력과 종교성을 갖고 있다고 주장하는 펠라기우스와는 결이 다르다. 인간의 범죄한 상태를 그대로 인정하면서도 그 범죄를 넘어선 하나님의 은총과 사랑을 붙잡는 것이 선행은총 교리다.

선행은총 교리는 하나님의 은총의 능력을 신뢰하면서 우리가 응답할 책임을 강조한다. 따라서 선행은총의 교리는 우리의 능력을 과신하지도 않으며, 우리의 죄된 현실을 간과하지도 않는다. 따라서 선행은총 교리는 우리의 타락과 구원에 대한 책임이 우리 자신에게 있음도 분명히 한다.

제9장

자유의지

자유의지는 왜 중요한가

하나님은 우리를 구원하시기를 원하시는데 왜 구원받지 못한 사람이 있는가? 또한 하나님이 모든 것을 자신의 뜻대로 정하셨다면, 구원받지 못한 책임은 우리에게 물을 수 없지 않은가? 그렇다면 우리는 자신의 구원에 있어서 어느 만큼의 책임을 갖는가?

기독교는 이러한 질문에 대하여 자유의지와 예정이라는 주제로 다룬다. 우리는 자유의지를 가진 존재로 자신의 선택과 행동에 책임을 갖는다. 자유의지(自由意志)란 사전적 의미 혹은 일반적 의미에서 "외부적인 요소에 영향을 받지 않고 자발적으로 생각과 행동을 결정할 수 있는 능력"을 말한다. 기독교에서의 자유의지는 주로 선악을 선택하는 능력을 의미한다.

웨슬리를 비롯한 성결교회 전통은 인간의 전적 타락을 강조하면서도 동시에 인간에게는 하나님의 은혜에 응답할 수 있는 능력이 있음을 믿는다. 여기에서 자유의지의 주제가 중요하게 부각된다. 인간에게 주어진 자유의지가 선행은총으로 회복되어 하나님의 부르심에 응답할 수 있다고 믿기 때문이다.

"인간은 범죄함으로 자유의지를 상실했습니다"

우리는 하나님의 형상대로 창조되었다. 하나님을 따라 이성과 의지의 자유와 정서를 가진 존재로 지음 받았다. 우리는 하나님의 사랑 안에서 은총을 누리며 자유롭게 응답하는 존재다. 따라서 하나님의 형상으로서의 인간으로 살아간다는 것은 하나님이 주신 자유를 선용하여 타자와 함께 자유롭게 살게 하신 하나님의 부르심을 따르는 것이다. 하나님의 은혜 가운데 하나님을 신뢰하는 삶이 하나님에게 자유롭게 반응하는 삶이며, 하나님의 형상 가운데 살아가는 삶이다.

그러나 우리는 자유의지를 갖고 불순종을 선택했다. 그리고 하나님과 철저하게 분리되었다. 이것은 하나님이 주신 자유의지를 남용한 결과다. 자유의지란 행동할 자유와 결단할 수 있는 능력이다. 만약 우리에게 자유의지가 없었다면, 도덕적 선과 악도 존재하지 않았을 것이다.

아담의 범죄는 하나님과의 관계 단절을 가져왔다. 아담이 뱀의 유혹을 받아 죄를 범한 후에 하나님과의 완전한 교제는 더 이상 지속되지 못했다. 범죄 후에 아담은 하나님을 두려워하여 숨었으며, 하나님과의 사랑과 신뢰의 관계는 깨졌다. 아담은 스스로 하나님으로부터 소외되었다(창 3:10, 24). 하나님과의 분리된 상태는 아담 이후 모든 인간의 생래적 상태가 되고 말았다.

아담의 범죄의 결과로 우리는 하나님의 형상을 상실하게 되었다. 관계적 존재인 인간의 모든 관계가 단절되고 왜곡되었다. 인간이 지닌 이성과 자유의지, 영적인 차원들도 상실했다. 하나님의 대리자로 자연계를 다스리는 능력도 사라져 오히려 적대적 관계가 되었다. 인간은 모든 관계, 즉 자기 자신과의 관계, 이웃과 자연과의 관계, 하나님과의 관계에서 분리되는 왜곡을 경험하게 되었다. 죄는 모든 관계를 지배와 예속의 관계로 타락시킨다. 죄는 자기 자신의 관계에서조차 부당한 자기높임과 자기파괴라는 이중적 모습을 갖게 한다.

자유의지를 상실한 우리는 선을 행할 자유와 능력도 상실했다(롬 6:20). 의와 거룩함으로 지음을 받았지만, 타락한 인간은 죄에 오염되어 자기 고집과 육적인 속박에 매여 살게 되었다. 하나님의 형상을 잃어버리고, 본래 주어졌던 의를 상실해버린 인간의 상태에 대하여 존 웨슬리는 인간이 새로운 형상인 '마귀의 형상'을 입었다고 말했다.

이제 우리의 행동은 전적으로 악할 뿐이다. 이는 단순히 도덕적 차원을 말하는 것이 아니라, 영적으로 죽은 상태를 뜻한다. 이것이 타락한 상태의 인간에게서는 선한 것이 전혀 없다고 판단하시는 하나님의 관점에서 보는 인간의 모습이다(창 6:5).

"상실된 자유의지가 하나님의 선행은총을 통해 부분적으로 회복되었습니다"

우리는 아담의 타락으로 자유의지를 상실했다. 죄로 인해 하나님과 분리된 인간은 하나님에게 대하여 죽은 상태에 있고 스스로 하나님에게 나아가거나 하나님의 부르심에 응답할 수 없다. 타락한 인간을 위해 하나님은 은총을 베푸셨고, 특별히 예수 그리스도의 구속사역을 베풀어 주셨다. 이를 통해 전적으로 타락한 인간에게 빛이 비추어 하나님의 뜻을 분별하게 되고, 하나님이 기뻐하시는 뜻을 행할 수 있게 되었다.

예수 그리스도는 세상의 참 빛으로 이 세상에 오셨다. 그리스도는 이 세상에 태어나는 모든 사람들에게 생명의 빛을 비추신다(요 1:9). 사람들은 이 빛 가운데서 비침을 받아 자비를 사랑하고 옳은 일을 분별하며, 하나님의 원하시는 것을 좋아하고 따르고 싶은 선한 소원(good desire)을 가지게 된다. 존 웨슬리는 이러한 선한 소원을 생래적 양심(natural conscience) 또는 선행적 은총이라 부른다.

하나님의 선행은총을 통해 모든 사람에게는 초자연적으로 회복된 자유의지가 있다. 비록 부분적으로나마 회복된 자유의지로 인해 하나님이 주시는 구원에 대해 응답할 수 있을 만큼 분별의 능력과 선택의 자유를 갖게 되었다(요 8:32).

타락한 이후 하나님의 은총과 관계없는 인간을 자연인(natural man)이라고 부른다. 따라서 자연인은 완전히 타락하여 전적으로 부패한 인간이다. 그러나 자연인도 태어나면서부터 양심을 가지고 있고 하나님의 선행은총으로 그 양심이 구원의 부름에 응답할 수 있을 만큼 회복된 존재다. 그러므로 엄밀한 의미에서 자연인이란 없다고 볼 수 있다. 즉 모든 사람에게는 구원의 기회가 부여되어 있고 모두가 구원에 이르기를 소원하시는 하나님의 뜻 앞에서 인간은 자기의 의지를 악용하여 죄의 길을 선택할 수 있다. 그때 인간에게 구원은 거부될 수 있다.

"회복된 자유의지로 인간은 은혜 안에서
구원의 복음에 응답할 수 있습니다"

구원은 오직 하나님의 은혜로만 가능하다. 죄로 인해 하나님과 분리되어 하나님의 형상을 상실한 우리에게 하나님은 은총을 베푸신다. 하나님의 선행적 은총과 예수 그리스도의 구원의 은총으로 파괴되었던 하나님의 형상이 회복된 우리는 이제 하나님의 뜻을 알게 된다. 인간은 자유의지를 부분적으로 회복하여, 하나님의 선한 소원에 응답하고 순종할 수 있게 되었다. 전적으로 타락한 자연인에게 하나님은 선행은총을 통해 구원의 역사를 진행하시기에 이제 우리는 하나님의 부르심에 응답할 책임도 갖게 되었다.

하나님은 선행은총을 통하여 인간 모두에게 응답할 수 있는 능력을 주셨다. 모든 사람이 하나님의 은총에서 제외됨 없듯이 모든 사람은 선행은총에 대해 응답을 요청받는다. 하나님의 은혜로운 부르심에 응답하고 순종할 수 있게 되었다.

우리가 전적으로 타락했다면, 우리는 자신의 행동에 책임적 존재가 될 수는 없다. 그러나 우리는 자신의 행동에 책임을 지는 존재다. 우리 모두는 선악 사이에 자신의 행동에 책임적 존재로 인정된다. 이는 하나님과의 관계가 분리된 우리에게 하나님은 은혜를 베푸셔서 하나님의 형상을 부분적으로 회복하셨기 때문이다.

우리는 그 누구도 하나님의 은혜에서 제외될 수 없다. 누구나 다 구원에 이르기를 소원하시는 하나님의 부르심에 응답할지 거역할지는 스스로 선택할 수 있다. 그리고 그 선택의 결과에 대한 책임은 자신에게 있다.

그러므로 양심에 화인(火印)을 맞아 분별력을 잃은 소수의 사람을 제외하고는 누구나 자신이 소유한 선행적 은총을 활용하여 하나님이 주시는 구원을 얻을 수 있다. 반면에 양심의 소리를 스스로 거역하여 죄를 범하고 하나님의 은총을 거절하면 멸망을 받게 될 것이다.

하나님의 부르심에 응답하여 하나님의 자녀가 된 사람들은 하나님의 은혜와 사랑 안에서 회복된 관계를 누리게 된다. 하나님의 사랑에 자유롭게 응답하며 하나님을 기쁘시게 하는 삶을 선택할 수 있다. 이제 하나님의 자녀들은 회복된 자유의지를 남용하거나 육체의 일을 하는 기회로 삼지 않고, 오히려 하나님과 이웃을 사랑하며 섬기게 된다.

웨슬리는 하나님의 은혜와 자유의지에 대해 이렇게 고백했다. "나는 내 본성의 부패 때문에 내 마음을 통제할 능력을 갖지 못했습니다. 그러나 하나님의 은혜의 도우심 아래 선이나 악을 선택할 자유를 누릴 수 있습니다"

우리의 구원은 전적으로 하나님의 은혜로만 가능하다. 그럼에도 불구하고 구원의 과정에서 우리의 자유의지는 매우 중요한 역할을 한다. 하나님이 주신 선행은총을 소멸하지 않고, 더욱 은총의 빛 안에서 깨닫는 은혜(회개), 구원의 은혜(칭의, 성결)로 나아가야 한다. 하나님은 이를 위해 미리 은총을 베푸셔서 하나님의 구원의 은혜에 응답하도록 도우신다. 이처럼 하나님의 은총과 우리의 응답에 대한 관계를 두고 신학적으로는 '복음적 신인협동설'이라 부른다. 이는 회복된 자유의지로 인간이 하나님과 은총 안에서 협력하여 일하는 것을 말한다. 그러나 주도권은 언제나 하나님에게 있다.

자유의지 논쟁사

자유의지 논쟁은 5세기 경 아우구스티누스와 펠라기우스에서 시작하여 16세기 에라스무스와 루터의 논쟁으로 이어진다. 이후 18세기 웨슬리는 칼뱅의 예정론에 반대하여 선행은총을 통한 자유의지의 회복을 주장했다.

아우구스티누스와 펠라기우스

아우구스티누스와 펠라기우스(Pelagius, 360-420)는 인간이 타락 전에는 완전한 자유의지가 있음을 인정했다. 아우구스티누스는 인간이 하나님의 전능하신 의지와는 구별된 선택의 자유를 가진 존재며, 이 자유의지로 선택한 결과에 대하여 도덕적 책임을 가진다고 보았다. 그러나 인간이 타락 후에는 자유의지가 상실되었고, 전적으로 부패한 상태에서 인간의 의지는 하나님 앞에서 오직 악을 행할 뿐이고 선을 행할 수 없게 되었다고 주했한다. 이제 인간의 선한 행동은 세속적인 것이며 저급한 수준의 칭찬을 받는 정도일 뿐이다.

한편, 펠라기우스는 아우구스티누스의 견해에 반대했다. 그는 아담이 타락 후에도 인간의 자유의지는 손상되지 않았으며, 파괴되지 않았다고 주장했다. 따라서 구약의 성도들도 거룩한 삶을 살 수 있었다는 것이다. 그는 인간이 죄를 짓는 것은 인간의 연약성

때문이거나 자유의지가 손상되어서가 아니라, 자기 스스로 의지의 자유를 남용하기 때문이라고 보았다. 자유의지는 하나님이 주신 본래적 은총이며, 창조의 은총이다.

하나님이 주신 본래적 은총, 창조의 은총으로 주어진 자유의지를 통해 구원에 이를 수 있다고 주장하는 펠라기우스는 여러 차례 종교회의를 통해 논의되고 정죄되었다. 인간의 전적 타락을 부정하고 인간의 의지를 선용함으로써 구원에 이를 수 있다는 주장은 기독교의 정통 교리로 받아들여질 수 없었다. 급기야 주후 416년 밀레브(Mileve) 대회와 카르고 대회를 통해 그의 주장은 이단으로 정죄되었고, 최종적으로 주후 431년 에베소 회의에서 또다시 이단으로 정죄되었다.

세미 펠라기우스주의 (Semi Pelagianism)

주후 420년경 카르타고를 중심으로 아우구스티누스의 은총교리와 절대적 예정론을 반대하는 운동이 일어났다. 사실 이들은 아우구스티누스의 예정론을 반대하였기 때문에 세미 아우구스티누스주의(Semi Augustinianism)라고 부른다. 이들은 인간의 전적 타락과 죄성에 대한 아우구스티누스 원죄관에는 동의한다. 그러나 인간 의지의 예속화와 은총의 불가항력성, 절대적 예정교리는 교회가 전통적으로 가르치는 교리와 다르다는 입장이다.

특히 예정론은 인간의 도덕적 노력을 피상적인 것으로 전락시키고, 숙명론적인 자포자기와 슬픔을 가져올 수 있는 위험이 있다고 보았다. 그들은 예정을 하나님의 예지, 즉 예견된 신앙과 순종에 근거한 것으로 이해했다. 그러나 그리스도의 죽음은 만인을 위한 것이며, 하나님의 구원의 은총은 일반적인 것이라고 주장했다.

그들은 아우구스티누스의 타락 후 인간 의지의 완전 소멸에도 반대하지만, 펠라기우스의 타락 후 인간 의지가 손상을 입지 않았다는 주장에도 반대했다. 이들은 타락 이후 인간의 자유의지는 약화되었고, 아담의 죄는 후손에게 유전된다고 주장했다. 그러나 아직도 자유의 요소를 갖고 있기에 하나님의 은총의 도움을 받아 구원으로의 첫걸음을 내딛을 수 있으며, 자유의지를 통해 하나님의 구원을 거절할 수도 있다고 보았다. 그들은 인간의 자유의지의 완전한 상실도 받아들이지 않지만, 구원의 불가항력적인 은총 또한 반대했다. 은총은 인간 의지에 선행하는 것이 아니라 함께 가는 것으로 이해하고 자기 의지를 통해 하나님의 은혜에 협력할 수 있다고 주장했다.

에라스무스와 루터

종교개혁 시기에는 에라스무스(Desiderius Erasmus, 1466~1536)와 루터(M. Luther, 1483-1546) 간의 자유의지 논쟁이 있었다. 두 사람은 모두 교회의 존경받는 인물이었고, 둘 다 하나님 안에서 인간의 구원을 염두에 둔 선한 의도를 가졌다. 에라스무스는 인간의 도덕적 책임을 강조하여 기독교의 진정한 모습을 드러내고 교회의 평화를 유지하고자 하였다. 반면에 루터는 인간의 전적 무능력과 전적 타락을 드러내어 구원은 오직 하나님의 은혜임을 드러내고자 했다.

이 논쟁에 있어서도 논점은 인간이 타락 후에도 자기 책임으로 도덕적 생활을 할 만큼 자유의지가 남아있는가, 아니면 인간의 타락 후에는 자기 자신의 행동을 책임질 수 없을 정도로 의지의 자유를 상실했는가에 대한 것이었다.

루터는 인간의 의지가 존재한다면 그것은 죄를 짓고 마귀를 따르는 일에 익숙한 노예의지만 있을 뿐이라고 주장했다. 인간의 의지는 아담의 타락 이후 완전히 타락하여 영적인 선을 행할 수 없게 되었고 스스로의 구원을 위해 아무런 일도 할 수 없음을 강조했다. 따라서 자유의지라는 말은 모든 결정에 자유로우시고 행할 능력이 있으신 하나님에게만 해당된다고 보았다.

칼뱅과 웨슬리

칼뱅은 아우구스티누스 입장을 따라 구원에 있어서 하나님의 주권을 강조했다. 즉 모든 사람이 동일한 목적으로 창조된 것이 아니다. 어떤 이는 영생으로 선택되었고, 어떤 이는 영벌에 이르도록 미리 정해져 있다고 하는 이중예정론이다.

하나님은 구원으로 예정한 사람들에게는 믿음을 주시고 그 마음을 부드럽게 하여 영생에 이를 수 있게 하신다. 그러나 유기(遺棄)된 자는 그들의 악함과 강퍅한 마음을 그대로 두어 영벌에 이르게 하신다. 이러한 예정은 하나님의 영원하고 불변적인 의지에 따라 결정되었다. 인간의 노력이나 의지에 따라 변경될 수 없다. 이러한 절대예정(Absolute predestination)은 하나님의 경륜을 인간의 의지나 노력으로는 변경할 수 없다. 절대예정론은 인간의 태도나 의지에 관계없이 절대적이라는 주장이다.

한편, 웨슬리는 인간 구원에 있어서 무조건적 선택(Unconditional Election)의 교리는 성경의 교훈에도 맞지 않고, 성경에 나타난 하나님의 성품과도 배치된다는 것을 지적하며 칼뱅의 예정교리를 비판했다. 예정론은 하나님을 전능하신 폭군(Almighty Tyrant)으로 만들었다. 하나님은 인간의 의지나 성향에 관계없이 하나님의 기쁘신 뜻에 따라 일방적으로 인간의 멸망을 결정하는 신으로 묘사되기 때문이다. 하나님에게 죄인의 멸망을 일방적으로 결정하신다면 죄인의 멸망에 대한 원인이 하나님에게 있는 것이다. 따라서 하나님은 죄의 근원이 되신다.

웨슬리는 칼뱅과 다음의 사항에는 일치된 의견을 갖는다. 인간이 전적으로 타락하여 인간의 자연적인 의지(natural free-will)로는 구원에 이를 수 없으며, 타락한 인간의 본성으로는 악을 행할 수밖에 없고 인간에게서 구원의 소망을 찾을 수 없다는 사실이다. 따라서 모든 선은 인간에게서가 아니라 하나님으로부터 나오며, 인간의 구원을 이루는 것도 인간의 공로나 선행이 아니고 거저주시는 하나님의 은혜(free-grace of God)다.

그러나 웨슬리는 그리스도의 대속으로 인해 하나님의 은총으로 모든 인간은 구원의 부름에 응답할 수 있는 능력이 회복된다고 주장했다. 구원에 있어서 인간의 책임을 강조한 것이다. 웨슬리는 하나님의 구원을 거부하거나 받아들이는 것은 인간의 의지라고 보았다. 자유의지는 하나님의 부르심에 순종할 수도 있고 거역할 수도 있는 인간의 능력이다.

하나님의 은총으로 인간의 자유의지가 회복된다는 지점이 펠라기우스와의 결정적 차이다. 또한 구원의 과정에 있어서 하나님의 절대주권을 인정하지만, 자유의지가 회복된 인간의 책임 또한 강조하는 부분은 칼뱅과의 결정적 차이다.

대교리문답과 헌법을 통해 본 자유의지 이해

대교리문답 37문.
문 : 하나님의 섭리와 인간의 자유의지는 어떤 관계입니까?
답 : 하나님은 자기의 뜻과 의지에 따라 창조하신 사람을 섭리 가운데 통치하시고, 인간의 자유의지 가운데 은총의 빛을 비추어 주셔서 인간이 선한 길을 택하여 걸어갈 수 있도록 은혜를 베푸십니다.

대교리문답 38문.

문 : 하나님의 섭리와 죄는 어떤 관계입니까?

답 : 악은 인간이 자유의지를 남용함으로 세상에 들어 왔습니다 (창 2:16; 3:6). 그러나 세상의 모든 통제권은 오직 하나님께 있고, 모든 악은 재림하시는 그리스도께서 제거하실 것입니다(계 20:10,14).

헌법 제2장 교리 제16조 (자유의지(自由意志))

하나님께서 타락한 인류의 구원을 위하여 그 독생자 예수 그리스도를 값없이 주셨으니 누구든지 저를 믿음으로 중생하여 선을 행하는 하나님의 친 백성이 될 수 있다. 그러나 인간에게는 의지의 자유가 있으므로 1차의 은혜를 받은 자라도 타락할 수 있은즉 성령의 도우심을 힘입어 영원한 은총을 끝까지 향유하는 것이다 (롬 3:23, 요 3:16, 딛 2:14, 약 4:8, 딤후 2:12 하, 눅 22:31,32, 마 24:13, 히 3:14, 벧후 1:10, 딤후 1:14, 빌 2:12).

제10장

회개와 믿음

회개와 믿음은 왜 중요한가

우리의 신앙생활에서 회개와 믿음은 왜 중요한가? 성경은 모든 인간은 죄인이라고 말씀한다. 죄란 하나님에 대한 거역이다. 죄를 지은 인간은 회개하지 않으면 죄 사함도 없고 구원도 없으며 결국 멸망에 이르는 존재다. 회개란 인간이 범한 죄를 인정하고, 하나님 앞에서 고백하고, 죄에서 하나님에게로 돌이키는 것이다. 회개는 단순히 죄의 고백만을 의미하지 않는다. 회개는 마음의 변화, 슬픔과 애통, 열매를 맺고자 하는 결단이다.

우리는 회개에 합당한 열매를 맺어야 한다. 회개와 더불어 믿음도 구원의 조건이다. 믿음은 인류의 구원을 속죄 제물로 예수 그리스도를 주신 하나님에 대한 견고한 신뢰다. 구원의 믿음은 성령으로 인한 인간 전(全) 존재의 행동이다. 우리는 모든 삶 속에서 일하시는 하나님을 믿어야 한다. 그 중심에 예수 그리스도가 계신다. 그분은 우리와 함께 계시며 하나님의 뜻을 우리에게 말씀하신다. 예수 그리스도는 인간의 자리에서 인간을 대신해서 인간을 위해 하나님의 일을 하신다. 우리는 인간 스스로가 어떤 일을 해서가 아니라, 하나님이 예수 그리스도를 통해 우리의 삶을 살게 하시는 것을 믿는다. 그러므로 믿음의 근거는 예수 그리스도다.

믿음이란 예수 그리스도를 인격적으로 신뢰하는 것이다. 그분을 삶의 주인으로 모시는 것이다. 예수 그리스도가 우리의 자리를 대신해서 하나님의 뜻을 실현시켜 나가실 수 있도록 그분께 우리의 자리를 내어드리고, 전적으로 그분을 의지하는 것이다. 그리스도인의 삶은 결국 믿음에서 믿음에 이르는 것이다.

"회개는 믿음으로 이끕니다"

성경은 우리에게 회개하고 복음을 믿을 때 구원을 받을 수 있다고 말씀한다(막 1:15). 회개는 자신의 죄악과 불의를 깨닫고 고백하면서 그것으로부터 철저하게 돌이키는 일이다(겔 33:11). 그리고 회개에 합당한 열매를 맺는 것이다(눅 3:8). 하나님이 말씀을 통해 성령으로 역사하실 때 인간은 하나님의 자비를 구하며 회개할 수 있다.

회개에는 지적, 정적, 의지적 요소가 있다. 첫째, 회개의 지적인 요소는 자신이 죄인이며, 죄책을 지닌 존재임을 깨닫고 고백하는 것이다. 시편 51편에서 다윗은 하나님의 인자를 따라 은혜를 베풀어 주시고, 많은 긍휼을 따라 자신의 죄악을 지워달라고 기도했다(시편 51:1). 이어 자신의 죄악을 말갛게 씻으시고 자신의 죄를 깨끗이 제거해달라고 회개하고, 하나님이 말씀하실 때 의롭게 되고 심판하실 때에 순전케 된다고 기도했다(시편 51:3, 5). 그는 자신의 죄를 안다고 고백했다.

둘째, 회개의 정적인 요소는 죄를 슬퍼하며 근심하는 것을 의미한다(고후 7:9). 이는 바울이 고린도 교회 교인들에 대해 기뻐했던 이유이기도 하다. "내가 지금 기뻐함은 너희로 근심하게 한 까닭이 아니요 도리어 너희가 근심함으로 회개함에 이른 까닭이라 너희가 하나님의 뜻대로 근심하게 된 것은 우리에게서 아무 해도 받지 않게 하려 함이라"(고후 7:9). 회개는 죄에 대한 근심이다. 반면 회개의 결과는 기쁨이다. 근심이란 마음의 슬픔과 걱정이며, 기쁨이란 마음의 안정과 즐거움이다. 이것은 감정적인 요소다. 회개는 인간의 감정과 함께 작용한다.

셋째, 회개의 의지적인 요소는 마음과 행동을 돌이키는 것이다(사 55:7). "악인은 그의 길을, 불의한 자는 그의 생각을 버리고 여호와께로 돌아오라 그리하면 그가 긍휼히 여기시리라 우리 하나님께로 돌아오라 그가 너그럽게 용서하시리라". 회개는 죄의 길을 버리는 것이다. 죄된 생각을 버리는 일이다. 그리고 하나님에게로 돌아가는 의지적 행위다. 회개는 죄로부터 돌이키려는 의지, 하나님에게 돌아가려는 의지가 필요하다.

이러한 회개는 우리를 하나님께 대한 믿음으로 이끈다. 하나님 없이 살아갔던 삶에 대한 깨달음을 하나님에게로 돌이키는 결단에 이르게 하는 것이다. 그때 우리는 하나님을 신뢰하는 삶으로 나아가게 된다.

"회개에는 신적요소와 인간적 요소가 있습니다"

회개는 어떻게 가능한가? 회개는 우리 스스로의 의지로 하는 행위인가, 아니면 하나님의 행위인가? 우리는 이것을 복음적 신인협동설의 관점에서 이해할 수 있다. 복음적 신인협동설이란 하나님과 인간이 함께 협력하여 사역하신다는 신학이론으로써, 회개에도 그대로 적용할 수 있다. '회개가 하나님의 사역인가 혹은 인간의 행위인가?'라는 질문에는 '둘 다'라고 대답할 수 있다. 성경은 회개가 하나님의 은사라고 분명히 말하고 있다(행 5:31, 11:18, 롬 2:4, 딤후 2:25). 하나님은 죄인이 회개하도록 성령을 통하여 말씀으로 역사하신다. 이러한 은혜의 역사하심에 순종할 때, 인간 편에서 내적 변화를 일으키는 회개가 가능하다.

회개는 인간의 영혼 위에 활동하시는 성령의 은혜로운 역사에 대한 인간의 순종으로 이루어진다. 참된 회개에는 이처럼 신적 요소와 인간적 요소가 공존하지만, 신적 요소가 선행적 주도권을 갖는다. 그러므로 회개는 결코 인간의 공로가 될 수는 없다.

회개의 단계

회개의 첫 번째 단계는 죄에 대한 각성이다. 곧 자기가 죄인이라는 것과 죄로 인하여 죽는다는 것과 하나님의 사랑이 풍성하다는 것을 깨닫는 것이다(롬 2:4). 인간의 고집과 회개하지 않는 마음을 따라 진노의 날 곧 하나님의 의로우신 심판이 나타나는 그 날에 임할 진노를 쌓지 말아야 한다(롬 2:5).

두 번째 단계는 통회(痛悔)다. 곧 죄를 깨닫는 순간부터 마음이 아프고 괴로운 것이다. 우리는 탕자의 통회를 기억해야 한다. 그는 돼지가 먹는 쥐엄 열매로 배를 채우고자 했지만 주는 자가 없었으며, 스스로 돌이켜 말하기를 "나는 여기서 주려 죽는구나"라고 말하면서 괴로워했다(눅 15:16-17). 통회가 없는 곳에 회개는 있을 수 없다.

세 번째 단계는 고백이다. 잠언서는 자기의 죄를 숨기는 자는 형통하지 못하지만 죄를 자복하고 버리는 자는 불쌍히 여김을 받을 것이라고 기록한다(잠 28:13). 사도 요한도 말한다. "만일 우리가 우리 죄를 자백하면 그는 미쁘시고 의로우사 우리 죄를 사하시며 우리를 모든 불의에서 깨끗하게 하실 것이요"(요일 1:9). 죄의 고백이 요청되는 이유는 하나님이 겸손과 정직을 요구하기 때문이다. 곧 겸손하고 정직하게 자기의 죄를 말하는 것이다.

네 번째 단계는 변상이다. 변상은 회개에 따르는 인간의 책임적 행위다. 경제적, 물질적 갚음의 행위다. 삭개오는 예수 그리스도께 내 소유의 절반을 가난한 자들에게 주고, 만일 누구의 것을 속여 빼앗은 일이 있으면 네 갑절이나 갚겠다고 말했다(눅 19:8). 예수는 이에 대해 오늘 구원이 이 집에 이르렀다고 말씀하셨다(눅 19:10). 회개는 마음의 변화와 더불어 물질적 변화까지 따르는 것이다.

다섯 번째 단계는 회개에 합당한 열매다. 회개의 합당한 열매를 맺는 사람만이 아브라함을 우리 조상, 하나님을 믿는 자들의 조상이라고 말할 수 있다(눅 3:8). "회개에 합당한 열매를 맺고 속으로 아브라함이 우리 조상이라 말하지 말라". 또한 회개의 열매는 후회할 것이 없는 구원에 이르도록 한다(고후 7:10). "하나님의 뜻대로 하는 근심은 후회할 것이 없는 구원에 이르게 하는 회개를 이루는 것이요".

"구원의 조건은 오직 믿음입니다"

인간을 구원하는 믿음이란 하나님 아버지가 우리를 사랑하셔서 독생자를 보내셨고, 독생자 예수 그리스도는 우리의 죄를 대속(代贖)하기 위하여 오셨다는 것을 성령의 역사를 통해 확신하고 받아들이는 것이다(요 3:16). 구원받는 믿음은 우리 스스로 만들어내는 능력이나 태도가 아니다. 그것은 성령을 통해 하나님이 우리에게 주시는 선물이다(엡 2:8).

믿음은 계시와 밀접하게 관계되어 있고, 모든 계시는 응답을 요구한다. 믿음은 계시의 요구에 대한 인간의 호의적 응답이고, 불신앙은 비호의적 응답이다. 우리는 구원의 계시에 대하여 호의적으로 응답해야 한다. 믿음은 세 가지 요소를 포함한다. 첫째는 하나님의 말씀에 대한 동의며, 둘째는 하나님의 요구에 대한 순종이며, 셋째는 하나님에 대한 전적 신뢰와 의지다. 믿음으로 온전한 구원에 이른다는 말은 우리가 믿음으로 죄를 용서받고, 믿음으로 거듭나고, 믿음으로 성결해지고, 믿음으로 치유 받고, 믿음으로 영화롭게 된다는 것이다. 이러한 복음의 진리는 모든 인류에게 동일하다(롬 3:22).

기독교 복음의 핵심인 '믿음으로 구원을 받는다'는 명제는 어떻게 이해해야 하는가? 이 질문에 관하여 루터와 웨슬리의 입장을 살펴볼 필요가 있다. 루터의 표현에 의하면, "기독교인은 의인이지만 동시에 죄인이며, 거룩하지만 동시에 속되고, 하나님의 원수이지만 동시에 하나님의 자녀"다. 루터가 제시한 "의인이며 동시에 죄인"인 그리스도인은 서로 다른 시선에 대한 상이한 관점이다. 즉 하나님의 은총과 자비를 입은 그리스도인이라는 측면에서는 의인이다. 그러나 하나님의 심판의 관점에서는 여전히 죄인이다. 오직 예수 그리스도가 죄인과 의인을 가르는 기준이다. 예수 그리스도 밖에 있는 인간은 죄인이고, 그리스도 안에 있는 인간은 의인이다.

루터가 말하는 그리스도인의 의란 우리가 그리스도를 믿는 믿음 때문에 하나님이 우리에게 전가해 준 의다. 이러한 의미에서 루터는 다음과 같이 말한다. "모든 그리스도인은 진정한 사제다(every Christian is a true priest). 그리고 이들이 '매일 계속적으로'(daily and continually) 드려야 하는 제사는 저녁과 아침에 드려야 하는 '이중 제사'(double sacrifice)다. 저녁의 제사는 이성을 죽이는 것이고, 아침의 제사는 하나님께 영광을 돌리는 것이다".

여기서 중요한 것은 이러한 이중 제사를 '매일' 그리고 '계속' 드려야 한다는 사실이다. 그리스도인이 이중 제사를 멈추어도 될 만큼의 충분한 거룩성을 스스로에게 기대하는 것은 요원하기 때문이다. 루터에게 그리스도인은 일평생 "죄인이면서 동시에 의인"일 뿐이다.

웨슬리 역시 칭의를 받기 위한 유일한 조건은 믿음이라고 말한다. 그는 "믿음은 의인의 유일한 조건이다. 이것만이 의인의 충분한 조건이다"라고 말한다. 이 의인은 하나님과의 관계 개선을 의미하는 용어이지, 실제로 죄인이 의로와지는 것은 아니다. 이 의인이 기독교인의 생활의 진정한 기초요 시작이다. 그런데 웨슬리는 바로 이 의로움을 받았다는 하나님의 말씀을 들을 때, 우리 안에서는 발생하는 사건에 집중한다. 그것이 새로운 삶(New Birth)이다. 이것은 새로 태어남이다. 이때 그리스도의 현존으로 인하여 성화가 뒤따른다.

　이러한 웨슬리의 입장은 루터의 칭의론을 온전하게 인정하면서도 동시에 넘어서고 있다고 볼 수 있다. 웨슬리는 루터의 '죄인이면서 동시에 의인'이라는 그리스도인의 실존적 이해를 넘어, '그리스도인의 완전'으로 나아감을 촉구하고 있기 때문이다. 웨슬리의 구원론은 칭의보다는 성화에 무게 중심이 둔 것이라 할 수 있다.

　'믿음으로 의롭다함'을 일컫는 '이신칭의'는 개신교 원리로 정식화되어 있다. 그러나 이신칭의는 자칫 믿음이 공로로 이해될 소지를 안고 있다. 이는 믿음을 잘못 이해한 것이다. 따라서 오히려 성경의 말씀대로 "은혜로 말미암아 믿음으로 구원을 받는다"는 표현을 제대로 사용해야 할 것이다. 믿음은 인간 편의 행위이지만 이 역시 하나님의 은혜의 선물이기 때문이다.

"믿음의 근거는 예수 그리스도입니다"

　우리가 믿는 대상은 하나님이시다. 그 하나님은 말씀으로 천지를 창조하시고, 인간에게 말씀하시는 하나님이시다. 예수 그리스도는 말씀에 계시된 진리이시다. 또한 말씀이 육신이 되어 우리 가운데 거하신 분이시다. 말씀 가운데 성령은 예수 그리스도에게로 우리를 인도하신다. 따라서 우리는 예수 그리스도를 구원자로 받아들이고, 그분을 통한 구원을 맛보게 된다. 믿음을 주시는 분은 삼위하나님이시다. 이 믿음은 예수 그리스도를 통해 우리에게 주어진 것이다. 예수 그리스도로 인해 우리는 하나님 앞에 나아갈 수 있게 되었다. 이 모든 것이 전적인 하나님의 은혜인 것이다. 따라서 믿음이란 예수 그리스도를 전적으로 의지하는 것이다.

　웨슬리는 올더스케이트 체험이전에 믿음을 "합리적인 어떤 근거에 동의하는 것이며 이성으로 해결될 수 있는 것"으로 여겼다. 즉 믿음은 하나의 인간적 행위, 곧 동의와 신뢰의 행위였다. 그러나 올더스게이트 체험 이후의 웨슬리에게 믿음은 더 이상 머릿속에서만 맴도는 생명 없는 차디찬 동의나 어떤 이론과 같은 사변이 아니었다. 오히려 마음의 상태가 되었다. 믿음은 그리스도의 보혈에 전적으로 의지하는 것이다. 곧 그리스도의 생애와 죽음과 부활의 공로에 전적으로 의지하는 일이다. 믿음은 하나님 아버지가 나를 사랑하사 독생자를 보내셨고, 외아들 예수 그리스도는 나의 죄를 대속하기 위하여 오셨다는 것을 성령의 역사를 통하여 확신하고 의지하는 것이다. 또한 우리는 그리스도를 인격적으로 신뢰하며 삶의 주인으로 모시고 믿음의 삶을 살게 된다.

제11장

칭의

칭의론은 왜 중요한가?

종교개혁의 3대 주요 사상은 오직 믿음, 오직 성경, 오직 예수 그리스도다. 특히 오직 믿음은 이신칭의 구속론을 가능케 하는 무대와 배경이 되었다. 중세 스콜라 신학이 보여준 이성에 대한 맹신은 인간을 하나님의 자리에 올려놓았고, '행함을 통한 구원'이라는 대범한 구원 이해를 펼쳐 보였다. 이는 인간이 철저한 죄인이라는 사실, 아담의 범죄로 하나님의 형상이 철저히 파괴되었다는 신앙적 성찰, 그리고 예수 그리스도의 십자가의 보혈의 공로로 죄 사함을 받았다는 하나님의 사랑과 은총을 망각한 것에 기인한 신학이다.

칭의 교리는 중세 가톨릭이 주장했던 '행함을 통한 구원'에 정면으로 대항한 것이다. 즉 원죄로 인한 인간의 곤궁을 정면으로 주시한 결과의 산물이다. 이는 가톨릭교회와 종교개혁자들의 대결에서 서로가 결코 포기할 수 없는 최종 방어전선이었다. 즉 칭의의 교리가 사라진다면 기독교의 모든 교리가 망실되는 것과도 같다. 이러한 의미에서 칭의 교리는 기독교 신학의 가장 핵심적인 교리이고, 종교개혁을 특징지우며, 개신교 신학의 근본토대가 되는 교리다.

우리를 '의롭다고 칭해주신다'는 칭의를 선언하시는 이는 인간이 아니라 하나님 자신이다. 칭의의 은혜는 인간의 내면적 상태를 감찰하신 다음 내리는 하나님의 평가가 아니다. 우리 내면의 상태와는 관계없이 인간 밖에서 하나님이 예수 그리스도의 십자가의 보혈의 은총을 믿는 자들에게 의롭다고 말씀하시는 법정적 선언이다. 그러므로 칭의는 인간이 종교적 훈련을 통해서 도달한 선함과 의로움의 상태가 아니다. 하나님께서 값없이 주시는 선물이다. 칭의의 은혜를 이해하고 칭의의 은총 속에 거하기를 원하는 인간은 경건치 않은 자를 의롭다고 여기시는 하나님의 은총을 먼저 깊이 묵상해야 한다.

이러한 칭의의 본질을 이해하기 위해서 우리는 다음과 같은 질문을 던질 필요가 있다. 첫째, 칭의의 교리가 종교개혁을 대표하는 교리라는 의미는 무엇인가? 나아가 성결교회의 신앙고백에서 칭의의 교리를 중요하게 생각하는 이유는 무엇인가? 둘째, 인간의 구원을 칭의론적 관점으로 이해한다는 것은 하나님과 인간의 관계를 어떻게 전망하고 있다는 것인가? 셋째, 죄인인 인간이 칭의의 은총을 덧입기 위해서 무엇이 필요한가?

"칭의는 삼위일체 하나님의 구속의 은혜입니다"

칭의(의롭다 칭함)는 영어의 justification(칭의)의 번역으로서, 어떤 학자는 이를 의인(義認 의롭다 인정함) 또는 선의로 번역하기도 한다. 칭의는 죄책에서 용서를 받고 하나님의 사랑을 받는 자리로 회복되는 것을 의미한다. 하나님께서 화목제물 되신 그의 아들의 보혈로 인하여 지난날의 죄들을 용서함으로 자기의 의를 나타내시는 하나님의 행위다. 사망의 선고를 받은 죄인을 생명으로 옮겨 놓는 하나님의 선언이다. 칭의는 하나님의 은혜의 역사로서 죄인이 실제로 의로워지는 중생과 구분된다. 다른 말로 표현하여 칭의는 하나님의 현재적 구원의 첫 사건이다.

사람이 하나님 앞에 의롭다 함을 얻은 것은 자기의 선행이나 공로로 된 것이 아니다. 오히려 예수 그리스도의 대속의 공로를 믿음으로 말미암아 의롭다 함을 얻는다. 이것이 인류에게는 복음이며, 성경이 가르친 명백한 교리다(롬 4:4-6, 롬 1:17, 3:24-26, 28, 창 15:6, 롬 5:1). 의롭다 함을 얻은 사람은 곧 죄사함과 중생함을 받은 자다(헌법 제17조. 칭의(稱義).

칭의(稱義)는 죄인을 의롭다고 인정하시는 하나님의 사법적 선언이다. 칭의는 회개한 죄인들이 오직 믿음(sola fide)으로 받는 삼위일체 하나님의 은혜의 선물이다. 첫째, 성부 하나님께서는 믿는 자들을 의롭다고 선언하시는 이신칭의의 은혜를 베푸신다. 둘째, 성자 예수 그리스도는 십자가의 희생으로 인류의 죄를 대속하시고, 하나님의 공의를 충족시킴으로써 칭의의 기틀을 마련하셨다. 셋째, 성령 하나님은 죄인들을 회개로 이끄시고, 회개의 열매를 맺게 하시어 믿음의 길로 인도하신다. 그리고 성령은 죄인들이 예수 그리스도의 보혈의 공로로 말미암아 의롭다 함을 얻었음을 증언하신다.

칭의는 사람이 실제로 변화하는 것이 아니라, 단지 사법적인 무죄 선언이다. 즉 하나님이 우리를 위해서(for us) 우리의 죄를 사해주시는 것이다. 그러므로 칭의는 하나님과의 관계 개선을 의미하는 것이지, 죄인이 실제로 의로워지는 것을 의미하는 것은 아니다. 그러나 비록 칭의가 우리 안에 (in us) 어떤 실제적인 변화로 나타나는 것은 아니지만, 그리스도인의 생활의 진정한 기초며, 시작이라고 말할 수 있다. 칭의란 죄인들을 향한 하나님의 선언적인 말씀을 통해서 일어나는 객관적이고 사법적 사실이다. 그러나 이 말씀을 들을 때, 우리 속에서는 새롭게 태어나는 사건(new birth)이 발생한다.

"칭의는 오직 믿음으로 받습니다"

우리가 하나님 앞에 의롭다 함을 얻는 것은 자기의 선행이나 공로로 되는 것이 아니다. 오직 예수 그리스도의 대속의 공로를 믿음으로 말미암아 의롭다 함을 받는다(롬 1:17). 칭의는 인류에게 복음이며, 성경의 명백한 가르침이다(롬 3:21-26, 28; 4:3-6; 5:1). 의롭다 함을 얻은 사람은 이제 거듭나게 된다. 칭의는 예수 그리스도가 대신 값을 치르고 속죄하신 것(롬 4:25)을 믿는 사람이 얻는 것이다(롬 3:28). 예수 그리스도의 의(고전 1:30)를 자기 것으로 믿는 자는 하나님의 은혜(엡 2:8)로 의롭다 하심을 받는다(롬 8:33).

하나님이 베푸시는 칭의의 은혜에는 세 가지 조건을 전제한다. 첫째, 하나님은 그의 위대한 자비와 은혜, 둘째, 예수 그리스도는 자기의 몸을 바쳐 피를 흘리셔서 하나님의 공의를 충족시킨 대속, 그리고 셋째, 우리에게는 예수 그리스도의 공로를 믿는 참되고 산 믿음이 그것이다. 이 세 가지가 충족되어야 하나님의 이신칭의는 가능하다.

하나님이 베풀어 주시는 칭의의 은혜를 받기 위한 조건은 "회개하고 믿는 것"이다. 회개라는 것은 자기 자신을 아는 것이다. 믿기에 앞서 깨닫는 것, 곧 자아의식이다. 회개에는 두 가지 종류 또는 단계가 있다. 첫째, 율법적인 회개, 둘째, 복음적인 회개다. 전자는 죄에 대한 철저한 깨달음이고, 후자는 깨달은 나머지 모든 죄에서 거룩하려는 마음을 갖는 것이다.

복음을 믿는다고 할 때, 복음의 주요 내용은 다음 세 가지를 의미한다. 첫째, 예수 그리스도가 죄인을 구원하시기 위하여 세상에 오셨다는 것을 믿는 것이다. 둘째, 하나님이 세상을 이처럼 사랑하사 그의 아들을 보내어 우리 대신 죽게 하셨다는 것을 믿는 것이다. 셋째, 예수 그리스도가 다른 사람들의 죄를 위하여 고난을 당하셨으며 그를 인하여 우리가 고침을 받았다는 것을 믿는 것이다. 여기에서 '믿는다'고 할 때 '이로 말미암아 구원을 받는 믿음'을 말한다. 즉 믿음은 분명한 신뢰와 신임을 수반한 믿음을 의미한다. 또한 믿음은 단순한 지적 동의를 넘어서 신뢰에 그 본질이 있다.

복음적 신인협동으로서의 칭의

루터와 칼뱅으로 대변되는 종교개혁자들이 주장했던 종교개혁의 기치는 이신칭의(justification by faith) 사상이다. 종교개혁자들의 이신칭의 사상은 선행으로 말미암은 칭의(justification by good works) 개념을 주장하는 가톨릭교회의 칭의론을 정면으로 배격했다. 웨슬리는 기본적으로 종교개혁적 전통에서 칭의 사건을 바라보았다. 그러나 웨슬리는 극단적인 신앙 지상주의자들이 빠질 수 있는 도덕 무용론의 위험을 경고했다. 왜냐하면 웨슬리는 율법과 복음의 관계를 성서적 진리의 양면이라고 생각했기 때문이다. 웨슬리는 일부 극단적인 종교개혁자들이 결코 분리해서는 안 될 신앙과 행위를 이분법적으로 분리하여 이해하고 있다고 판단했다.

그러므로 웨슬리는 율법을 죄, 사망, 지옥, 혹은 악마와 결부시켰던 루터와는 거리를 두었다. 대신에 그는 율법을 신적 본성이 유출된 도덕법으로서, 율법과 복음은 동일한 것의 다른 면에 불과하다고 적극적으로 평가했다. 동시에 그는 믿음이 칭의의 유일한 열쇠이지만, 회개와 회개에 합당한 열매가 필요함을 강조했다. 그럼으로써 복음주의적 개혁자들의 전통을 고수하면서도 선행(good work)의 중요성을 강조하여 신앙 지상주의자가 될 수 있는 위험 또한 경계했다. 그러나 분명한 것은 믿음이 없이는 의롭다 함을 받지 못하므로, 회개와 회개의 열매는 간접적으로 필요하지만, 믿음은 직접적으로 필요하다고 말할 수 있다. 하나님의 은총의 절대적인 주도권을 인정하면서도 회개와 그 열매를 통한 수동적이고 간접적인 인간의 응답도 요청했다.

칭의는 그리스도의 의를 덧입는 것이기에 사람의 행위가 아니다. 칭의는 오직 하나님의 은혜로 인하여 믿음으로 받는 것이다 (엡 2:8-9). 하나님은 자신이 죄인임을 철저하게 고백하는 자의 죄를 용서하신다. 칭의의 은혜는 죄책으로부터 인간을 자유롭게 한다. 칭의는 이미 깨끗해진 사람이 아니라 부정한 자를 의롭게 하시는 삼위일체 하나님의 구원의 은혜다. 죄인인 인간은 이러한 삼위일체 하나님의 칭의의 은혜에 회개와 믿음으로 응답해야 한다. 칭의의 은혜를 받은 죄인은 사망에서 생명으로 옮겨진다(요 5:24). 나아가 하나님과 화평을 누리게 된다(롬 5:1).

제12장

중생

중생은 왜 중요한가

중생의 교리는 칭의의 교리와 중복되는 측면이 있다. 중생과 칭의는 구원 교리의 출발점이다. 종교개혁 전통을 지키는 교회에서는 구원의 교리를 설명할 때 칭의의 교리만으로 충분하다고 강조했다. 그러나 경건주의 전통과 성결 전통, 그리고 오순절 전통은 약간 해석의 결을 달리한다. 그들은 칭의의 교리가 인간 밖에서 우리를 향하신 하나님의 법정적 선언이기 때문에 구원의 객관적 측면은 잘 드러내고 있다는 점은 인정했다. 그러나 칭의의 교리는 인간 안에서 성령을 통해서 이루어지는 영적인 변화는 담아내지 못한다고 평가했다. 그래서 구원을 이해할 때, 보다 주관적이고 경험적인 인간 내면의 변화를 설명할 수 있는 중생이라는 구원 개념이 필요하다는 것을 인지했다.

중생의 은혜는 칭의, 신생, 양자 됨의 은혜를 모두 포함하는 집합명사와도 같다. 이러한 집합명사로서 중생은 구원의 은총이 가져다주는 법적인 변화뿐만 아니라, 실제적인 내면의 변화 및 하나님과의 관계의 변화까지 포괄적으로 묘사하는 용어다. 구원의 은혜를 묘사하는 칭의와 함께 중생을 신앙고백서에 넣은 이유는 성결교회의 신앙적 전통이 종교개혁적 개신교 전통에 충실하면서도 경건주의 및 성결운동의 흐름 속에 있음을 뜻하기 때문이다. 개신교의 복음주의적 신앙 전통 속에 있는 성결교회의 신앙고백서에 중생의 교리를 포함시켜야 하는 당위가 여기에 있다. 그러면 중생의 교리는 왜 그렇게 중요하고 우리에게 필요한가?

첫째, 영적인 새 생명을 얻기 위해 필요하다. 아담이 선악과를 따먹고 범죄한 직후 아담은 영적인 죽음을 당했다. 웨슬리는 죽음을 '분리'로 이해했다. 즉 육신이 영혼과 분리될 때 죽는 것처럼 영혼은 하나님과 분리될 때 죽는 것이다. 인류의 조상 아담은 금단의 열매를 따먹은 그 시간부터 하나님으로부터 분리되어, 하나님의 생명으로부터 소외된 존재가 되었다. 그 후 아담의 모든 자손은 영적 죽음을 지닌 채 태어난다. 이러한 영적 죽음은 하나님의 성령으로 다시 태어나야만 한다. 영적 분리가 영적 교제로 회복되어야 하기 때문에 인간은 성령으로 거듭나야 한다.

둘째, 중생은 성결을 위해서 필요하다. 창조 시에 인간은 하나님의 형상을 지니고, 원의(original righteousness)를 소유하였으나, 타락하면서 모두를 상실했다. 이제 인간은 상실했던 하나님의 형상을 회복하고 그의 본성과 기질이 의와 거룩함으로 변화되어야 한다. 그리고 하나님을 사랑하는 자가 되어야 한다. 우리가 거듭나서 마음의 형상이 새로 지음을 받기 전에는 성결은 존재할 수 없다.

셋째, 중생은 인간이 구원을 얻기 위하여 절대적으로 필요하다. 도덕적으로 아무리 깨끗하고 정직한 사람도 중생하지 않으면 지옥의 가장 밑바닥에 떨어지고, 불못 속으로 던져지게 될 것이라고 웨슬리는 말했다. 그러므로 중생은 구원을 얻는데 가장 기본적인 단계이며, 구원의 문이다.

넷째로, 중생은 내세에서 뿐만 아니라, 현세에서 행복의 절대적 조건이다. 왜냐하면 사악한 인간은 행복할 수 없기 때문이다. 어떤 영혼도 죄가 지배하고 있는 한 그 속에 행복이 있을 수 없다. 행복은 우리가 중생하고 악한 본성이 변화될 때 마음 속에 자리 잡는다.

"중생은 삼위일체 하나님의 사역입니다"

성부하나님은 생명 창조의 유일한 주체로서 생명의 원천이다. 성자하나님은 생명의 중보자로서 십자가의 보혈의 공로로 생명의 길이 되시는 분이다. 성령하나님은 생명의 영(롬 8:2)으로서 우리를 회개하게 하시고 예수 그리스도에게 인도하시는 분이다. 삼위일체 하나님은 새 생명을 주시고 새로운 피조물로 변화시키는 중생의 은혜를 주신다. 중생의 은혜는 살아 있고 항상 있는 하나님의 말씀(엡 5:26; 벧전 1:23)을 듣고 회개하는 자(눅 15:17-18, 19:8-9)를 성령이 예수 십자가 보혈의 은혜 가운데로 인도하시는 것이다(요 3:5, 6:44-47).

예수 그리스도는 인류의 유일한 구원자다. 인류의 속죄를 위한 유일한 제물이다. 인류의 속죄를 위해 자신을 제물로 바친 유일한 제사장이다. 육신이 되셔서 인류와 함께 계신 성전이다. 예수 그리스도는 인류의 죄를 담당하시고 십자가의 죽음을 통해 인류의 죄에 대한 하나님의 심판과 형벌을 대신 받았다. 그리스도는 죽은 후 사흘 만에 다시 살아나 하늘로 올라가 인류를 그 죄에서 완전히 해방하신 하나님으로서 인류의 유일한 구원자다.

예수 그리스도는 세상에 와서 인류 각 사람에게 비추는 빛이다. 요한복음 1장 9~12절 말씀이다. "참 빛 곧 세상에 와서 각 사람에게 비추는 빛이 있었나니…… 영접하는 자 곧 그 이름을 믿는 자들에게는 하나님의 자녀가 되는 권세를 주셨으니"(요 1:9~12). 예수의 십자가 구원의 은혜로 인하여 최초의 사람 아담의 후예인 인류는 자기의 죄와 자기가 죄인인 것과 자기를 구원할 능력이 없음을 깨닫고, 슬퍼하고, 회개하게 되었다. 그리고 오직 예수만이 하나님의 아들 그리스도이심을 알게 되고, 믿게 되었다.

따라서 우리는 성령의 도우심을 받아 자기 죄를 회개하고 예수의 십자가 속죄를 믿어야 한다. 자기가 지은 죄를 용서받아 하나님께 의롭다 하심을 받을 것이다(롬 5:9). 성령으로 출생하여 하나님의 자녀가 되는 권세를 받을 것이다(요 1:12). 새 생명을 얻고(요 3:16), 심령과 인격 전체에 근본적인 변혁을 경험할 것이다. 고린도후서 5장 17절 말씀이다. "그런즉 누구든지 그리스도 안에 있으면 새로운 피조물이라 이전 것은 지나갔으니 보라 새것이 되었도다".

"중생은 영으로 나는 것입니다"

거듭남은 영적으로 새롭게 태어나는 것이다(요 3:3). 물과 성령으로 나는 것이다(요 3:5). 죄를 씻고 성령이 새롭게 하시는 것이다(딛 3:5). 육으로 난 것은 육이요 영으로 난 것은 영이다. 성령으로 새로 태어난 사람은 하나님의 나라 백성이 되어 천국에 들어갈 자격을 얻는다. 하나님 나라의 세계가 열려 하나님의 나라를 알고 소망하는 삶을 살게 된다(요 3:3-5). 사망에서 생명으로 옮겨진 존재가 된다(요 3:36; 5:24; 요일 3:14). 자범죄를 용서받고, 성령에 의한 초기 성화가 시작된다. 옛사람을 벗어버리고 새사람을 입는 삶을 산다(골 3:9-10). 중생의 은혜는 인간에게 죄의 권세로부터 자유함을 주고, 하나님의 뜻을 따라 선을 행할 수 있게 한다. 중생은 하나님으로부터 오는 신비에 속한 영적 변화다(요 1:13; 요일

4:7, 5:1).

중생은 하나님이 인간의 마음 속에서 일으키는 큰 변화다. 이것은 죄로 죽은 영혼이 그리스도 안에서 새로 지음을 받아 의와 참된 거룩함으로 하나님의 형상으로 새로 나는 것이다. 그리하여 세상을 사랑함이 하나님을 향한 사랑으로, 교만은 겸손으로, 혈기는 온유로, 미움, 시기, 악의는 성실과 온정과 인류애로 변화한다. 한마디로, 땅에 속한 정욕적이고 악마적인 마음이 '그리스도 예수의 마음'으로 바뀌는 변화다. 이것이 바로 중생의 본질이며, 성령으로 태어난 사람은 다 이와 같다.

"중생은 하나님의 은혜입니다"

중생의 은혜는 모든 사람이 자기의 죄를 회개하고 십자가에 달려 속죄의 피를 흘린 예수 그리스도를 믿을 때, 성령의 역사로 새 생명을 얻는 것이다. 인간은 중생의 은혜를 통해서 심령과 인격 전체에 근본적인 일대 변혁을 경험한다. 하나님은 세상을 사랑하셔서 독생자를 주셨고, 그를 믿는 자마다 멸망하지 않고 영생하게 하신다(요 3:16). 모든 사람은 죄를 범하였기 때문에 하나님의 영광에 이르지 못한다. 인간은 하나님의 값없는 은혜로 그리스도 예수 안에서 속량하시는 중생의 은혜를 경험한다(롬 3:23-24).

하나님의 사랑은 예수 그리스도를 십자가 죽음에 내어주실 때

절정에 달했다. 곧 예수가 십자가에 달려 땅에서 들리실 때 하나님의 사랑은 절정에 이르렀다. 예수는 자신의 죽음을 통해 하나님의 사랑을 드러내셨다. 로마서 5장 8절 말씀이다. "우리가 아직 죄인 되었을 때에 그리스도께서 우리를 위하여 죽으심으로 하나님께서 우리에 대한 자기의 사랑을 확증하셨느니라". 바울은 우리의 구원을 위해 베푸신 사랑을 은혜라는 단어로 표현한다. 하나님의 사랑을 확증하는 예수의 십자가 죽음은 인류가 죄인이었을 때 인류의 속죄를 위한 죽음이었기 때문이다. 에베소서 2장 8~9절 말씀이다. "너희는 그 은혜에 의하여 믿음으로 말미암아 구원을 받았으니 이것은 너희에게서 난 것이 아니요 하나님의 선물이라 행위에서 난 것이 아니니 이는 누구든지 자랑하지 못하게 함이라".

사도 바울의 설명대로 의인을 위하여 죽는 자가 쉽지 않다. 착한 사람을 위하여 용감하게 죽는 자가 혹 있다. 그러나 죄인을 위하여 죽는 것은 어렵거나 불가능하다. 경건하지 않은 사람을 위하여 죽는 사람은 거의 없거나 아예 없다(롬 5:7). 그러나 하나님은 죄인의 속죄를 위하여 자기의 유일한 아들을 제물로 바치셨고, 예수는 죄인의 속죄를 위하여 자기 목숨을 제물로 바치셨다. 이렇게 하나님은 우리가 자격이 없음에도 불구하고 우리에게 구원의 호의를 조건 없이 베푸신 까닭에 우리는 오직 은혜로만 구원을 받는다. 우리는 오직 하나님의 은혜에 의한 회개와 믿음으로만 구원을 받는다.

회개와 믿음은 우리의 공로가 아니고 하나님의 은혜다. 하나님이 먼저 인간을 사랑하셨다. 예수는 먼저 우리를 비추는 빛이 되셨기 때문에 우리는 자기 죄를 회개하고 그분의 속죄를 믿을 수 있게 되었다. 하나님께서 모든 사람을 사랑하시는 까닭에 모든 사람의 구원을 위해 자기 아들을 주셨다. 하나님은 사랑이시고(요일 4:8) 모든 사람을 사랑하신다(요 3:16). 따라서 하나님은 우리가 멸망하지 않고 영생 얻기를 원하신다. 하지만 우리는 자기를 구원할 능력이 없다. 그래서 하나님은 자신의 독생자를 인류 구원을 위한 제물로 바치셨다. 요한복음 3장 16절 말씀이다. "하나님이 세상을 이처럼 사랑하사 독생자를 주셨으니 이는 그를 믿는 자마다 멸망하지 않고 영생을 얻게 하려 하심이라"(요 3:16).

"중생의 은혜는 칭의와 양자 됨을 포괄합니다"

칭의는 "관계적인 변화"를 의미하며, 중생은 "실제적인 변화"를 뜻한다. 우리를 의롭다고 칭해주심으로써 하나님은 우리를 "위해" 일하시며, 우리를 거듭나게(중생) 하심으로써 하나님은 우리 "안에서" 일하신다. 칭의는 우리와 하나님과의 "외적인 관계"를 변화시키고 그로 인하여 원수가 되었던 우리가 하나님의 자녀가 된다. 중생은 우리 영혼의 "내적인 관계"를 변화시켜 죄인을 성도가 되게 하는 것이다. 칭의는 우리를 "하나님의 사랑"에로, 중생은 "하나님의 형상"에로 회복시킨다. 칭의는 "죄책"을 제거하며, 중생은

"죄의 능력"을 제거한다.

양자가 되는 일은 하나님의 선언적 행위다. 그로 인해 우리는 예수 그리스도에 대한 믿음 안에서 의롭다 인정받음과 동시에 하나님의 가족으로 받아들여진다. 나아가 하나님의 자녀로서의 특권이 회복된다. 양자된 자는 하나님의 영을 가진 자들이다. 양자됨은 하나님이 칭의에서 실제로 선언하신 바를 실행한다는 의미를 갖고 있다. 즉 인간은 용서를 받으면 받아들여진다. 영접되는 것이다. 영접되었기 때문에 그는 하나님의 자녀들과 친교할 수 있는 양자가 되었다. 아울러 하나님의 상속자이자 그리스도와 공동 상속자가 된다.

동시 사건으로서의 칭의, 중생, 양자됨

중생은 칭의, 신생, 양자 됨과 동시에 임하는 복음이다. 칭의는 법적 변화를 강조한다. 신생 혹은 중생은 실제적인 내면의 변화를 의미한다. 양자됨(롬 8:15-16)은 하나님의 자녀가 되는 관계의 변화를 뜻한다. 중생은 실제적인 내면의 변화를 일컫는다. 성령은 내주, 임재, 역사하심으로 신자를 영적으로 변화시키신다. 성령에 의해 회복된 인간은 그리스도 안에서 새로운 피조물로서의 새 삶을 살아간다(고후 5:17).

칭의, 중생, 그리고 양자 이 셋은 하나의 사건이며, 동시적 사건, 즉 최초의 구원 사건이다. 다만 관점에 차이에 따라서 다르게 설명될 뿐이다. 이들은 하나의 구원 사건을 말하지만, 칭의는 사법적 관점에서, 중생은 영적, 도덕적 관점에서, 그리고 양자는 가족적 관점에서 설명한 것이다. 물론 동시적으로 일어나는 사건이지만, 논리적 순서로 설명될 때는 칭의, 중생, 양자의 순서가 옳다. 죄 용서를 받아야(칭의) 거듭나며(중생), 거듭나야 하나님의 가족(양자)이 될 수 있기 때문이다. 이 셋을 하나의 단어로는 회심(conversion)이라고 한다. 칭의가 죄책(guilt) 제거와 관계가 있다면, 중생은 죄의 세력을 제거함으로써 거룩한 삶을 사는 성화의 시작(Initial Sanctification)이다.

양자는 '아들로서의 지위를 주는 것'이며 '하나님의 가족 안에 받아들여져서 아들로서의 특권을 회복하는 일'이다. 칭의는 우리의 죄책을 제거하고, 중생은 우리의 마음을 변화시킨다. 그리고 양자가 됨으로써 우리가 하나님의 가족으로 받아들여진다. 칭의로 새 위치(new standing)을 얻고, 중생으로 새 생명(new life)을 얻고, 양자가 됨으로써 새 지위(new position)를 얻는다. 양자가 됨으로써 하나님의 자녀가 되는 특권을 누리고, 하나님의 영원한 기업을 상속받을 권리와 자격을 얻는다.

제13장

성결

성결은 왜 중요한가

성결의 교리는 성결교회의 정체성과 직결되는 핵심적 교리다. 성결교회를 성결교회 되게 하는 교리가 바로 성결의 교리다. 성결의 교리는 종교개혁의 이신칭의 교리와 '의인이면서 동시에 죄인'이라는 인간론을 포함하면서도 초월하는 것이다. 장 칼뱅 중심의 개혁주의 전통의 교회들은 성결의 교리를 인정은 하지만 종말론적으로 보려는 경향이 있다. 그리고 그들은 중생을 '전가된 의'(imputed righteousness)로, 성결을 '분여된 의'(imparted righteousness)로 이해하려는 태도를 보인다. 성결교회는 이들의 이해를 비평적으로 수용한다. 왜냐하면 성결의 교리가 중생의 교리와 함께 믿음의 소산임을 분명하게 인정하고 있기 때문이다.

성결교회는 성결을 성령세례와 함께 이루어진다는 성경적 선언에 근거한 성령세례의 관점을 수용하며, 이신칭의를 강조하는 종교개혁 전통의 한계를 넘어서고 있다. 따라서 성결교회는 종교개혁과 동시에 경건주의, 또한 동방교회의 구원론적 전통, 그리고 오순절 성령세례의 흐름을 하나로 모은 종합적인 개념이라 할 수 있다.

이러한 신학적 흐름을 견지하면서 우리는 다음과 같은 질문을 제기할 수 있다. 첫째, 성결의 교리는 종교개혁 전통을 수용할 수 있는 믿음의 구조다. 그러나 종교개혁 전통은 성결의 교리를 포용할 수 있는가? 둘째, 성결의 교리가 품고 있는 다채로운 신학적 흐름을 분석할 수 있는가? 그리고 여러 가지 신학적 흐름 중에서 오늘날 성결교단이 강조해야 할 성결에 대한 입장은 무엇인가? 셋째, 성결의 교리, 혹은 그리스도인의 완전이 의미하는 실체적 모습은 무엇인가?

"성결은 삼위일체 하나님의 명령입니다"

성부 하나님은 "내가 거룩하니 너희도 거룩하라"(레 19:2)고 명령하신다. 성자 예수 그리스도도 하늘에 계신 아버지의 온전하심과 같이 너희도 온전하라 명하신다(마 5:48). 성화의 사역을 수행하시는 성령 하나님은 성도를 거룩하게 하신다(살후 2:13). 따라서 우리는 삼위일체 하나님의 명령에 순종하여 거룩함을 온전히 이루고, 영혼과 육체를 예수 그리스도의 보혈로 온전하게 씻음받아(고후 7:1), 모든 행실에 거룩한 자가 되어야 한다(벧전 1:15-16). 이처럼 삼위일체 하나님은 영과 혼과 몸의 전인적 성결을 우리에게 요청하신다(살전 5:23).

루터는 이신칭의의 은혜만을 독점적으로 강조했다. 그는 칭의 이후에도 인간은 의인이면서 동시에 죄인의 모습으로 규정했다. 한편 이중예정을 구원의 시작으로 정한 칼뱅은 인간에게서 성결한 삶을 기대할 수 없다고 단정했다. 그에 따르면, 성결은 죽음에 이르러서야 인간이 겨우 맛볼 수 있는 은혜 정도로 치부하고 있다.

이에 반하여 사중복음의 성결은 성령세례를 통해서 중생한 자들이 점진적인 성장과 즉각적인 고양을 통해서 맛볼 수 있는 현재적 은혜라고 말한다. 이 은혜를 체험한 우리는 뒤로 넘어지는 것(백슬라이딩, Back Sliding)을 조심하면서 영화의 은혜로 나아가야 한다.

복음적 회개로 시작되는 성결

칭의 이후에 결과적으로 오는 회개는 칭의 이전에 오는 회개와는 아주 다르다. 여기서 말하는 회개는 죄책이나 정죄나 하나님의 진노에 대한 인식과 관련된 것이 아니다. 칭의 이후의 회개는 하나님의 사랑을 조금도 의심하지 않는다. 이는 성령의 역사로 일어나는 깨달음이다. 곧 우리 마음 속에 아직 남아 있는 죄를 깨닫는 것이다. 이 죄는 '육체에 속한 마음'이다. 중생한 사람들 속에도 그것이 지배하여, 비록 우세하지는 않지만 여전히 남아 있는 바로 그 죄다. 이것은 악으로 흐르는 성향이다. 여기서 회개란 우리 안에 타락하기 쉬운 마음이 아직 머물러 있어 성령에 거슬리는 육의 경향성을 깨닫고 돌이키는 것을 의미한다.

복음적 회개는 흔히 내적 변화, 곧 죄에서 거룩해지는 마음의 변화를 의미하는 율법적 회개와는 전혀 다른 차원이다. 복음적 회개란 일종의 자아 인식으로써, 자기 자신을 죄인으로 아는 것이다. 비록 내가 하나님의 자녀임을 인정한다 하더라도 여전히 나는 죄에 대하여 책임이 있고 무능한 죄인이라는 것을 스스로 인식하는 것이다. 믿는 자는 하나님께로부터 났으며, 또 하나님께로부터 난 자는 죄를 짓지 않는다는 것을 우리는 인정한다. 그러나 우리는 우리의 마음 속에 있는 죄에 대하여 느끼지 않는다고 말할 수 없다. 그 죄가 우리를 지배하지는 않지만, 여전히 죄가 남아 있는 것이다. 그래서 우리의 마음 속에 남아 있는 이 죄에 대하여 깨닫는 것이 복음적 회개다. 이러한 회개만이 우리를 성결의 은혜로 나아갈 수 있게 해 준다.

우리가 믿음으로 의롭다 하심을 얻는 것과 같이 성결도 믿음으로 말미암아 받는다. 칭의의 진리는 성결의 도리를 잘 설명해 준다. 우리가 믿음으로 의롭다 하심을 받는 것과 마찬가지로 우리는 믿음으로 말미암아 성결함을 입는다. 그러므로 이 믿음이 성결의 조건이다. 칭의에서 그랬듯이 성결에 있어서도 이 믿음이 유일한 조건이다. 믿는 자는 그가 무엇을 가졌느냐 못가졌느냐 상관없이 성결함을 받는다. 그 누구도 믿기 전에는 성결함을 받지 못한다. 그러나 믿을 때에는 누구든지 성결함을 받을 수 있다. 이러한 의미에서 중생은 초기적 성화다. 그리고 은총을 통해서 점진적으로 성장을 하면서 성령세례를 통해 믿음이 순간적으로 고양되는 완전한 성결의 체험을 한다. 완전한 성결을 경험한 이후에도 여기서 그치지 않고 영화의 은혜로 걸어 나가야 한다.

"성결은 하나님의 형상을 회복하는 것입니다"

성결은 죄에서 분리되어 하나님의 모습과 하나님의 뜻에 일치하는 것이다. 하나님의 형상(창 1:27)이 회복된 그리스도인은 의도의 순수성과 사랑의 완전으로 나아간다. 예수 십자가의 보혈과 성령의 불은 죄악의 뿌리를 소멸시키고, 아담으로부터 유전된 원죄의 부패성을 제거한다(롬 6:6; 엡 4:22-24; 히 12:15). 성결의 결과로 우리는 우리 속에 남아 있는 교만, 욕망, 욕정, 이기심, 분노, 복수심, 세상사랑 등 육신에 속한 죄들을 제거한다. 따라서 성결한 그리스도인은 죄의 본성으로부터 자유롭게 되는 큰 기쁨을 경험한다(요 14:27, 빌 4:4-6). 성령은 성결의 은혜를 받은 그리스도인을 깨어 기도하게 하고, 다른 형제와 자매를 섬기는 삶을 살아가게 한다(엡 5:21; 6:18). 성결한 삶의 열매는 사랑, 희락, 화평, 오래 참음, 자비, 양선, 충성, 온유, 절제다(갈 5:22-23).

의도의 순수성, 마음의 할례, 사랑에의 완전

성결은 하나님에게 생의 모든 것을 바치고자 하는 의도의 순수성이다. 하나님에게 우리 마음의 모든 것을 드리는 것이고, 우리의 모든 감정을 다스리고자 하는 하나의 의도와 소원이다. 성결은 어느 일부분이 아니라, 하나님께 우리의 영혼과 몸과 본질의 모든 것을 헌신하는 것이다. 성결은 예수 그리스도가 걸으셨던 것처럼 우리도 걸을 수 있도록 하시는, 그리스도 안에 있었던 마음의 모든 것이다. 성결은 외적인 더러움 뿐만 아니라 내적인 더러움을 포함한 모든 더러움에서 깨끗하게 하는 마음의 할례. 성결은 하나님의 온전한 형상 안에서, 마음을 지으신 하나님을 온전히 닮아서 마음이 새로워지는 것이다. 나아가 성결은 마음을 다하여 하나님을 사랑하고 이웃을 우리 자신과 같이 사랑하는 것이다.

"성결은 성령 충만의 은혜를 수반하는 성령세례입니다"

성결은 점진적 성화 가운데 성령충만을 통해 순간적으로 받는 성령세례다. 중생은 초기적 성화며, 성결은 온전한 성화, '기독자의 완전'이다. 칭의 이후에 오는 특별한 은총으로서 사랑 충만의 은혜다. 현재의 삶 속에서 하나님의 구원을 깊이 체험하며 사는 '현재적 구원'이다. 인간의 죄책과 죄의 본성, 즉 부패성에서도 구원받아 죄를 이기고 살아가는 '온전한 구원'이다.

성결을 성령세례로 해석하는 웨슬리안 사중복음의 견해는 다른 성결운동의 성결해석과 비교해 볼 때, 매우 독특하고 특별하다. 특히 죄론과 연동해서 해석되는 성결론은 매우 각별하다. 웨슬리안 사중복음은 성령세례를 통해서 죄가 제거된다고 믿는다. 그러므로 성결은 죄의 박멸이며, 동시에 하나님 형상의 온전한 회복이다.

이에 반하여 케직파는 성결을 성령세례로 이해한다는 측면에서는 웨슬리안 사중복음과 유사하지만 죄가 멸절되는 것이 아니라 억압된다고 주장한다는 면에서는 분명한 차이를 보이고 있다. 한편 개혁교회의 부흥운동 전통에서는 성령세례를 성화와 직접적으로 연결하는 대신에, 사역을 위한 능력 부여 정도로 이해한다.

한편, 제3의 축복으로 성령세례를 정의하고 있는 오순절 운동에서는 성결과 성령세례를 분리한 후, 성령세례를 방언과 동일하게 이해한다. 동시에 성령의 은사를 강조하는 흐름으로 성령세례를 해석한다. 이러한 오순절 운동의 성령세례 이해에 반하여, 웨슬리안 사중복음의 성령 이해는 성령의 은사(능력)보다는 성령의 열매(성품)를 강조하는 측면이 강하다.

"성결은 점진적 성화의 과정 중에 순간적으로 체험하는 현재적 은혜입니다"

성결은 하나님의 특별한 은혜로 성도를 온전하게 하는 복음이다. 성결의 은혜는 말씀과 기도로 경건의 삶을 힘쓰는 성화의 과정 가운데(살전 4:3, 벧전 1:14-15), 성령의 역사로 순간적으로 체험하게 된다. 순간적인 성결을 경험한 성도들은 하나님의 말씀(엡 5:26-27, 히 4:12), 그리스도의 보혈(요일 1:7), 믿음(행 15:8-9), 기도(눅 11:13, 사 6:1-10)를 통해서 계속 성령의 충만을 받아(행 4:31; 엡 5:18) 성결을 유지하며, 궁극적으로 영화(롬 8:30)의 단계로 나아간다.

성결의 은혜는 죄를 다스리는 하나님의 능력(고후 10:4)으로써, 성도가 죄를 극복하고 넉넉히 이기게 한다(롬 8:35-37). 궁극적으로 성결의 은혜는 하나님 아버지의 온전하심과 같이 성도를 온전하게 한다(마 5:48). 성령세례를 받은 성도는 율법의 완성인 사랑을 온전히 이루게 된다(롬 13:10). 그러나 우리가 분명히 기억해야 할 것이 있다. 성도가 칭의를 받고 점진적 성화과정에 있다고 해도 넘어질까 조심해야 한다. 웨슬리는 칭의 후 타락 가능성에 대해 경고했다.

"...완전한 죄를 짓고 씻은 후 점진적 성화과정에 들어간 사람, 하나님께서 거룩하고 의롭다고 판단하시는 그 사람들, 마음을 정결케 하며 선한 양심을 가진 믿음의 사람들, 좋은 감람나무인 사람들, 영적이고 보이지 않는 교회에 접붙임을 받은 사람들, 참 포도나무의 가지, 그리스도께서 '나는 포도나무요 너희는 가지'라고 말씀하시는 그 사람들, 그리스도를 너무나 잘 알고 있기에 그 지식으로 세상의 더러움을 피한 사람들, 예수 그리스도의 얼굴에 비추인 하나님의 영광의 빛을 보고 성령을 받아 증인이 되고 성령의 열매를 맺은 사람들, 하나님의 아들을 믿는 믿음으로 사는 사람들, 언약의 피로 거룩하게 된 사람들도 하나님으로부터 떨어져 나가 영원히 멸망을 받을 수 있다"(Works: "Serious Thoughts upon the Perseverance of the Saints,")

그러므로 섰다 하는 자는 항상 넘어질까 조심해야 한다. 웨슬리의 이런 주장은 칼뱅주의의 "성도의 견인" 교리와 배치된다. 웨슬리는 하나님의 은혜를 붙잡고 끝까지 순종함으로 구원에 이르라는 바울의 말씀을 그대로 전했다. "그러므로 나의 사랑하는 자들아 너희가 나 있을 때 뿐 아니라 더욱 지금 나 없을 때에도 항상 복종하여 두렵고 떨림으로 너희 구원을 이루라 너희 안에서 행하시는 이는 하나님이시니 자기의 기쁘신 뜻을 위하여 너희로 소원을 두고 행하게 하시나니"(빌 2:12-13).

성결은 점진적 성화의 과정 중에 하나님의 베푸신 순간적 은혜로, 제2의 은총이다. 죄의 뿌리가 제거되는 현재적 구원이라고 볼 수 있는 것은, 지금 여기에서 경험되는 것이기 때문이다. 현재 하나님의 크신 은혜로 누리는 축복이며, 은혜며 충만함이다.

중요한 것은 성결의 은혜에 있어 '순간성'을 인정하는 것이다. 하나님의 은혜가 임하는 것은 언제나 순간적이다. 이 순간은 이러한 역사가 일어나기 이전의 모든 점진적 차원을 포함한 순간이다. 마치 물의 끓는 온도가 섭씨 100도가 되어야 하는 것과 같다. 성결의 은혜를 말할 때 이 순간성을 포기하지 않아야 성결을 베푸시는 하나님의 주권을 말할 수 있다. 이 순간은 인간이 만들어내거나 인간의 힘으로 도달할 수 있는 순간이 결코 아니기 때문이다. 오직 하나님만이 우리의 구원을 이루어가시고 주도하시는 분이시다.

'완전 성화' 또는 '온전한 성결'에 대한 다양한 오해와 신학적 논의가 있는 것도 사실이다. 이에 대해 웨슬리가 "기독자 완전에 대한 평이한 설명"이라는 설교에서 잘 가르치고 있다. 이를 정리한 다음의 내용이 도움이 될 것이다.

성결의 본질에 대한 열 가지 이해

⑴ 완전이란 존재한다. 성경은 그 사실을 반복하여 언급하기 때문이다.
⑵ 성결은 칭의보다 앞에 오지 않는다. 의롭다 하심을 입은 사람들은 '완전한 데로 나아가야' 하기 때문이다(히 6:1).

⑶ 성결은 죽음 이후에 오는 것이 아니다. 사도 바울은 살아 있는 사람 중에 온전해진 자들에 대해 말하고 있다(빌 3:15).

⑷ 성결은 절대적이지 않다. 절대적인 완전은 사람에게 속한 것이 아니요 천사에게 속한 것도 아니고 오직 하나님께 속한 것이다.

⑸ 성결은 실수하지 않는다는 것이 아니다. 사람이 몸을 입고 사는 동안 실수하지 않는 사람은 아무도 없다.

⑹ 성결은 무죄한 것인가? 어휘를 가지고 씨름할 것이 아니다. 성결은 "죄로부터의 구원"이다.

⑺ 성결은 "완전한 사랑"(요일 4:18)이다. 이것이 완전의 본질이다. 성결의 열매는 항상 기뻐하고 쉬지 말고 기도하며 범사에 감사하는 것이다(살전 5:16-18).

⑻ 성결은 지속적으로 성장한다. 성결은 어느 한 점에 꼼짝 않고 머물러 있을 수도 없고 성장하지 않을 수도 없다. 사랑 안에서 완전해진 사람은 이전보다 더 빨리 은혜 가운데서 성장한다.

⑼ 성결은 잘못을 범할 수 있고, 상실할 수도 있다. 우리는 그런 경우를 수없이 알고 있다.

⑽ 성결의 전후에는 항상 일종의 점진적인 과정들(a gradual works)이 있다.

제14장

신유

신유는 왜 중요한가

성결교회가 믿고 고백하는 신유는 하나님의 치유(Divine healing)다. 이는 믿음의 치유(faith healing)와는 다른 의미의 치유다. 믿음의 치유란 신자의 신앙을 근거하여 하나님에게 청원하는 개념의 치유다. 그러나 하나님의 치유 개념은 치유의 주관자 되시는 하나님에게 전적으로 모든 것을 맡기는 것을 의미한다. 그렇다고 해서 믿음의 치유를 부인하는 것은 물론 아니다. 오히려 믿음의 치유를 인정하면서도 이를 넘어선 치유의 주권자 되시는 하나님을 의지하는 믿음이다.

믿음의 치유는 병자를 자신의 병에 집중하게 만드는 경향이 있다. 그리고 치유 기도의 결과로 병자의 믿음을 판단할 위험성이 있다. 그러나 하나님의 치유는 하나님에게 집중하게 한다. 그리고 하나님의 주권을 인정한다. 병자가 자신의 병으로부터 회복되든 혹은 그렇지 않든 모든 상황은 하나님의 주권 아래 있다는 신앙이다.

하나님의 치유는 병 자체에 대한 관심보다는 병을 고쳐주시는 하나님에게 집중하게 하는 신학 이론을 제시해 주었다. 성결교회의 신유 교리는 장로교를 비롯한 개혁교회 전통이 고수해 온 '은사중단론'의 주장에 제동을 걸어 주었다. 사도시대와 교부시대부터 심지어 중세 가톨릭교회에서조차 '병자성사'라는 치유 전통은 계속되었다. 그런데 종교개혁의 힘찬 깃발 아래 가톨릭의 일곱 가지 성례가 세례와 성찬만을 남기고 축소되는 과정에서 병자들에 대한 치유전통이 유실되고 말았다. 특히 개혁교회 전통에서는 기독교의 은사 전통을 오순절 사건에서 종결된 것으로 이해했다. 따라서 그들은 오순절 이후에는 은사가 중단되었다는 주장을 펼쳤다. 종교개혁 전통과 장로교 개혁교회 전통이 강력하게 작동했던 주류 개신교회는 '은사중단론'을 기정 사실로 받아들이는 분위기였다. 개신교 전통에서는 치유를 포함한 성령의 은사는 신약시대의 오순절 사건으로 종결짓고자 했다.

이러한 은사중단론적 흐름을 거슬러 실제적인 치유 운동이 19세기 미국에서 거세게 일어났다. 급진적 성결 운동 및 오순절 운동은 치유 운동이 현대의 교회에서 신약성경의 오순절 사건처럼 여전히 일어나고 있음을 강력하게 증명했다. 이러한 성결-오순절 운동의 흐름 속에서 태동된 성결교회는 은사의 지속성을 강조했다. 나아가 성결교회는 하나님의 치유를 단순히 인간의 몸으로만 제한하지 않고 하나님께서 창조하신 생태계 전체의 회복까지 확장하고 있다.

성결교회의 하나님의 치유를 보다 정밀하게 이해하기 위해서는 다음과 같은 질문을 제기해 볼 수 있다. 첫째, 하나님의 치유와 믿음의 치유 개념은 어떻게 다른가? 둘째, 하나님의 치유 개념의 한계는 어디까지인가? 단순히 인간의 몸의 치유에만 제한되는가, 아니면 생태계 전체의 회복까지도 포함해야 하는가? 셋째, 은사 지속론과 은사중단론 중에서 어느 것이 성경의 정신과 초대교회 역사의 맥락과 맞는 주장인가?

"신유는 삼위일체 하나님의 전인적인 치유입니다"

삼위일체 하나님은 죄와 마귀와 육신과 환경적 요소로 야기되는 모든 질병과 연약함을 해결하고, 전인적인 치유와 구원의 역사를 펼치시는 분이다. 성부 하나님은 치료하시는 하나님이시다(출 15:26). 성자 예수 그리스도는 귀신을 내어 쫓고, 병을 고치시며(마 4:23), 우리의 치료를 위한 중보자가 되신다(사 53:5; 행 4:10). 성령 하나님은 교회에게 병 고치는 은사를 주시고 치유를 수행하신다(고전 12:9; 12:28; 막 16:17-18).

사중복음의 신유는 '믿음의 치유'(faith healing)를 넘어서 삼위일체 하나님의 치유(Divine healing)다. 즉 치유의 전제는 우리 인간의 믿음에 달려 있기보다는 삼위일체 하나님의 주권 아래 있다. 이러한 '하나님의 치유'라는 대전제 아래에서 '믿음의 치유'도 뒤따라 온다. 신유는 예수 그리스도의 공생애에 있어서 매우 중요한 메시지였음을 복음서는 증언해 주고 있다. 특히 예수의 치유 사역은 구원 사역과 매우 밀접하게 연관되어 있다. 성경적 구원은 분명히 신자의 치유를 동반한다.

하나님은 우리의 육체에 대하여 깊은 관심을 가지고 계신다. 왜냐하면 하나님은 자기의 형상을 따라 사람을 창조하셨기 때문이다. 그렇게 창조된 사람은 영혼과 육체로 구성되어 있다(창 1:26, 27). 이 말씀은 하나님의 구원에는 우리의 육체도 포함하고 있다는 의미다. 성경에 따르면, 영생하도록 지음을 받은 우리는 범죄의 결과로 사망과 질병 아래 놓이게 되었다. 마귀는 거짓으로 왕 노릇 하게 되었으며 우주도 저주 아래 있게 되었다. 그러나 동시에 하나님은 믿는 자 모두를 구원하시기 원하신다고 말씀하신다(요일 3:8).

하나님의 구원과 치유를 이루시기 위해서 성경은 예수가 십자가에서 화목제물이 되시고(요일 2:2) 부활하시어 우리 인간들의 부활의 첫 열매가 되셨음을 증언한다. 하나님이 계획하신 인간의 구원은 영혼의 구원만이 아니라 육체의 구원도 포함한다. 우리는 이것을 전인적 구원이라고 말한다. 하나님은 인간의 질병을 고치시기를 원하신다. 성경은 하나님이 인간들이 자신들의 질병에서 자유케 되기를 원하신다는 사실을 명백하게 보여주고 있다(창 20:17).

"신유는 예수 그리스도의 주요한 사역입니다"

예수 그리스도는 수많은 치유 사역을 행하셨다. 신유란 예수 그리스도의 속죄의 결과와 하나님의 약속에 따라 믿음으로 병 고침을 얻는 것이다(막 2:5; 5:34). 예수 그리스도의 치유는 죄 사함을 통한 영적인 구원과 육체적 질병의 회복이 유기적으로 관계가 있음을 보여준다(눅 5:20; 요 5:14; 약 5:15-16). 예수 그리스도의 치유는 인간의 영혼과 육체를 온전히 회복시키시는 하나님 나라의 권세다. 하지만 어떤 질병은 죄 때문이 아니라 하나님께 영광을 돌려드리기 위해(요 9:1-8) 생기기도 한다.

질병으로부터 고침 받는 신유의 가능성은 그리스도의 십자가와 부활을 통해 시작한다. 신유에 있어서 믿음의 기초는 예수 그리스도의 속죄에 있다. 즉 십자가와 부활이다. 신유에는 일반 신유와 특별 신유로 구분한다. 일반 신유는 하나님의 보호로 연약한 몸을 가지고도 병들지 않고 건강하게 생활하는 것을 말한다. 건강한 생활이 곧 일반 신유다. 반면 특별 신유는 병이 들었을 때 하나님에게 기도하여 하나님의 초자연적인 능력에 의하여 육체적인 질병을 고침받는 특별한 은사를 말한다.

　신학자들 중에는 성경에 나타나는 모든 기적은 끝이 났다고 생각하는 사람들이 있다. 심지어 신유의 역사를 신비주의나 꾸며낸 이야기로 치부하는 경우도 있다. 그러나 신유는 복음을 전하기 위한 도구가 아니라 복음 그 자체다. 교회가 제도화되고 기성화(既成靴) 되었다고 해서 신유가 사라지는 것은 아니다. 복음적인 교회일수록 주님의 신유의 역사를 통해 세상 끝날까지 복음을 전파하는 교회가 되고자 한다. 그리스도의 구속의 목적은 아담으로부터 받은 저주를 해결해 주시는데 목적이 있다. 인간의 질병은 아담이 범죄함으로 인하여 받은 저주이기 때문이다. 이 징계와 저주는 그리스도의 십자가를 통해서만 해결할 수 있다. 그러므로 신유의 역사는 복음전파와 함께 나타나게 되어 있다. 신유를 통해 복음은 더욱 확실하게 증거될 수 있고, 영혼 구원에 대한 확신을 갖게 해준다.

"신유는 하나님의 창조 세계를 회복하는 것입니다"

　신유의 중보기도는 하나님께서 병든 개인의 영혼과 육체 뿐 아니라, 사회와 전 지구적 생태계를 회복시키기는 기도다(롬 8:19-23; 딤전 2:1). 신유의 복음은 교회 안에서뿐만 아니라 교회 밖에서 보이지 않는 하나님 나라가 임하게 한다. 교회는 예수 그리스도의 이름으로 세상을 가난, 질병, 억압, 전쟁으로부터 자유케 하는 선교적 사명을 감당함으로써 세상을 하나님의 창조질서대로 회복시킨다. 신유는 하나님의 구원의 역사를 통전적으로 이해하는 온전한 복음이다.

처음 인간 아담의 범죄는 인간에게만 죄책과 악의 경향성을 남겨 놓은 것이 아니다. 자연 생태계의 피조물에게도 심각한 영향을 주었다. 땅이 아담으로 인하여 저주를 받아 가시덤불과 엉겅퀴를 내게 되었다(창 3:17-19). 타락한 이후 모든 동물과 그 밖의 피조물들은 더 이상 사람을 신뢰하지 않게 되었다. 따라서 피조물들조차 고의적으로 인간을 기피하게 되었다. 인간과 자연의 유기적 관계는 상실되었다. 그러므로 인간의 타락 이후 인간과의 조화로운 관계가 깨어진 피조물들은 썩어짐에 종노릇 하는 존재에서 해방되어 하나님 자녀의 영광스런 자유에 이르기를 소망하게 되었다(롬 8:21).

예수 그리스도의 재림은 우리의 궁극적인 구원이기에 우리 모두의 소망이다. 또한 중생과 성결과 신유의 은혜를 구하는 것도 바로 이 재림의 소망에 참여하기 위해서다. 특히 성결은 재림과 긴밀한 관계를 가지고 있다. 그러므로 예수 그리스도의 재림을 소망하는 우리는 성결의 은혜를 구하며 성결한 삶을 살아가는 존재다.

"신유의 기도는 병을 낫게 합니다"

　신유는 우리가 하나님의 보호로 항상 건강하게 지내는 것과 병들었을 때에 하나님에게 기도함으로 나을 수 있다는 복음이다(마 8:17, 막 11:24). 이 은사는 우리의 영혼과 육신을 안전케 하는 복음이다. 따라서 교회가 병 낫기를 위하여 기도하거나 안수하는 일은 당연한 특권이다(막 16:17-18). 신유는 하나님의 섭리적인 뜻을 구하는 가운데 병 나음의 여부를 믿음으로 받아들이는 것이다(마 17:20). 따라서 우리는 병 나음을 위해서 하나님에게 청원하는 기도를 드릴 수 있다(약 5:15). 물론 신유를 믿는다고 해서 의약을 부정해서는 안 된다. 그러나 예수 그리스도의 십자가 대속의 은총을 믿고 고백하는 자에게는 구원의 선물이 주어진다. 그러므로 우리는 예수 그리스도를 믿음으로써 질병으로부터 건짐을 받을 수 있다(막 5:34).

　보편적으로 신유(divine healing)는 우리의 육체 속에 하나님이 역사하시는 초자연적인 능력이다. 신유는 하나님의 생명과 능력에 의해 그들의 힘을 새롭게 하고 고통당하는 육체의 약함을 회복하는 것이다. 성결교회는 신유를 신자가 하나님의 보호로 항상 건강 중에 지내는 것과 병들었을 때 하나님께 기도함으로 나음을 얻을 수 있다는 것을 가르친다. 신유의 은사는 우리의 육신을 안전케 하는 복음이다. 그러므로 병 낫기를 위하여 기도한다든지 안수하는 일은 우리에게 주어진 당연한 특권이다.

그러나 신유를 믿는다고 하여 의약을 부인해서도 안되는 점 또한 매우 중요하다. 신유의 이적을 믿는 신자들 중에는 병들었을 때 약을 쓰면 믿음이 없는 신자라고 비판하기도 한다. 그러나 이러한 태도는 자신도 영적 교만에 빠지고 다른 사람도 시험에 빠뜨리는 우를 범하기 쉽다. 그런 점에서 항상 경계해야 한다. 신유란 약을 포기한다거나, 의약을 불신하다거나, 또는 의사와 다툰다거나 하여 의학적 치료에 대해 반대하는 것이 결코 아니다. 나아가 신유란 믿음의 기도와 신유를 행하는 사역자들만을 믿고 추종하는 것도 아니다. 신유의 역사가 일어나는 교회만이 진실하다고 믿는 것도 문제다. 신유의 신앙이란 우리 몸의 초자연적 힘과 우리의 신체적 생활에 능력을 공급하시는 그리스도의 인격적 삶을 진실한 마음으로 받아들이고 사는 삶이다.

제15장

재림

재림은 왜 중요한가?

재림은 기독교 신앙에 있어서 매우 강력하고 핵심적인 교리다. 대부분의 기독교 이단들은 여러 교리들 중에 특히 재림교리에 집착하여 무지몽매한 해석으로 인해서 생겨난 것이라 해도 과언이 아니다. 그만큼 재림신앙은 강력하고 문제의 소지가 많은 것이 사실이다. 그럼에도 불구하고 기독교 전통에서 재림신앙을 지켜내야 할 이유는 분명하다. 교회 밖의 상황이 최악으로 치닫고, 교회에 대한 박해가 극심할 때, 교회와 교인을 한마음 한뜻으로 묶어 주는 강력한 신앙이 재림의 교리다. 세상에 대한 끝없는 욕망과 집착이 발동할 때 이를 제어해 주는 신앙 또한 주님의 재림에 대한 교리다. 따라서 재림의 교리를 곡해할 때 오는 위험보다는 재림의 교리를 통해서 기독교가 이겨낸 승리의 역사가 더욱 값지다. 따라서 기독교는 지난 2000년 동안 결코 재림의 교리를 포기하지 않았던 것이다.

모든 기독교 교회는 재림의 교리를 갖고 있다. 그런데 재림에 대한 이해에 있어서는 서로 극명한 차이를 보이고 있다. 성결교회의 재림의 교리는 전천년설에 입각한 재림을 믿는다. 예수 그리스도가 천년왕국 이후에 오신다거나, 아니면 지금 교회의 시대가 천년왕국시대라고 주장하는 주장을 반대한다. 전천년설 재림신앙은 예수 그리스도가 천년왕국 전에 오셔서 이 땅을 성도와 함께 다스리신다는 교리다.

전천년설 재림신앙은 천년왕국을 인간의 믿음과 힘으로는 도저히 구현할 수 없을 만큼 이 땅과 사람들이 부패할 대로 부패했다는 것을 의미한다. 오직 만왕의 왕 되신 예수 그리스도가 이 땅에 오셔서 직접 통치하시는 수밖에 없음을 믿는다. 이러한 의미에서 성결교회는 철저히 신본주의적, 그리스도 중심적 전천년 재림신앙에 서 있다.

성결교회의 재림에 대한 보다 심원한 이해를 위해서 다음과 같은 질문을 제기해 볼 수 있다. 첫째, 전천년설, 후천년설, 그리고 무천년설의 재림 개념은 어떻게 다른가? 둘째, 성경에서 재림은 언제 어떻게 이루어진다고 가르치고 있는가? 우리는 주님이 오시는 시기를 알 수 있는가? 셋째, 재림사상이 우리들의 신앙에 어떠한 영향을 주고 있는가?

"예수 그리스도는 재림하십니다"

재림은 하나님의 나라 도래의 복음이다. 재림은 부활하고 승천하신 예수 그리스도가 하늘로 올라가신 그대로 다시 오시는 것이다(행 1:9-11). 하나님은 예수 그리스도의 재림을 통해 자신의 인류 구원의 계획을 완성하신다(요 5:20-29). 예수 그리스도는 자신의 재림을 약속하셨고(계 22:7, 12, 20), 성령은 우리로 하여금 예수 그리스도의 재림을 준비하게 하신다(계 2:7, 11, 17, 29, 3:6, 13, 22, 22:17). 예수 그리스도의 초림의 목적은 인류의 죄를 대속(代贖)하시는 것이었다. 그러나 예수 그리스도의 재림의 목적은 구원받은 성도들을 맞이하시려고(히 9:28) 승천한 몸 그대로 영광 중에 다시 오시는 것이다. 따라서 예수 그리스도의 재림은 모든 성도의 궁극적 소망이다(빌 3:20-21, 딛 2:13). 모든 피조물이 간절히 고대하는 일이다(롬 8:19). 예수 그리스도의 재림으로 온전한 하나님 나라가 도래하기 때문이다.

따라서 예수 그리스도의 재림은 곧 삼위일체 하나님의 재림이다. 사도 요한은 이렇게 증언했다. "볼지어다 그가 구름을 타고 오시리라 각 사람의 눈이 그를 보겠고 그를 찌른 자들도 볼 것이요 땅에 있는 모든 족속이 그로 말미암아 애곡하리니 그러하리라 아멘. 주 하나님이 이르시되 나는 알파와 오메가라 이제도 있고 전에도 있었고 장차 올 자요 전능한 자라 하시더라"(계 1:7-8). 구름 타고 오시는 이인 예수 그리스도는 전능하신 하나님은 현재도 과거에도 장래에도 계시는 삼위일체 하나님이다. 따라서 재림하신 주께서 다스리시는 천년왕국은 하나님의 나라가 역사 가운데 실현된 나라인 것이다. 천년왕국 이후 하나님의 나라는 새롭게 창조된 새하늘과 새땅이다.

전천년 재림신앙

예수 그리스도는 천년 시대 이전에 재림하신다(계 19:11-20:6). 재림의 주님은 하늘로 올라가신 그대로 세상에 다시 오신다(행 1:9-11). 재림하실 때 그리스도 안에서 죽은 성도가 먼저 일어나고(살전 4:16) 성도는 휴거하여 주님을 영접하고 어린양 혼인잔치에 참여하여(계 19:7-9) 항상 주와 함께 있을 것이다(살전 4:17). 어린양 혼인잔치 후 심판의 주께서 성도들과 함께 지상에 강림하시면(행 1:9-11), 거짓 그리스도는 멸망하고 천년왕국이 건설된다(계 20:4-6). 이것을 우리는 전천년 재림신앙이라고 부른다.

역사적으로 전천년설을 가장 먼저 신학적으로 체계를 세운 사람은 이레니우스(Ireneus)다. 그는 창세기 1장에 나타나는 하나님의 창조의 시일과 세상 종말의 시기를 연결시켜 해석하였다. 그는 창조의 6일을 이 세상이 6천 년 동안 지속되다가 끝이 날 것으로 보았다. 6천 년이 다 차는 종말에 가서 경건한 성도들은 박해와 핍박을 받게 된다. 마지막 때에 모든 악의 세력들은 적그리스도의 모습으로 실체를 드러낼 것이라고 보았다. 전천년 재림신앙은 교회 시대의 마지막에 이르러 이 땅에 전세계적인 7년 대환란이 있으며, 그 후에 그리스도가 지상에 가시적으로 재림하셔서 땅 위에 천년왕국을 건설해 직접 통치한다는 믿음이다.

이러한 해석은 성경을 문자 그대로 받아들이고, 문자적 의미가 통하지 않을 때는 문자적 의미 이외의 의미를 찾는 성경해석의 일반원칙을 따른 것이다. 예수 그리스도의 재림과 천년왕국의 건설은 성경의 말씀에 따라 우리에게 임할 종말적 현실이다.

요한계시록 20장 4-6절에서 사도 요한은 "그의 표를 받지 아니한 자들이 살아서 그리스도와 더불어 천 년 동안 왕 노릇 하니 그 나머지 죽은 자들은 그 천 년이 차기까지 살지 못하더라"고 증언하고 있다. 이것은 천년왕국 이전에 예수 그리스도께서 재림한다는 것을 분명히 밝히고 있다. 고린도전서 15장 20-28절에서 사도 바울은 그리스도의 재림과 천년왕국에 대하여 다음과 같이 설명하고 있다. "아담 안에서 모든 사람이 죽은 것 같이 그리스도 안에서 모든 사람이 삶을 얻으리라. 그러나 각각 자기 차례대로 되리니 먼저는 첫 열매인 그리스도요 다음에는 그가 강림하실 때에 그리스도에게 속한 자요 그 후에는 마지막이니 그가 모든 통치와 모든 권세와 능력을 멸하시고 나라를 아버지 하나님께 바칠 때라". 여기서 성경은 예수 그리스도의 재림과 그 후의 마지막 때, 즉 "그가 모든 통치와 모든 권세와 능력을 멸하시고 나라를 아버지께 바칠 때" 사이에 세워질 천년왕국의 존재를 말해주고 있다.

후천년, 무천년, 그리고 세대주의 재림론

종말론 교리는 전천년설 이외에도, 후천년설, 무천년설, 그리고 세대주의 전천년설 등이 있다. 첫째, 후천년설은 예수 그리스도의 재림을 이 땅 위에 복음이 온전히 전파된 후 이상적인 낙원이 건설되고 상징적인 천년왕국이 완성된 후라고 주장한다. 인간의 능력과 진보를 믿는 낙관주의적 해석이다. 둘째, 무천년설은 천년왕국을 실제적인 천년으로 이해하지 않고, 그리스도의 초림과 재림 사이의 전체 기간을 단순히 '상징'으로만 이해한다. 여기서는 교회를 천년왕국으로 대체한다. 셋째, 세대주의 전천년설은 기계적으로 성경을 해석하여 세계의 역사를 일곱 세대로 구분한 후, 시대의 마지막에 천년왕국이 온다고 주장한다. 이러한 해석은 시한부 종말론과 같이 특정한 시기에 재림의 시간을 꿰어 맞춤으로써 사회적인 물의와 혼란을 줄 수 있는 극단적인 종말론이다.

예수 그리스도의 재림에 대한 신학적 차이가 존재한다고 하여, 격렬한 논쟁과 분쟁만을 일삼는 것은 지혜롭지 못한 신앙인의 자세다. 정통신학에서 제시하는 재림신앙의 핵심은 "부활 승천하신 주 예수 그리스도께서 반드시 재림하신다"라는 분명한 메시지다. 정통신학의 재림론이 표방하고 있는 재림의 메시지를 확고하게 동의하는 모든 정통 교단의 재림신앙은 상호 이해와 상호 연구를 통하여, 각자가 주장하는 재림론의 특별한 강조점을 상실하지 않으면서도, 신학적으로 서로 참고하고 토론하려는 진지한 태도가 필요하다. 그러나 무엇보다도 중요한 것은, 신학적이고 사변적인 토론 보다는 모든 성도들이 종말론적 신앙을 가지고 재림하시는 주님을 맞이하려는 소망을 갖고 사는 것이다.

"재림의 시기는 알지 못합니다"

예수 그리스도는 언제 재림하실지 아무도 모른다. 그 시기와 때는 하나님이 숨겨놓으셨다(행 1:7). 성경은 예수 그리스도의 재림이 도적같이 혹은 임산부의 산통같이 갑자기 부지 중에 임할 것이라고 말씀한다(마 24:42-44, 살전 5:1-3; 계 16:15). 예수 그리스도는 성경의 증언대로 다시 오신다. 그러므로 예수 그리스도의 재림을 고대하는 성도는 재림의 징조를 잘 분별해야 한다. 재림의 징조는 거짓 그리스도와 적그리스도의 출현, 난리와 난리의 소문, 전쟁과 기근, 그리스도인들을 향한 박해, 불법이 성하고 사랑이 식어짐, 복음이 온 세상에 전파되는 것 등으로 나타난다(마 24:5-14). 그러나 그리스도께서 재림하실 정확한 때는 결코 알 수 없을 뿐만 아니라, 그 시기를 계산하려 해도 안 된다.

성경은 말세가 되면 자칭 그리스도라고 하는 자들이 나타나 사람들을 미혹케 할 것이라고 경고한다. 우리나라를 비롯한 세계 도처에서 자신을 그리스도나 세상의 구주라고 주장하는 종교 지도자들은 너무나 많다(마 24:5). 예수 그리스도는 재림이 있기 전에 전쟁이 더욱 심해질 것임을 예언하셨다. 또한 종말이 오기 전에 기근과 지진이 있을 것임을 말씀하셨다(마 24:6-8).

예수의 예언대로 지난 수 천 년 동안 전 세계는 엄청난 전쟁을 통해 많은 희생자가 생겼다. 오늘날은 수많은 나라들이 핵무기를 보유하고 있는데, 이 위험은 단 한방에 세계를 멸망시킬 수도 있는 엄청난 위력을 가지고 있다. 또한 현재 전 세계가 기근과 지진으로 많은 어려움을 겪고 있다.

예수는 재림의 때가 가까이 오면 그리스도인들이 더욱 많은 환난을 받을 것이라고 가르쳐 주셨다(마 24:9). 마지막 때에 일어나는 중요한 징조 중의 하나는 불법이 성하고 진리가 사라지고 거짓이 주관하는 세상이 되어간다. 또한 하나님의 최고의 성품인 사랑이 식어 갈 것이다. 이러한 징조는 근래에 더욱 급격하게 일어나고 있다. 특히 대규모의 전쟁과 극악무도한 살인 사건과 사소한 이유로 인한 참극 등이 도처에서 일어나고 있다.

예수는 재림의 징조로서 복음이 땅끝까지 전파된 후에야 세상에 끝이 오리라고 예언하셨다(마 24:14). 갈릴리 해변에서 시작된 복음은 성령의 역사로 인해 지금은 거의 전 세계에 복음이 전파되고 있다.

"재림은 성도를 그리스도의 순결한 신부로서 예비시킵니다"

그리스도께서 첫째 부활 후에 이 땅 위에서 그의 성도들과 더불어 다스리게 될 천년왕국은 성도들의 부활과 재연합, 성도들의 보상과 통치, 지상에서의 사탄의 완전한 제거, 예수와 성도들의 지상에서 함께 있음, 모든 원수를 진압하고 의가 전 세계를 지배함, 천 년 동안 지속됨, 천 년이 지난 후 사탄과 죄인의 저항, 그리고 악한 자들에 대한 최후의 심판이 있다.

성도들은 어두운 일을 벗어 버리고(롬 13:12), 충성되고 부지런하게 광명한 갑옷을 입고(롬 13:12, 요일 3:3, 계 19:8), 기름을 준비해서(마 25:4) 깨어 있는 사람들이다. 미래는 누구에게나 온다. 그러므로 우리는 미래를 위해 준비하며 살아가는 존재다. 육신으로 사는 동안 미래의 때를 위해 지혜롭게 준비하며 사는 자들이다. 그러나 무엇보다도 영원한 세계와 영혼의 때를 더욱 준비하는 사람들이다.

예수 그리스도는 지금도 가까이 오고 계신다. 개인적인 종말로 주님 앞에 서든지, 세상의 종말로 주님 앞에 서든지, 모든 그리스도인은 주님 앞에서 인생을 결산해야 한다. 철저하고 정확한 결산의 시간이 존재한다. 인생의 남은 때를 육체의 유익만을 위해 살지 않고, 영혼의 때를 위해 준비하며 사는 그리스도인이 되어야 한다. 영원히 아름다운 미래는 영혼의 때를 올바르게 준비하며 사는 이들이 소유하게 될 것이다. 지금도 주님께서는 오시고 계신다. 지금 부활의 주님과 만나며 교제하는 사람들이 어느 날 재림의 주님을 만나 교제하게 될 것이다. 주님을 기쁨으로 맞이하며, 주님의 영광 가운데 나아가는 그리스도인의 삶을 살아야 한다. 종말적 믿음을 마음에 품고, 성령의 인도하심을 따라 주님과 함께 하나님의 말씀에 순종하는 삶을 사는 사람들이 바로 그리스도인이다(마 25:21).

재림과 세계 선교

재림의 주님은 구원받은 성도를 맞이하시고(요 14:3, 히 9:28), 마귀의 세력을 멸절하시며 공의와 정의의 왕국을 세우시고 다스리신다(계 20:6). 따라서 재림의 날에 죄인은 영원한 심판을 받을 것이고 성도는 영광을 얻을 것이다. 그날에는 하나님의 사랑과 공의가 충족될 것이다(딤후 4:1). 재림의 복음은 성도의 신앙생활을 거룩하게 하고(살전 3:13), 성도에게 소망을 주며(살전 2:19-20), 항상 깨어 있게 한다(마 24:44, 25:13). 예수 그리스도의 재림을 믿는(눅 17:22-37) 순결한 신부와 같은 성도는 깨어 기도하고(눅 12:39-40), 날마다 자신을 살피며(갈 6:1), 성결의 은혜를 구하고, 성결한 삶을 살아간다(요일 3:3). 재림신앙은 무엇보다도 마지막 때가 이르기 전까지 한 사람이라도 멸망하지 않고 회개하고 구원받기를 원하시는 하나님의 마음으로 세계 선교와 전도의 열정을 갖게 한다(마 24:14; 벧후 3:8-9).

제16장

인류의 구원

구원은 왜 중요한가

우리에게 구원이 필요한 이유는 무엇인가? 많은 대답이 가능하지만, 한 마디로 요약한다면, 모든 사람은 죄인이기 때문이다. 죄인은 하나님의 영광에 이를 수 없다. 오직 예수 그리스도 안에 있는 속량으로 말미암아 하나님의 은혜로 값없이 의롭다 하심을 얻은 자가 될 수 있다(롬 3:23-24). 우리는 첫 조상인 아담의 후예다. 우리는 유전된 부패성, 곧 원죄가 있는 죄인이다. 원죄의 성경적 근거는 로마서 7장 20절이다. "만일 내가 원하지 아니하는 그것을 하면 이를 행하는 자는 내가 아니요 내 속에 거하는 죄니라".

원죄로 인해 우리는 우리 스스로 죄를 짓는 죄인이 되었다(롬 7:15). 이 죄로 인해 우리는 영적으로 죽었고, 몸과 마음 또한 병들었다. 우리는 전적으로 타락했다. 자기 스스로 구원할 능력이 조금도 없다. 구원을 위해서 우리는 하나님의 사랑과 구원하시는 은혜가 필요하다. 오직 하나님의 사랑과 은총에 의한 회개와 믿음으로만 구원받을 수 있다. 오직 예수 그리스도에 대한 믿음만이 우리를 구원할 수 있다.

하나님의 구원의 은총은 우리를 구원하는 성령의 능력으로 공로 없이 베푸시는 하나님의 선물이다. 이 은총은 구원의 단계마다 베풀어진다. 하나님은 우리에게 선행은총(先行恩寵)으로 시작하여 깨닫게 하는 은총, 의롭게 하는 은총, 성결하게 하는 은총, 영화롭게 하는 은총을 베푸신다. 그렇다면 우리는 우리 자신의 구원을 위해 해야 하는 일은 무엇인가? 우리는 하나님의 은총에 긍정적으로 응답해야 한다. 그 응답은 하나님의 은총에 의한 회개며 믿음이다. 그리고 그 중심에 예수 그리스도가 계신다. 우리의 구원은 바로 여기에서 시작한다.

"예수 그리스도는 인류를 구원하시기 위해 십자가에서 죽으셨습니다"

인류의 구원은 오직 예수 그리스도를 통해서만 가능하다. 예수 그리스도는 모든 인류의 죄와 그 결과를 모두 친히 담당하셨다. 하나님은 우리를 흑암의 권세에서 건져내셨다. 그리고 우리를 하나님의 아들의 나라로 옮겨 주셨다(골 1:13). 우리는 예수 그리스도 안에서 속량 곧 죄 사함을 얻게 되었다(골 1:14).

예수 그리스도는 누구인가? 예수 그리스도는 보이지 않는 하나님의 형상이시고 모든 피조물보다 먼저 나신 분이다(골 1:15). 예수 그리스도는 몸인 교회의 머리이시며 근본이시며, 죽은 자들 가운데서 먼저 나신 분이다. 이는 친히 그가 만물의 으뜸이 되기 위하심이다(골 1:18). 하나님께서는 예수 그리스도의 십자가의 피로 화평을 이루시고 만물 곧 땅에 있는 것들이나 하늘에 있는 것들이 그리스도로 말미암아 하나님과 화목하게 되기를 기뻐하셨다(골 1:20).

만약 어떤 사람이 죄를 범해도 하나님 앞에서 대언자가 있는데 그분이 바로 의로우신 예수 그리스도다. 예수 그리스도는 우리의 죄를 위한 화목 제물이시다(요일 1:1-2). 예수는 우리들 뿐만 아니라 온 세상의 죄를 위해서 십자가에 못 박혀 돌아가셨다. 예수 그리스도의 죽음과 부활, 승천, 재림은 모든 인류를 구원하기에 충분하다.

무엇보다도 우리는 예수 그리스도를 제사장이요, 예언자요, 왕으로서 고백한다. 기독교 신학에서는 이것을 그리스도의 삼중직이라고 명명한다. 그리스도 삼중직은 그리스도의 사역을 하나님의 기름부음 받은 자의 활동으로 묘사한 개념인데, 전적으로 하나님 자신의 구원 활동으로 이해하고자 하는 신앙고백이다.

첫째, 예수 그리스도는 우리의 제사장이다. 제사장으로서의 예수는 죄인을 위한 중보자의 역할을 한다. 우리가 죄 용서를 받아 하나님과의 관계가 회복되는 것은 오직 그리스도 안에서, 그리고 그리스도를 통해서만 이루어질 수 있다. 이것은 성경이 말하는 그리스도의 가장 중요한 직무다.

둘째, 그리스도는 우리의 예언자다. 예언자이신 그리스도는 그의 백성에게 하나님의 법에서 멀리 떠나 있음을 알려주어 죄를 깨닫게 하신다. 그리고 그의 지상의 삶을 통해 죄에서 떠난 성결한 삶이 무엇인지 삶으로 보여주셨다. 그분의 삶은 율법을 잘 지키던 구약성경 시대의 서기관과 바리새인들이 도저히 흉내 낼 수 없는 완전한 거룩의 삶이었다. 그리스도는 하나님의 법이 사랑의 법으로 하나님과 이웃을 어떻게 사랑해야 하는지를 산상수훈을 통해 가르치셨다. 그리고 참된 인성을 가진 그분의 실제적인 삶으로 보여주셨다.

셋째, 예수 그리스도는 우리의 왕이다. 왕이신 예수는 우리의 인도자로서, 완전한 하나님의 나라가 이르기까지 그의 자녀들의 마음을 다스리는 주인이시다. 그분은 우리에게 왕으로서 경배를 받으시며 동시에 우리를 하나님의 백성으로 살도록 힘을 주시는 분이다. 나아가 예수 그리스도는 우리의 상처 난 곳을 고치시는 치료자, 의사시다. 이것이 바로 왕으로서의 예수 그리스도의 직무다.

"인류는 예수 그리스도의 속죄를 통해서 구원을 받을 수 있습니다"

　예수 그리스도가 누구인가에 관한 신학을 그리스도론이라고 한다. 반면 예수 그리스도가 무엇을 했는가에 관한 신학은 그리스도 속죄론이라고 한다. 속죄론은 단순히 그리스도의 십자가 죽음의 의미에만 집중하는 것이 아니다. 오히려 그리스도의 전 생애의 의미와 연결하여 이해해야 한다. 그리스도의 삶 전체는 하나님과 인간의 화해를 위한 대리적 고난의 삶을 의미한다. 우리는 그리스도의 십자가 죽음을 하나님이 인간에게 가하신 형벌로 이해한다. 동시에 그분의 죽음은 우리를 대신하여 받으신 고난이며, 그 안에 나타난 하나님의 사랑으로 믿는다. 우리는 그리스도의 속죄와 화해의 사역을 단순히 그의 죽음에서만이 아니라, 그의 삶 전체에서 바라보고 있다. 왜냐하면 예수의 죽음은 그분의 삶 전체에서 볼 때만 제대로 파악할 수 있기 때문이다.

　또한 우리는 그리스도의 대속적, 화해적 사역을 통해 하나님의 정의와 사랑을 발견할 수 있다. 나아가 우리는 그리스도의 대속을 우리의 현실적 삶과 연결시켜 살고자 하는 존재다. 그리스도의 속죄에 대한 믿음은 단순히 기계론적인 구원의 도식을 객관적으로 설명한 것이 아니다. 오히려 그리스도의 속죄 신앙을 통해 우리는 하나님의 사랑과 정의가 어떻게 십자가에서 이루어졌는지를 깨닫는다. 우리는 십자가에서 죄를 멸하시는 하나님의 정의와 이로 인한 구원이라는 하나님의 사랑에 참여하게 되었다. 그리스도의 십자가의 대속적 사역은 하나님의 사랑과 정의가 우리를 구원했을 뿐만 아니라, 구원 이후의 삶에서도 지속적으로 계속됨을 의미한다.

"구원의 은혜는 오직 회개하고 믿는 자들에게 주어집니다"

우리에게 속죄가 필요한 이유는 바로 죄 때문이다. 성경은 인류의 조상 아담의 죄가 인류 전체에 영향을 미쳐 전적인 타락과 부패를 가져왔으며, 이로 말미암아 인류는 모두 죄인이라고 말씀한다. 그 결과 인간은 하나님을 볼 수 없고, 하나님의 음성도 들을 수도 없으며, 성령이 그의 마음속에 행하시는 일들조차도 알 수 없는 존재가 되었다.

아담 안에서 우리 모두는 죄인이 되었으며, 그 결과 하나님의 형상을 상실하였으며, 죽음을 면할 수 없게 되었다. 그러나 아담의 죄가 어떻게 후손들에게 전달되느냐 하는 데 대해서는 분명하게 설명할 수 없다고 말한다. 인간의 죄와 죄책에 대해서는 하나님의 영원한 분노를 받을 수밖에 없으며, 인간은 이러한 상황을 타파하기에는 전적으로 무능력하다. 그는 하나님 앞에 자신의 공로를 내놓고서 자비를 구할 수 있는 자격이 없다. 존 웨슬리는 이러한 인간의 무력성에 대해 이렇게 표현했다. "우리는 모두 지불

불능자다".

우리는 진심으로 회개할 때 죄라는 몸서리쳐지는 나병 상태의 자신을 발견한다. 이는 인류 보편적으로 퍼져 있는 악한 병이다. 이러한 질환은 급한 치료를 요한다. 병의 위중함 만큼 치료의 위급성 또한 간절하다. 이때 치명적이고 위독한 죄로부터 해방할 수 있는 유일한 해독제는 그리스도의 십자가 뿐이다. 인간의 무능력과 완전한 타락으로부터 구원받을 수 있는 오직 하나의 길은 예수 그리스도의 속죄밖에 없다. 그리스도의 중보적 공로는 인간의 구원에 필수불가결한 해결의 길이다. 존 웨슬리는 이에 대해 다음과 같이 말한다. "만약 우리가 죄의 용서를 받는다면, 그리고 하나님 앞에서 의롭다 인정된다면, 그것은 우리가 그런 은총을 받을 자격이 있어서가 아니다. 단지 예수 그리스도의 공로를 믿음으로 가능하다".

전통적 속죄 신학

배상설 (고전적 속죄설)

배상설은 그리스도의 속죄 사역을 보상금의 지불로 이해하는 속죄설이다. 인간은 그의 부채를 지불할 능력이 없다. 그러나 하나님은 그 지불을 강요할 수 있는 권리를 가졌다. 동시에 하나님은 인간이 그것을 지불하지 못하는 경우에는 그를 학대자에게 넘겨줄 수 있는 권리도 가지셨다. 이때 예수 그리스도는 우리 모든 사람을 위한 보상금이 되셨다. 즉 하나님에 대한 희생 제물이 되셨다. 이처럼 보상과 공로의 의미가 그리스도의 속죄 사역에 내포되어 있다.

성경은 그리스도가 만인을 위해서 자신을 대속물로 주셨다고 말씀한다. 이 대속물은 '눈에는 눈, 이에는 이', 즉 '생명에는 생명'이라는 구약의 동태복수법과 유사한 의미를 갖는다. 이러한 배상은 배상하는 분의 인격의 권위 때문에 모든 인간에게 동등하게 적용된다. 누구에게 배상했는가에 대해서는 중요하지 않다. 어떤 이들은 하나님이 사탄에게 배상했다고 말하는데, 그것은 사탄을 하나님과 같은 자리에 놓는 것이다. 중요한 것은 그리스도의 중보적 속죄 사역은 모든 인간을 죄로부터 온전한 자유와 해방을 목표로 한다는 점이다. 배상의 개념은 값의 지불을 의미한다. 그 값의 지불은 바로 그리스도의 죽음이었다.

만족설 (캔터베리의 안셀름, Anselm of Canterbury, 1033/1034-1109)

이것은 그리스도의 죽음을 하나님에 대한 채무의 변제와 하나님의 공의에 대한 만족으로 보는 속죄설이다. 그리스도는 우리의 죄의 해소자다. 즉 하나님의 정의를 충족시키기 위하여 자신을 영원한 희생물로 드림으로써, 하나님의 진노를 해소하고, 우리의 죄를 용서받게 하셨다. 아담이 하나님에게 범죄한 인간을 대표하듯이, 그리스도는 하나님과 화해한 인간을 대표한다.

인간의 범죄는 하나님의 영광을 훼손했다. 하나님은 사랑과 공의의 두 가치 사이에서 고뇌하셨다. 왜냐하면 사랑은 용서를, 공의는 심판을 요구하기 때문이다. 이러한 갈등에서 하나님은 그리스도를 십자가에 희생시키심으로써 죄에 대한 심판과 죄인에 대한 사랑을 동시에 성취하셨다. 그리스도의 희생을 통해 하나님의 훼손된 영광은 회복되었으며, 하나님은 만족하셨다. 만족하신 하나님은 그리스도에게 어떤 상급을 내리시려 했으나, 성자 예수 그리스도는 이미 만유를 가지신 분으로서 그 상급은 필요치 않으시다. 따라서 그 상급이 인간에게 주어졌다. 우리는 이 상급을 구원이라고 부른다.

도덕적 감화설 (피에르 아벨라드, Pierre Abélard, 1079-1142)

안셀름이 만족설을 주장한 반세기 후에 아벨라드(Abelard)는 안셀름과 반대되는 속죄론을 전개했다. 아벨라드는 그리스도의 죽음이 인간에게 주는 도덕적 감화력과 이로 인해 우리가 경험할 수 있는 생활의 변화 등을 설득력 있게 주장했다. 그는 그리스도의 속죄 사건에서 인간에게 일어나는 가장 큰 영향은 바로 하나님의 사랑이라고 말했다. 하나님의 사랑은 예수 그리스도의 삶과 죽음에서 절정에 이르렀다. "우리가 하나님을 사랑한 것이 아니라, 오직 하나님이 우리를 사랑하셨다"(요일 4:10). 그러나 하나님의 사랑만을 지나치게 강조하다 보면 하나님의 거룩과 죄에 대한 정의가 무시될 여지가 있다는 지적을 받기도 했다.

십자가의 길은 그리스도인이 따라야 하는 길이다. 우리가 그리스도의 모형을 따를 때, 그의 고난에의 참여도 각오해야만 한다. 십자가에서 절정에 도달하는 그리스도의 삶은 우리가 마땅히 모방해야 할 길이다. 이 길은 그리스도의 공로에 대한 신앙으로 구원받은 자들이 앞서 가신 그리스도를 필연적으로 따라야 하는 길이다. 이러한 아벨라드의 도덕적 감화설은 존 웨슬리에게 영향을 주어 그리스도인의 완전, 즉 성화론으로 연결되었다.

중생한 그리스도인이 성화를 얻기 위한 노력에서 가장 중요한 것은 그리스도의 모범을 따르는 일이다. 물론 우리가 그리스도의 교훈을 따르고, 그를 모방한다고 하는 것이 구원을 위한 인간 자신의 공로가 될 수는 없다. 구원은 다만 그리스도의 대속을 통해서만 가능하다. 그래서 웨슬리는 그리스도가 우리의 모범이 되시는 것은 오직 이신칭의에 의해 중생한 이후라고 분명히 밝히고 있다.

통치설 (휴고 그로티우스, Hugo Grotius, 1583-1645)

휴고 그로티우스의 통치설에 의하면, 그리스도의 죽음은 하나님의 성품에 따른 원리에 의해서가 아니라, 우주의 통치자이신 하나님이 우주적 왕국의 필연성에 대한 배상이다. 인간이 죄를 지음으로써 법을 이탈하였다. 따라서 하나님의 통치나 권위는 유지될 수 없으며 또한 법의 위반은 마땅히 처벌되어야 한다. 하나님은 인간이 받아야 할 징벌의 대가를 그리스도의 죽음으로 받으셨다. 그리스도의 죽음을 통하여 우주적 왕국의 권위는 회복되었으며, 인간에게는 속박이 풀리고 은총의 소유를 얻을 수 있게 되었다.

만인구속설 (존 웨슬리, John Wesley, 1703-1791)

존 웨슬리는 "그리스도는 그의 죽음을 통해 우리가 신앙으로 얻을 수 있는 화해를 이루셨다"고 설명했다. 죄 때문에 분리되었던 하나님과 인간 사이가 하나님의 아들의 보혈로 하나가 되었다. 그리스도의 속죄의 즉각적인 효과는 죄에 의해 단절되었던 관계의 회복이었고, 인간에 대한 하나님의 받아들이심이었다.

웨슬리는 모든 사람이 구원받을 수 있다고 선언했다. 그는 하나님의 영원하시고 절대적인 법에 의하여 구원의 범위가 선택된 소수에게만 제한된다는 주장에 반대했다. 그는 하나님의 사랑은 속죄의 범위를 제한시킬 수 없다고 보았다. 그리스도가 죄인들을 구원하기 위하여 이 세상에 오셨다는 말은 세상의 모든 죄인이 예외 없이 해당한다. 따라서 웨슬리는 "그리스도는 만인을 구원하기 위하여 오셨으며, 죽으셨으며, 멸망할 수밖에 없는 모든 이를 위해 대속하셨다"고 주장했다.

그러나 그에게 있어서 구속의 우주적 의미는 만인구속설(The Universal Atonement)이지, 만인구원설(The Universalism)이 아님에 주의해야 한다. 즉 예수 그리스도는 만인을 위해 죽으셨지만, 그것이 만인을 자동적으로 구원한다는 뜻은 아니다. 만인을 위한 그리스도의 속죄 사역이 곧 만인을 위한 구원은 아니라는 것이다. 웨슬리가 말하는 것은 그리스도의 속죄의 은총은 모든 사람을 구원하기 위한 것이지만, 그러한 구원의 은총을 받는 자는 믿는 자이어야 한다는 뜻이다.

성결교회의 구원론

성결교회의 고유한 신학적 특징과 성향이 분명하게 드러나는 것 중의 하나는 '구원'의 교리다. 구원에 대한 바른 가르침은 무엇보다도 복음의 온전함에 기초할 때 비로소 가능하다. 그러므로 온전한 복음, 즉 인간의 영·혼·육 전체 뿐만 아니라 만물의 구원을 약속하는 복음을 믿고 선포하는 교회적 사명을 중요하게 생각했다. 또한 그 온전한 복음을 가리켜 "사중복음", "순복음", "사대복음", 혹은 "사중교리" 등으로 표현해왔다. 중생, 성결, 신유, 재림이 바로 그 내용이다. 이러한 구원 이해는 복음을 이론에 머무르지 않고 생명의 능력으로 체험하는 데까지 이른다.

사중복음 교리는 구원을 사법적 차원과 치유적 차원에서 이해하면서, 양면 모두를 놓치지 않는다. 특히 치유적 구원관이 강조되고 있는 점은 사중복음의 정체성을 확고히 해준다. 그리고 모든 구원은 하나님의 은총으로부터 시작하며, 이를 믿음으로써 구원에 참여하는 것은 인간의 몫이라는 점을 강조하는 신인협동적 신학이나, 영·혼·육 전체의 구원을 가르치는 것, 구원의 순간성과 점진적 성장의 과정을 조화롭게 이해하는 것 역시 성결교회가 강조하는 중요한 신학적 특징이다.

성결교회는 기독교 신학의 가장 근본이 되는 '죄로부터의 구원'을 은혜의 역사로 이해함으로써 종교개혁의 신학과 성경적 기독교의 흐름과 맥을 같이 한다. 아울러 구원의 순간성을 말함으로써 구원이 인위적 행위를 통해 이루어질 수 없음을 제시한다. 또한 구원의 최우선적 과제를 인간 영혼의 구원으로 보고, 그 외의 사회 정치적 책임은 그에 따르는 것으로 인식한다. 따라서 구원론의 핵심을 인간 문제로 제시한다. 이 세상의 상태나 인간의 처한 죄된 상황에 대해서는 비관적인 입장을 취하지만, 역으로 우리를 향하신 하나님의 절대적 능력을 신뢰한다. 이를 은총의 낙관주의라고 표현하기도 한다. 하나님의 은혜는 인간의 죄를 해결하실 뿐 아니라 성령의 능력으로 죄의 뿌리를 해결하여 성결케 하실 수 있다. 우리는 이 은혜를 이 세상에서 경험할 수 있다고 믿는다.

제17장

교회

교회는 왜 중요한가

교회란 무엇인가? 교회는 누구에 의해 설립되었는가? 교회는 언제 세워졌는가? 로마 가톨릭은 교회를 역사적 예수가 세우셨고, 주님으로부터 직접 권세를 위임받은 구원 기관이라고 정의한다. 따라서 가톨릭교회는 제도적 정통성을 강조한다. 그러나 개신교회는 교회의 기원을 부활하셔서 제자들에게 나타나신 그리스도를 통한 부르심에 응답한 신자들의 공동체라고 이해한다.

개신교는 교회의 본질적인 차원과 제도적인 차이를 인정하고 있다. 이러한 개신교의 교회 이해에 있어서 본질적인 차원은 무엇인가? 그리고 제도적인 차이는 무엇인가? 고대교회 또한 오늘날처럼 신자들의 헌신을 통해 세워지고 운영되었는데, 왜 니케아-

콘스탄티노폴리스 회의(381)는 교회를 하나의, 거룩하고, 보편이고, 사도적인 교회라고 정의했는가?

"교회는 하나님이 세우신 거룩한 공동체입니다"

성경에 나타난 교회의 본질은 삼위일체 하나님이 세우신 거룩한 공동체라는 것이다. 교회를 하나님이 세우셨다고 고백하는 이유는 교회가 삼위일체 하나님의 부르심에 응답한 신자들의 거룩한 공동체이기 때문이다.

구약성경에서 교회의 어원은 다음과 같다. 첫째, '카할'(qahal)은 총회에 대한 소집과 그것을 소집하는 행동을 가리킨다(신 9:10; 10:4). 둘째, '에다'(edah)는 회막 앞에 모여 있는 백성들을 지칭한다(출 12:3).

신약성경에서 교회의 어원은 다음과 같다. 첫째, 카할을 헬라어로 번역한 말이 '에클레시아'(ecclesia)이며, 이것이 교회를 가리키는 가장 중요한 용어가 되었다. 에클레시아는 라틴어 ek(밖으로)와 caleo(부르다)의 합성어로 어떠한 목적을 위해 부름 받은 사람들의 모임을 뜻한다. 에클레시아는 일 년에 40여 차례 모이던 고대 폴리스(도시국가) 시민들의 총회를 지칭한다(행 19:39, 41). 바울 서신에서 에클레시아는 지역 교회(고전 1:2; 고후 1:1; 갈 1:2; 살전 1:1)와 집 안에 있는 교회(롬 16:5; 고전 16:19; 골 4:15)로 구분 없이 사용했다. 또한 요한계시록 1-3장의 일곱 교회, 사도행전의 예루살렘 교회(행 5:11; 11:22), 안디옥 교회(행 13:1) 모두 에클레시아를 사용했다. 에클레시아는 후에 프랑스어 교회(eglise), 스페인어와 포르투갈어로 교회를 뜻하는 이글레시아(Iglesia)의 기원이 되었다.

둘째, '키리아코스'(kyriakos)는 "주께 속해 있다"(마 16:18; 18:17)라는 뜻이다. 이것이 영어 처취(Church)의 기원이다. 변화 과정은 큐리오스(kurious, 주인) → 큐리아코스 오이코스(kuriakos oikos, 주인의 집) → 키르케(kirk, 스코틀랜드) → 키르쉐(kirche, 독일) → 키르케(circe, 고대영어) → 처취(Church, 교회 현대영어).

하나님의 백성공동체

교회는 하나님의 백성으로 이루어진다(고후 6:16). 하나님의 백성으로서의 교회는 하나님의 주도권을 강조한다. 하나님은 아브라함을 택하시고, 출애굽을 통해서 이스라엘 민족을 이루셨다. 이스라엘은 하나님의 백성이다(출 15:13, 16; 신 7:6; 14:2; 26:19; 32:9-10; 사 62:4; 호1:9-10). 하나님의 백성은 유대인 뿐 아니라 이방인을 모두 포함한다(롬 9: 24-26; 살후 2:13). 민족의 한계선을 넘어선 하나님의 백성의 자격은 이제 유대인의 할례를 받은 자가 아니라 그리스도의 할례, 곧 세례를 받은 자다(골 2:11).

인자(人子)는 구약의 하나님의 백성과 신약의 하나님의 백성을 연결시켜 주는 핵심 단어다. 다니엘서에서 인자는 그의 백성과 함께 하나님 앞으로 나아가고, 하나님에게서 받은 권세와 영광과 나라를 하나님의 백성에게 넘겨준다(단 7:13, 27). 다니엘서의 종말론적인 소망을 이루시는 인자는 복음서의 예수 그리스도를 지칭한다(막 13:26; 14:62). 교회는 예수와 함께 가까이 다가온 하나님 나라를 증거하고, 아직 완전히 오지 않은 하나님 나라를 바라보며 사는 종말론적인 하나님의 백성 공동체다(벧전 2:9-10; 고후 6:16; 히 8:10; 계 21:3). 교회는 장차 올 하나님 나라의 현재적 표징이며, 하나님의 부르심을 통해 형성된 하나님의 백성이다(딛 2:14). 그렇지만 교회를 성도들의 공동체로만 이해해서는 안 된다. 교회의 머리는 예수 그리스도이기 때문이다.

"예수 그리스도의 몸"

교회는 단순히 그리스도인의 공동체가 아니다. 교회는 머리가 되신 예수 그리스도의 몸이다(엡 1:22-23; 4:15; 고전 12:27; 골 1:18. 몸의 머리로서 예수는 교회를 다스리신다(골 2:9-10). 교회를 교회답게 하는 것은 오직 예수 그리스도다. 교회는 단순히 유기체적인 특성을 지닌 사회단체가 아니다. 교회는 예수께서 죽음과 부활을 통해 교회를 자신의 몸으로 구성하고 조직하고 유지하신다. 예수 그리스도는 교회의 주체이자, 설립자요, 나아가 주인이다(마 16:18).

우리는 세례를 통해 그리스도의 지체가 되고(롬 6:3-5), 성찬을 통해 그리스도의 운명에 참여한다(고전 10:16-17). 우리는 오직 교회의 머리와 주님이신 그리스도에게 속함으로써만 교회가 된다. 또한 그리스도의 몸인 교회를 구성하는 모든 성도는 다른 지체인 성도와의 상호의존성을 가진다(고전 12:12). 교회의 지체로서 성도들은 모두 다 은사를 받았다. 이 은사는 개인의 만족을 위해서가 아니라, 몸인 교회를 세우기 위함이다(고전 14:4-5, 12). 다양한 은사들로 인해서 몸 안에 차별이 있어서는 안 된다(고전 12:14-15).

성령의 종말론적 피조물

하나님이 성령을 부어주시겠다고 하신 약속(욜 2:28-29)은 오순절에 성취되었다(행 2:14-16). 성령 충만한 제자들은 권능을 받아(행 1:8) 예수의 부활을 담대히 증거했고(행 2:31-33), 이 날에 세례를 받은 신도의 수가 삼천이나 되었다(행 2:40-41). 그들은 사도의 가르침을 받아 서로 교제하고 떡을 떼며 오로지 기도하기를 힘썼다(행 2:40-42). 교회가 시작된 것이다. 주께서 구원받는 사람들의 수를 날마다 더하셨다(행 2:40-42, 47).

성령은 교제의 영으로서 우리 사이에 놓여 있는 장벽을 제거하고, 이웃을 향한 사랑의 교제를 가능케 하신다(행 4:31-35). 성령은 우리가 분열을 극복하고 한 성령으로 세례를 받아 한 몸인 공동체를 이루게 하신다(고전 3:16; 12:13). 성령은 교회에 속한 우리 모두의 성화를 위해 열매를 맺게 하시고(갈 5:22-23), 교회의 유익과 덕을 세우기 위해 은사를 주신다(고전 12:7; 14:12). 성령이 교회에게 주시는 은사는 다양하다(고전 12:28-31; 롬 12:6-8; 엡 4:11-16). 모든 은사는 하나님 자신이 예수 그리스도를 통해 성령 안에서 교회에게 부여하신 것이다. 따라서 모든 신자는 교회 안에서 하나님이 주신 은사로 말미암아 교만할 수 없다. 모든 은사는 품위 있게 하고 질서 있게 사용해야 한다(고전 14:33, 40).

교회의 네 가지 속성

니케아-콘스탄티노폴리스 신경(라틴어 Symbolum Nicaeno-Constatinopolitanum)은 325년의 니케아 신경을 기초로 381년 제1차 콘스탄티노폴리스 공의회에서 채택된 기독교 신앙고백문이다. 사도신경, 아타나시우스 신경과 함께 서방교회의 3대 신경으로 불린다. 이 신경은 현재에도 동방교회와 서방교회를 막론하고 모든 교파에서 그 권위를 인정하는 신앙고백의 기준이 되는 신경이다.

서방교회 로마 가톨릭 전통에서는 설교가 끝난 후 신앙고백을 하는데, 니케아-콘스탄티노폴리스 신경 또는 사도신경 중 하나를 사용한다. 성공회는 감사성찬례에서는 니케아-콘스탄티노폴리스 신경을, 저녁기도(만도)에서는 사도신경을 고백한다.

니케아-콘스탄티노폴리스 신경에서는 교회의 네 가지 속성을 고백했다. 하나의, 거룩한, 보편적, 사도적 교회다. 교회의 하나됨은 교회의 단일성을, 교회의 거룩함은 교회의 특수성을, 교회의 보편성은 단일성과 특수성을 유지하는 교회의 본질을, 교회의 사도성은 교회의 구체적이고 영적인 척도를 의미한다.

"교회는 하나입니다(ecclesia una)"

교회는 삼위일체 하나님, 만유의 아버지시고, 만유를 통일하신 성부 하나님(엡 4:6)과 교회의 머리이신 성자 하나님(엡 1:10, 22-23; 요 15:4)과 교회를 평안의 매는 줄로 하나 되게 하신 성령 하나님(엡 4:3) 안에서 하나다. 교회의 하나됨은 세례와 성찬 거행을 통해서 드러난다(엡 4:4-5; 고전 12:13). 또한 교회는 다음과 같은 의미에서 하나다.

첫째, 싸우는 교회이자 승리한 교회는 하나다. 싸우는 교회와 승리한 교회는 예수 안에서 하나다. 싸우는 교회(Church Militant)는 예수 그리스도의 재림 때까지 하나님 나라를 반대하는 세력과 영적인 전투를 수행하는 교회다(엡 6:12). 승리한 교회(Church Triumphant)는 예수 그리스도의 재림과 더불어 완전한 승리를 거둘 교회다. 싸우는 교회와 승리한 교회는 구분되지만, 둘이 아니다. 예수 그리스도가 재림하실 때까지 싸우는 교회의 목표는 승리한 교회다. 그러므로 예수 그리스도 안에서 싸우는 교회와 승리한 교회는 둘이 아니라 하나다. 재림의 주로 오실 승리자 예수 그리스도는 승리한 교회 뿐 아니라 싸우는 교회 안에도 현존하신다.

둘째, 보이지 않는 교회와 보이는 교회는 하나다. 아우구스티누스는 보이는 교회와 보이지 않는 교회를 구분했다. 보이지 않는 교회는 성경의 참된 교회로서 본질적 교회라면, 보이는 교회는 제도적 교회로서 지역교회다. 보이지 않는 교회가 시공간을 초월하여 구원받은 모든 신자로 구성된 전 우주적 그리스도의 교회라면, 보이는 교회는 시공간 속에서 구현된 구체적이고 사회적인 형태의 교회다. 루터와 칼뱅 또한 아우구스티누스의 교회 이해를 따라 이 둘을 구분한다.

로마 가톨릭교회, 동방정교회, 성공회는 보이는 교회인 제도적 교회가 더 중요하다고 주장한다. 반면에 경건주의나 플리머스 형제단은 형식적이고 제도적인 교회와 성직자를 거부한다. 그들은 예수 그리스도를 통한 개인과 하나님의 직접적인 관계, 즉 보이지 않는 교회를 더 중시한다. 두 견해의 중간에 있는 것이 교구(敎區, parish) 교회다. 교구 교회는 보이는 제도적 교회가 보이지 않는 참된 교회를 지향하며, 보이는 교회 안에 있는 성도들이 보이지 않는 참된 교회를 구성하고 있다고 주장 했다.

예수가 곡식과 가라지(마 13:24-30, 36-43), 양과 염소(마 25:31-46)의 비유를 말씀하신 것처럼, 보이는 교회에는 구원받지 못한 사람들도 들어와 있을 수 있다. 목회는 제도적 교회가 참된 교회가 될 수 있도록 이 둘의 일치를 위해 목양하는 것이다. 보이는 제도적 교회는 전적으로 보이지 않는 참된 교회로 인해 생명이 있으며, 보이지 않는 참된 교회는 보이는 교회를 통해 드러나야 한다. 성결교회는 지역교회 안에서 보이지 않는 참된 교회를 지향하는 교구 교회 전통 위에 서 있다.

셋째, 구약의 하나님 백성과 신약의 교회는 하나다. 구약의 하나님의 백성은 신약의 교회로 통합되어 하나다. 종교개혁자들은 문자적인 이스라엘이 교회로 대체되었다고 보았다. 반면 세대주의자들은 이스라엘과 교회를 하나님이 다른 방식으로 다루시는 두 가지의 분리된 실체를 주장했다. 성결교회는 구약의 하나님의 백성과 신약의 교회를 분리할 수 없는 하나로 이해한다.

구약의 하나님 백성은 신약의 교회를 통해서 하나님의 백성으로 통합되었다(롬 2:28-29; 4:11). 이제 하나님의 백성은 국가와 민족을 넘어서 예수 그리스도에게 속한 자면 누구나 아브라함의 자손, 약속대로 유업을 이을 자다(갈 3:29; 롬 4:16). 요엘서 2장 28절의 예언은 사도행전 2장 17절에서 교회의 성취로 선포되었다. 구약의 하나님 백성이라는 비전이 신약의 교회에서 성취되었다. 이제 교회라는 새 이스라엘에 들어옴으로써 구원을 받을 수 있다(롬 11:11, 25-26).

"교회는 거룩합니다(ecclesia santa)"

삼위일체 하나님은 교회를 거룩하게 하신다. 교회는 하나님의 거룩한 백성이요 제사장이다(벧전 2:5; 9-10). 예수 그리스도는 교회를 사랑하사 교회를 위하여 자신을 주시고, 물로 씻어 말씀으로 깨끗하게 하사 거룩하고 흠이 없게 하신다(엡 5:25-26). 교회의 거룩함은 교회 스스로 거룩하기 때문이 아니다. 교회의 머리인 예수 그리스도가 거룩하기 때문이다(고전 1:2). 교회는 예수 그리스도의 거룩함에 참여함으로써 거룩하다. 성령은 성도를 거룩하게 하시고(살후 2:13) 거룩한 삶의 열매를 맺게 하신다(갈 5:22-23). 교회를 거룩하게 하시는 성령은(벧전 2:9) 교회에게 다양한 은사를 주신다(히 2:4: 고전 12장; 엡 4:7-16). 교회는 성령의 권능을 받아 하나님의 거룩한 사랑을 나타내기 때문에 거룩하면서도 카리스마적이다.

교회는 죄인들의 거룩한 공동체다. 교회는 "성도의 공동체"(communio santorum)이면서, "죄인의 공동체"(communio peccatorum)다. 교회는 자신을 죄 가운데 있는 존재로 인식하면서 동시에 하나님의 용서 안에서 거룩하게 된 자로 인식한다. 또한 교회는 세상 속에서 그리스도의 고난에 참여할 때, 세상은 거룩한 교회를 경험한다. 교회가 의로 인한 박해와 고난, 가난한 자들과 연대할 때, 세상은 삼위일체 하나님으로 인한 교회의 거룩함을 경험한다.

"교회는 보편적입니다(ecclesia catholica)"

교회는 보편적이다. 보편적 교회(catholica ecclesia)에서 '가톨릭'은 '보편'이라는 뜻이다. 이 말은 안디옥의 이그나티오스(Ignatius, 35?~107?)가 대교구에 있는 감독교회를 지칭하기 위해 처음으로 사용했다. 그러나 이것은 단순히 로마 가톨릭만을 지칭하는 말이 아니다. 교회는 스스로 보편적인 것이 아니라 오직 예수 그리스도 안에서만, 예수 그리스도를 통해서만 보편적이다. 교회의 다양함에도 불구하고 교회는 예수 그리스도로 말미암아 언제 어디서나 동일성과 연속성을 유지한다. 예수 그리스도로 말미암은 보편성이 없으면 참된 교회가 아니다. 이런 의미에서 교회의 보편성은 교회의 하나됨과 일치한다. 교회의 하나됨이 교회의 수렴적인 의미의 보편성이라면, 교회의 보편성은 교회의 확장된 의미의 하나됨이다. 오리게네스(Origen, 185?~254?)와 카르타고의 키프리아누스(Cyprian, 200?~258)는 "교회 밖에는 구원이 없다"(Extra ecclesiam nulla salus)고 했다. 그러나 칼 바르트(Karl Barth, 1886~1968)는 "교회 밖에는 구원이 없다"가 아니라, "그리스도 밖에는 구원이 없다"(Extra Christum nulla salus)라고 주장했다. 교회의 보편성이 교회가 아니라 예수 그리스도의 구속, 통치, 현존에서 이루어진다는 의미다.

보편적 교회는 복음을 전파한다. 예수 그리스도 안에서 하나된 교회는 온 세상과 연결되어 있는 교회다. 하나님은 예수 그리스도 안에서 모든 사람이 구원 얻기를 원하셔서(롬 11:32; 딤전 2:4), 예수 그리스도를 온 세상의 화목제물로 보내셨다(요일 2:2; 요일 4:10; 롬 3:25). 부활하신 예수 그리스도의 통치, 곧 하나님의 나라는 온 세상에 보편적이다. 예수 그리스도는 교회를 향해 땅끝까지(행 1:8), 모든 족속으로 제자를 삼아, 세례를 주고, 가르쳐 지키라 하셨다(마 28:19-20).

교회는 참된 믿음을 고백하고 구원받은 자들로 구성된 하나님의 집이자 가족이다(엡 2:19). 교회는 복음전파를 통해 하나님 나라의 보편성에 참여하고, 교회의 보편성은 확장된다. 또한 보편적 교회는 교회의 보편성을 강조함과 동시에 교회의 지역적 특수성도 강조한다(롬 14:21; 고전 8:9-13). 교회는 보편적인 동시에 지역적이다. 교회는 세계적인 그리스도의 몸이지만, 동시에 지역적 취향과 문화를 가진 다양하고도 특별한 지역 공동체로서 존재한다. 교회는 문화를 초월하면서도, 자신을 특정 문화에 발을 딛고 살아간다.

"교회는 사도적입니다(ecclesia apostolica)"

사도직은 부활한 주님을 직접 목격했고 주님의 사자로서의 임무를 직접 받은 사도들에게만 해당한다. 사도들이 죽은 이후에 교회는 새로운 사도들을 세운 적이 없다. 사도적 교회는 사도적 사명과 봉사를 계승한 것이지, 법적이고 사회적인 의미의 승계가 아니다. 또한 사도적 교회의 계승은 특정 교회나 특정인이 아니라 온 교회가 사도성을 계승하는 것이다. 교회는 사도들이 신앙의 증거를 통하여 전하여 준 말씀에 기초하며, 사도들의 과업과 직분을 전승한다(요 20:21; 마 10:40; 엡 2:20).

사도들은 오직 예수 그리스도와의 관계 안에서만 권위를 갖는다. 교회를 세우는 자는 사도들이 아니라 예수 그리스도다. 성부 하나님이 예수를 보내시고, 예수가 사도들을 보내시어 교회를 세우셨으므로, 교회는 사도적 권위와 직임을 가진다(요 14:12; 20:21). 예수 그리스도는 교회에 직분을 주셨는데, 그것은 직업이 아니라 소명이다. 모든 신자는 그리스도의 생명을 가진 자들로서 모두가 거룩하며 함께 교회를 섬기는 존재다. 예수 그리스도는 각 사람에게 은사에 따라 직분을 주셔서 성도를 온전하게 하여 봉사를 하게 하며 그리스도의 몸인 교회를 세우신다(엡 4:11-12).

성령은 교회의 질서와 유지와 건강과 성장을 위해 지도자를 임명하신다(막 3:14; 눅 10:1; 행 9:15; 14:23). 교역자(목사, 전도사 같은 목회사역자)는 말씀과 기도(행 6:1-4), 교육과 행정을 통해 교회와 성도를 세우는 직무를 수행한다(엡 4:11-12). 교직자(장로, 권사, 안수집사, 집사 같은 평신도 리더)는 교회의 사회적이고 실무적인 일들을 수행하는 직무로 섬긴다(행 6:1-6; 딤전 3:8-13; 롬 16:1). 교역자는 성도를 온전하게 하는 자로서의 권위를 갖는다. 성도는 교역자를 통해 온전하게 되어 봉사하는 자로서 교역자의 권위를 존중한다.

교회의 사명

교회는 그리스도의 사명(mission)을 수행하기 위해서 모이고 흩어진다. 모이는 교회는 구심적 활동을 통해서 하나의 거룩한 교회를 경험한다. 흩어진 교회는 원심적 활동을 통해서 보편적 사도적 교회를 체험한다. 모이는 교회는 하나님과의 관계를 강화시키고, 흩어지는 교회는 세상과의 관계를 강화시킨다.

최초의 유형교회인 예루살렘 교회는 오순절 성령강림 이후 사도들의 설교를 듣고 세례를 받은 신자의 공동체로 시작했다. 예루살렘 교회는 형성과정에서 복음전파라는 선교의 사명(행 2:40-41), 사도의 가르침을 받는 교육의 사명(행 2:42), 성도가 마음을 같이하는 교제의 사명(행 2:42, 46), 기사, 표적, 물건 통용, 나눔이라는 봉사의 사명(행 2:43-45), 하나님을 찬미하는 예배의 사명(행 2:42, 46-47)이라는 다섯 가지 교회의 역할을 수행했다. 모이고 흩어지는 교회의 사명은 선교, 교육, 교제, 봉사, 예배다.

이러한 교회의 사명은 개별적 사안이 아니라 예배를 중심으로 유기적으로 연결된다. 교회는 성도가 구원의 복음을 전파하고, 가르쳐 지키게 하고, 한 성령으로 세례를 받아 성찬을 통한 하나님과의 수직적인 교제를 통해서 성도와의 수평적인 교제로 확장한다. 나아가 교회는 필요를 따라 나눌 수 있는 인간에 대한 봉사와 하나님에 대한 예배를 통해서 현실의 삶에서의 예배로 확장해 나간다.

선교(케리그마, Kerygma)의 사명

예루살렘 교회는 구원을 위한 복음을 전파하고 세례를 받은 신자들로 구성되었다(행 2:40-41). 복음전파는 보이지 않는 교회가 보이는 교회로 드러나게 하는 하나님의 구원의 방법이다. 예수가 전파하신 케리그마의 핵심은 "천국이 가까이 왔다"(마 4:17; 마 10:7)는 것이다. 하나님 나라의 선포자로서 예수는 귀신을 쫓아내시면서 "하나님 나라가 이미 너희에게 임하였느니라"(마 12:28)고 선언하셨다.

교육(디다케, Didache)의 사명

최초의 교회인 예루살렘 교회는 사도의 가르침을 받으면서 형성되었다(행 2:42). 사도는 예수 그리스도의 계승자로서 열두 제자와 바울에게만 해당된다. 교회의 사도성은 예수의 가르치는 사역의 계승에서 드러난다. 누가는 예수의 공생애 사역의 시작을 가르침으로 묘사한다(눅 3:23). 예수는 각 성과 각 촌(눅 13:22)에서, 예루살렘(눅 19:47)에서 가르치시고, 길(막 8:27; 막 10:32)과 회당에서 가르치셨다(마 13:54; 막 1:21; 눅 6:6; 요 6:59).

예수 그리스도의 사역의 핵심 중 하나는 가르침이었다. 제자들(막 9:5; 막 14:45; 요 1:38)과 니고데모(요 3:2)는 예수를 선생(랍비)이라고 불렀다. 예수 그리스도는 정식으로 랍비 교육을 받지 않으셨지만, 가르치는 데에 권세가 있었다(막 1:22). 예수 그리스도는 권위 있는 가르침으로 "내게 배우라"(마 11:29), "나를 따르라"(막 2:14; 막 1:16-20)고 말씀하셨다.

교제(코이노니아, Koinonia)의 사명

예루살렘 교회는 신자들이(행 2:41, 44) "서로 교제하고 떡을 떼며"(행 2:42) "기쁨과 순전한 마음으로 음식을 먹"(46절)는 코이노니아 공동체였다. 문자적으로 코이노니아는 "모든 것을 공동으로 갖거나 소유"하는 것을 의미한다. 신약성경에서 교제를 의미하는 헬라어 '코이노니아'는 '공동으로(코이네, koine) 나누는 것'을 가리키며, 영어로는 fellowship(교제)으로 번역한다.

코이노니아는 신약성경에서 "우리의 사귐"(요일 1:3), "하나님과 사귐"(요일 1:6), "그리스도의 피에 참여함"(고전 10:16), "성령의 교통하심"(고후 13:13) 등 다양하게 사용한다. 예루살렘 교회는 코이노니아를 문자 그대로 실천했다(행 2:44-45). 성도의 교제로서의 교회는 "성령 충만한 사회적 공동체"임을 의미한다. 하나님은 그리스도 안에서 새로운 유형의 인간 공동체, 곧 친교 공동체를 만드셨다. 성도의 교제로서의 교회는 믿음을 기반으로 삶을 공유하는 전혀 새로운 유형의 인간 공동체다.

봉사(디아코니아, Diaconia)의 사명

예루살렘 교회는 사도들로 말미암아 기사와 표적, 신자로 말미암아 물건 통용과 필요에 따른 나눔이 실현되는 디아코니아 공동체였다(행 2:43-45). 봉사와 섬김을 뜻하는 디아코니아는 전인적인 구원을 이루시는 메시아 사역의 핵심(눅 7:22)이다. 즉 섬기러 오신 예수의 구원 사역을 의미한다(막 10:45). 죄인을 부르러 오신 예수의 치유는 개인의 질병 치유 이상의 목적이 있다(막 2:17).

예수는 때때로 질병의 치유(눅 8:48; 마 9:22; 막 5:34; 10:52)와 죄의 용서(눅 7:50)를 동일하게 "구원"으로 말씀하셨다. 예수는 70인 제자를 파송하시면서 치유를 하나님 나라와 연관시키셨다(눅 10:9). 교회는 하나님의 은혜의 역사인 기사와 표적, 물건의 통용과 필요에 따른 나눔의 실천을 통해 예수 그리스도처럼 전인 구원을 위해 섬기는 디아코니아 봉사 공동체다.

예배(레이투르기아, leitourgia)의 사명

세례받은 신자들로 시작된(행 2:41) 예루살렘 교회는 사도의 가르침을 받아 서로 교제하고 떡을 떼며 기도하기를 힘쓰고(행

2:42), 집에서 떡을 떼며(행 2:46), 하나님을 찬미(행 2:47) 했다. 말씀, 교제, 성찬, 기도, 찬양으로 구성된 예배가 드려진 것이다. 유대인에게 '떡을 떼다'는 '식사하다'라는 관용적 표현이다(마 14:19; 마 15:36; 막 8:6, 19; 눅 24:30, 35). 그러나 교회에게 '떡을 떼다'는 '식사'라는 애찬의 의미 뿐만 아니라, 주의 만찬인 성찬을 의미했다(마 26:26; 막 14:22; 눅 22:19; 고전 10:16; 11:24).

초대교회는 최초의 보이는 교회인 예루살렘 교회의 전통을 이어받았다. 그들은 예배를 말씀과 성찬이라는 이중구조로 체계화하고, 기도와 찬양으로 그 내용을 구성했다. 초대교회는 함께 모여 예배 안에서 복음선포(케리그마), 가르침(디다케), 교제(코이노니아), 봉사(디아코니아)의 사명을 실천함으로써 하나님과의 수직적인 관계를 분명히 세웠다. 동시에 세상으로 흩어져 동일한 사명을 수행함으로써 예배를 수평적인 관계로 확장시켰다. 그러므로 "온 백성에게 칭송을 받으니 주께서 구원받는 사람을 날마다 더하게"(행 2:47) 하신 것이다. 종교개혁자들의 선언처럼 교회는 "하나님의 말씀이 온전히 선포되고 성례전이 올바로 거행되는 공동체"다.

교회의 표지로서의 말씀과 성례전

루터의 종교개혁 동지였던 필리프 멜란히톤(Philip Melanchthon, 1497~1560)은 아우구스부르크 신조(1530) 제7항에서 교회를 다음과 같이 정의하고 있다. "항상 하나의 거룩한 그리스도의 교회는 존속한다. 그것은 모든 신자들의 모임이며, 그곳에서는 복음이 순수하게 선포되고 거룩한 성례전이 복음에 따라 집행된다고 가르친다". 칼뱅 또한 그와 같은 맥락에서 "말씀을 선포하고 성례를 지키는 것을 우리는 참된 교회와 거짓 교회를 구별하는 표지로 결정했다"라고 말했다.

칼 바르트(Karl Barth, 1886~1968)는 참된 교회의 척도로 말씀을 더 강조했지만, 그렇다고 성례전을 소홀히 해서는 안 된다고 말한다. 바르트는 세례의 표징 속에서 교회는 자신이 어디서 왔는지를 생각하고, 성찬의 표징 속에서 교회는 자신이 어디로 가고 있는지를 생각해야 한다고 주장했다. 바르트에게 있어서 세례와 성찬은 하나님의 구원 역사에서 말씀이 드러나는 알파와 오메가다. 폴 틸리히는 말씀과 성례전이 하나님의 영의 매개체로서 인간의 의식을 지향한다고 보았다.

아돌프 알트하우스(Adolf Paul Johannes Althaus, 1861~1925일)는 말씀과 성례전을 하나님의 인격적인 행동으로 인한 하나의 은총이 주어지는 두 가지 수단이라고 말했다. 디트리히 본회퍼(Dietrich Bonhoeffer, 1906~1945)는 예수 그리스도가 교회로 존재하는 표지가 말씀과 성례전이라고 강조했다. 본회퍼에 따르면, 말씀과 성례전은 교회 안에 나타나는 그리스도의 전체 인격이다.

교회는 참된 복음이 선포되고 올바르게 성례전이 집행되는 예배 공동체다. 초대교회부터 종교개혁자와 현대 기독교에 이르기까지 성령으로 인한 말씀과 성례가 예배의 중심이다. 예배 중에 하나님은 말씀과 성례를 통해 자기 자신을 내어주신다.

삼위일체 하나님은 세 위격의 신비한 연합과 일치를 이루신다. 사랑의 교제를 나누시는 삼위일체 하나님은 우리와 교제하기를 원하셔서 성도를 불러 그의 아들 예수 그리스도와 교제하게 하신다(고전 1:9).

그리스도는 보이지 않는 하나님의 형상(고후 4:4), 하나님의 영광의 광채, 하나님의 본체의 형상이다(히 1:3). 성도는 그리스도와 교제를 통해 그리스도의 형상을 본받는다(롬 8:29). 성도는 성령(빌 2:1)으로 말미암아 성례를 통해 그리스도 안에서 교제에 참여한다. 또한 그리스도와의 연합을 통해 하나님과의 교제에 참여한 성도들은 상호 간에 교제를 이룬다(롬 6:3-5; 고전 10:16-17). 성도의 교제는 거룩한 선물인 성례(sancta)와 거룩한 사람들(sancti)과의 상호 친교와 사귐을 통해 이루어진다.

제18장

만인제사장직

만인제사장직은 왜 중요한가

만인제사장직은 모든 신자들이 제사장직의 특권을 갖는다는 개신교회의 핵심적 교리다. 이 교리는 기독교 역사에서 가장 혁명적인 사상으로 평가받고 있다.

첫째, 만인제사장직 교리는 직분의 차이가 영적인 차이를 갖는 것이 아님을 천명한다. 따라서 사제나 평신도, 직분자나 일반 성도들은 모두 제사장이다. 둘째, 우리가 갖는 제사장직의 특권은 그리스도의 사명에 참여하는 것이다. 셋째, 만인제사장직의 본질은 단순히 교회내의 신자 개인의 자격과 권리에 관한 논의가 아니다. 오히려 제사장 나라로서 교회가 공동체와 세상을 향해 갖는 사명을 말한다.

제사장의 성경적 배경사

구약시대의 제사장

출애굽기에서 하나님은 모세에게 이스라엘이 제사장 나라가 될 것이라고 말씀하신다. "너희가 내게 대하여 제사장 나라가 되며 거룩한 백성이 되리라 너는 이 말을 이스라엘 자손에게 전할지니라"(출 19:6). 그렇지만 이스라엘에는 제사장 제도가 세워져 제사장들이 성막 성전의 제의적인 일들과 희생제사를 통해 하나님 앞에서 백성을 대표하는 역할을 했다.

포로기 이후 제사장들은 백성을 새롭게 조직하는데 있어서 주도적인 역할을 했다. 신약시대로 이어지는 신구약 중간기에도 정치적 힘은 쇠퇴하였지만, 이스라엘 가운데 영향력 있는 위치를 차지했다. 주후 70년, 로마군에 의해 성전이 무너질 때까지 제사장들은 백성을 대신하여 희생제사를 드리는 권리가 인정되었다. 예수 탄생 시기에 제사장들은 이스라엘 땅에서 사회 정치적 무대의 중심에 있었다. 그러나 이러한 권력과 특권을 누린 제사장들은 예루살렘에 거하는 제사장들에게만 해당되었다. 세례 요한의 아버지 사가랴같은 낮은 신분이거나 시골 출신의 제사장들에게는 그런 특권이 해당되지 않았다.

제사장의 많은 역할 중 주된 것은 희생제사를 드리는 일이었다. 제사장들은 축복선포, 성전음악, 성전의 치안유지, 절기 때 나팔

불기, 성전의 마당과 건물 점검 및 수리, 예배자의 형편에 따른 희생제물 정하기, 십일조 징수와 성전 금고 운영, 질병 조사와 정결의식 수행이나 신체적인 유출과의 접촉으로 인한 문제들에 대한 의료적 관여 등이 포함되었다.

한편, 대제사장은 정치적 역할과 제의적 역할 양쪽 모두를 담당했다. 그는 속죄일에 지성소에 들어가는 것을 비롯해 속죄제를 드릴 수 있는 유일한 제사장이었다.

신약시대의 제사장

주후 1세기 전반에 제사장직은 구약에서처럼 혈통에 의해 이어졌다. 여기에는 레위인들과 제사장들(레위지파 중 아론의 후손들)이 포함되었다. 이에 더하여 제3의 집단인 사독 가문의 사람들도 제사장 역할을 수행했다. 이들은 다윗과 솔로몬 시대의 제사장이었던 사독의 후손들이다. 사해 근처로 도피하여 살았던 에세네파의 쿰란 공동체에서 사독계 제사장들은 특히 존경을 받았다.

제사장의 영향력이 절정에 달했던 것은 마카비 혁명으로 유대를 독립시켰던 하스몬 왕조 시대(B.C. 165-63년경)였다. 이 시기에는 왕권과 제사장직을 함께 수행한 통치자가 많았다. 그러나 헤롯 대왕이 등장하면서 대제사장은 이전에 누렸던 권력의 대부분을 잃어버렸다. 헤롯은 대제사장 임명권을 빼앗아 버렸고, 대제사장의 신성한 의복을 자기 진영에 보관해 두었다. 헤롯이 죽은 후

로마는 팔레스타인을 직접 다스렸으며, 이 기간에 대제사장들은 로마 총독 및 사령관들과 긴밀하게 손을 잡았다. 대제사장들은 주로 사두개파에서 나왔다. 이들은 당시의 긴박한 정치적 상황에서 종교적으로 타협하는 것을 두려워하지 않았다. 그들은 로마의 권력자들과 함께 기득권을 누렸다는 비판을 받았다. 그러나 동시에 그들은 성전과 성전 제의가 하나님의 백성들 사이에 계속 유지되는 것에 깊은 관심을 가졌다.

헤롯 대왕 이전과 이후 대제사장의 막강한 힘은 신약시대를 이해하는데 중요하다. 대제사장은 세금을 걷고, 성전과 산헤드린을 감독하며, 로마와의 모든 협상에서 유대인들을 대표하는 권리를 가졌다. 복음서에서 대제사장들은 예수를 대적하는 집단으로 나타난다. 이들은 산헤드린 회원이었으며, 주로 예루살렘에 집중되어 있었다.

"예수 그리스도만이 유일한 대제사장이고 중보자이십니다"

대제사장 예수 그리스도

예루살렘 성전의 모든 권한을 갖고 있던 대제사장들은 예수 그리스도를 배척하고 대적하는 집단이었다. 그러나 예수 그리스도의 오심으로 이제는 이들이 드리던 희생제사는 더 이상의 효력을 발휘할 수 없게 되었다. 예수 그리스도가 대제사장이 되셔서 백성을 위해 온전하고 참된 제사를 드렸기 때문이다.

예수 그리스도는 인간의 죄를 위하여 참된 희생 제사를 드리기 위해 오셨다. 예수는 자신이 온 목적을 밝히셨다. "인자가 온 것은 섬김을 받으려 함이 아니라 도리어 섬기려 하고 자기 목숨을 많은 사람의 대속물로 주려 함이니라"(막 10:45). 또한 스스로 세상 죄를 지고 가는 하나님의 어린양이 되어 자기 목숨을 인류의 속죄를 위한 제물로 십자가에 바치셨다(히 7:27). 이 십자가로 인하여 하나님과 인간 사이에 막힌 담이 무너졌고, 인간의 죄가 해결되어 하나님과의 관계를 회복하게 되었다. 그리스도의 십자가는 죄를 대속하는 희생제사였을 뿐만 아니라, 하나님과 인간을 화해시킨 화목제물이기도 하다. 그리스도를 통하여 하나님에게 나아가는 길이 열렸다.

예수 그리스도는 영원히 계시기 때문에 제사장 직분도 바뀌지 않는다(히 7:24). 예수 그리스도는 대제사장으로서 우리에게 합당하신 분이다. 그분은 거룩하고 악이 없으며, 더러움이 없고 죄인에게서 떠나 계시며 하늘보다 높이 계신 분이다(히 7:26). 그분은 다른 대제사장들처럼 먼저 자기 죄를 위하고 다음에 백성의 죄를 위하여 날마다 제사를 드릴 필요가 없는 분이다. 예수는 단번에 자기를 드려 이 모든 것을 이루셨기 때문이다. 예수는 십자가에서 희생제물로 죽으심으로써, 인간의 모든 죄를 위한 속죄를 단번에 이루셨다(히 9:1-10:22).

또한 성경은 예수가 십자가를 지시고 죽음을 당하셨을 때, 성전의 휘장이 둘로 갈라졌다고 기록한다(마 27:51, 막15:38, 눅 23:45). 성소에는 대제사장만이 들어가던 지성소를 가리기 위해 휘장이 쳐져 있었다. 휘장으로 인해 성소와 지성소가 나뉜 것이다. 이 휘장은 얇은 커튼이 아니다. 실제로 이 휘장은 두께가 9센티가 넘고, 길이가 22.4미터가 되는 엄청나게 크고 두꺼운 것이다. 이는 24개의 실을 꼬아 만든 줄 72개를 모아 섞어 짜 놓은 천이기 때문이다. 이 휘장을 만들어 걸기 위해서는 반드시 한번 정결케 하는 과정이 필요했다. 휘장을 정결케 하려고 정결례탕에 넣었다가 성소로 옮기는 작업에 제사장 300명이 힘을 모아서 함께 옮겨야 할 만큼 무거웠다. 이처럼 엄청난 휘장이 저절로 둘로 찢어진다는 것은 불가능한 일이었다. 그런 휘장이 둘로 찢어졌다는 것은 초차연적 사건이다. 이는 예수 그리스도의 십자가 사건을 지시하는 상징적 사건이었다. 하나님의 나라는 예수 그리스도의 죽음을 통하여 열리게 된 것이다. 십자가의 죽음으로 대제사장만이 들어가던 성소에 들어가서 하나님에게 나아갈 수 있는 길이 누구에게나 열린 것이다.

유일한 중보자 예수 그리스도

오직 예수 그리스도만이 우리를 위한 유일한 중보자다. 우리의 대제사장은 이 땅에서 인간이 겪는 모든 아픔과 질고를 직접 겪으셨다. 또한 모든 일에 우리와 똑같이 시험을 받았지만, 죄가 없으신 분이다(히 4:15-16). 그는 처음 인간인 아담이 유혹을 받아 죄를 범한 것으로 인하여 모든 인간이 죄 아래 있게 된 것을 역전시키셨다.

예수가 어떻게 우리가 유혹받는 것과 같은 방식으로 유혹받았는지에 대한 구체적인 사례들은 기록되어 있지 않다. 그러나 예수는 돌을 떡으로 만들라는 유혹을 받았다. 이것은 우리에게는 불가능한 일이고, 하나님의 아들에게는 가능한 일이었다. 현실적으로 능력이 더 많은 사람들이 더 많은 유혹에 노출되는 것이 사실이다. 예수가 우리와 같이 유혹받았다고 할 때, 그것은 예수 자신의 능력이 허용되는 한계까지 유혹을 받았다는 의미이다. 거기에는 하나님만이 할 수 있는 일들이 포함되어 있다. 이러한 유혹에 대해 주님은 저항하셨고 죄에 빠지지 않았다. 유혹에 대한 저항은 우리에게도 가능한 일이다. 바울은 하나님이 사람에게 감당할 시험만 허락하신다고 가르치고 있다(고전 10:12-13). 예수의 저항은 초자연적인 것이 아니었다. 만일 우리도 하나님의 뜻에 명확히 초점을 맞춘다면 얼마든지 할 수 있는 저항이었다. 따라서 이 점에 있어서 예수에게는 죄가 없으셨다.

그는 육체에 계실 때에 자기를 죽음에서 능히 구원하실 이에게 심한 통곡과 눈물로 간구와 소원을 올렸고 그의 경건하심으로 말미암아 들으심을 얻었느니라. 그가 아들이시면서도 받으신 고난으로 순종함을 배워서 온전하게 되셨은즉,

자기에게 순종하는 모든 자에게 영원한 구원의 근원이 되시
고(히 5:7-9).

위의 본문에서 알 수 있듯이, 예수는 죄가 없으셨지만, 인간의 삶을 살면서 겪는 슬픔과 고통에서 제외되지는 않았다. 슬픔과 고통이 언제나 죄의 결과는 아니다. 예수는 우리와 같은 인간성을 갖고 계셨고, 인간의 연약함을 직접 체험하셨다. 그럼에도 아버지와의 관계가 단절되지 않았다. 그분은 아담의 죄로 인해 하나님과 단절된 유산을 받지 않으셨다.

더구나 주님은 우리와 같은 인간성을 갖고 계시면서도 하나님의 뜻에 끝까지 순종하셨다. 이것은 예수가 아버지와의 친밀한 사랑의 관계 속에서 지속적으로 순종해 오신 결과다. 또한 예수는 우리에게도 그러한 아버지와의 관계를 열어주시고자 하신다. 유혹에 저항하여 죄에 굴복하지 않으신 주님은 끝까지 하나님께 순종하심으로 새로운 세상을 열어주셨다. 예수 그리스도는 우리에게 죄없다 함을 얻게 하시려고 이 땅에 오셨다. 이제 우리도 주님을 힘입어 무죄한 상태가 되었다. 더 나아가 그리스도를 힘입어 하나님의 긍휼히 여기시는 은혜를 받을 뿐 아니라, 필요할 때마다 하나님의 보좌 앞에 나아갈 수 있게 되었다.

새 언약의 중재자

예수는 승천하여 성부 하나님의 오른편에 앉으셨다. 이는 성부의 권능이 성자에게 위임된 것을 말한다. 그 권위에 의해 성자는 자신의 희생제사를 사용하여 우리의 계속적인 죄를 용서해 주실 것을 성부께 간청하신다. 이것을 우리는 그리스도의 중재 사역이라 부른다. 그리스도의 중재 사역은 우리의 삶에 핵심적인 것이다. 그리스도의 속죄 사역은 십자가의 죽음으로 다 이루었지만, 그리스도의 사역이 끝난 것은 아니다. 하늘에 올리신 그리스도는 이제 그곳에서 십자가에서 마친 사역을 기초로 우리를 위해 계속 중재하고 계셨다(롬 8:34). 그래서 바울은 우리가 이 세상에서 수많은 시험이나 시련에 시달리지만, 우리를 하나님의 사랑에서 분리시킬 수 있는 것은 아무것도 없다고 담대하게 말했다. 그리스도의 사역으로 인해 우리가 넉넉히 이기고도 남기 때문이다.

이제 하나님의 심판과 진노는 그리스도의 십자가에서 해결되었다. 그분의 승리로 우리는 하나님의 은혜를 받게 되었다. 하나님께 나아갈 때마다 긍휼과 은혜를 받기에 두려워하지 않고 당당하게 보좌를 향해 나아갈 수 있다. 은혜의 보좌에는 예수 그리스도가 하나님 곁에서 언제나 우리를 위해 중보하고 계시기 때문이다. 자신의 아들을 내어주신 하나님은 우리에게 모든 것을 아끼지 않고 베푸신다(롬 8:32).

"모든 성도는 제사장의 특권이 있습니다"

그리스도는 대제사장으로서 유일한 중보자가 되신다. 그런데 성경은 우리들 또한 제사장이라고 부른다. "그러나 너희는 택하신 족속이요 왕 같은 제사장들이요 거룩한 나라요 그의 소유가 된 백성이니"(벧전 2:9), "그의 아버지 하나님을 위하여 우리를 나라와 제사장으로 삼으신 그에게"(계 1:6).

그리스도인을 부르는 네 가지 이름

베드로전서의 본문은 성도들의 신분을 네 가지로 말하고 있다. 첫째, 성도들은 '택하신 족속'이다. 이 말은 이사야서 4장 30절의 인용이다. 유대인들은 자신들이 아브라함의 후손으로 하나님의 택하신 족속이 되었다고 믿는다. 그래서 아브라함의 혈통을 이어받은 자손임을 자랑스럽게 여긴다. 그러나 이제 우리는 그리스도의 구속의 피로 인해 새롭게 출생하여 영적인 신분을 갖게 된다. 우리는 하나님이 그리스도 안에서 택한 족속이다.

둘째, '왕같은 제사장'이다. 출애굽기 19장 6절을 인용한 것으로, 왕 같은 제사장은 다양한 해석이 가능하지만, 왕인 동시에 제사장을 의미한다. 우리는 왕이신 그리스도와의 연합을 통해 그리스도와 함께 보좌에서 만국을 통치하며, 동시에 제사장으로서 하나님을 섬기며 예배하는 자다. 출애굽기에서 하나님은 이스라엘 민족을 택하셔서 모든 민족을 위한 제사장 나라로 삼으시고자 하셨다. 마찬가지로 우리는 세상을 섬기는 왕과 제사장의 역할을 감당하는 자들이다.

셋째, '거룩한 나라'다. 이 역시 출애굽기 19장 6절의 인용이다. 이것은 우리의 현재 직책이 이스라엘 민족을 대신하고 있음을 나타낸다. '거룩'이란 구별되어 하나님께 드린 것을 뜻한다. 따라서 우리는 하나님께서 쓰시고자 선별하신 존재들임을 의미한다.

넷째, 성도들은 '하나님의 소유된 백성'이다. 이 표현은 출애굽기 외에도 이사야 43장 21절과 3장 17절에도 나타난다. '소유'란 말은 특별한 대가를 지불하고 획득한 것을 의미한다(행 20:28; 엡 1:7; 살전 5:10). 우리는 하나님이 자신의 독생자이신 그리스도의 희생으로 사셔서 그의 자녀로 삼으신 언약의 백성이다.

이처럼 하나님이 우리를 특별하게 택하여 세우시고 제사장적인 특권을 주신 이유는 자신을 어둠에서 불러내신 하나님의 덕을 선전하도록 하시기 위함이다. 우리들의 특권은 바로 여기에 있다. 우리는 복음을 전하고 하나님을 찬양하기 위해 부르심을 받은 자들이다.

그리스도인의 제사장직

우리는 어떻게 그리스도의 제사장직에 참여하게 되는가? 루터는 "독일 그리스도인 귀족에게 보내는 글"에서 신자들의 사제직에 대해 밝힌 바 있다. 루터는 여기에서 교황이나 주교가 평신도와 구별되는 자들이 아니며, 더 성별된 자로 구분되지 않음을 지적했다. 그 이유에 대해 루터는 "우리는 다 세례를 통하여 사제로서 성별을 받았다"고 밝힌다. 따라서 각각 필요에 따라 직무를 달리하지만, 우리는 "모두 다 왕들이며 동등한 권위"를 갖고 있으며 "신분"의 차이가 없음을 주장했다. 우리는 모두 그리스도의 몸의 지체들이다.

또한 개혁교회의 교리는 그리스도와 연합한 신자는 그리스도와 같이 그 직분에 참여하는 자가 된다는 사실을 강조했다. 하이델베르크 요리문답 32문은 신자를 그리스도인이라 불리는 이유에 대해 다음과 같이 묻고 답하고 있다.

문: 그런데 당신은 왜 그리스도인이라 불립니까?

답: 왜냐하면 내가 믿음으로 그리스도의 지체(肢體)가 되어 그의 기름 부음에 참여하기 때문입니다. 나는 선지자로서 그의 이름의 증인이 되며, 제사장으로서 나 자신을 감사의 산 제물로 그에게 드리고, 또한 왕으로서 이 세상에 사는 동안은 자유롭고 선한 양심으로 죄와 마귀에 대항하여 싸우고, 이후로는 영원히 그와 함께 모든 피조물을 다스릴 것입니다.

"모든 성도는 제사장의 사역으로 부름 받았습니다"

만인제사장직의 핵심은 모든 그리스도인이 그리스도를 통해 하나님 앞에 자유롭게 나아갈 뿐 아니라 다른 이를 위해 기도하며 봉사할 수 있다는 것이다. 예수 그리스도가 우리의 구원을 위해 중보하시는 것처럼, 그리스도인들도 그리스도의 중재 사역에 참여한다. 신자들은 왕같이 존귀하고 자유로운 신분으로서 가정, 교회, 사회에서 선한 양심으로 다스리며 그들을 위해 섬기고 기도할 특권을 갖는다.

성결교회 헌법은 이를 '신약의 제사권'이라는 제목으로 명시하고 있다. "우리에게는 영원한 제사장이 오직 한 분만 계시니 곧 예수 그리스도시다... 예수 그리스도의 중보로 인하여 우리의 죄가 사유(赦宥)되며 연약함을 체휼(體恤)하시는 구주임을 확신한다. 동시에 그리스도와 연합한 신약의 모든 교인들은 누구나 만민의 구원을 위하여 도고(禱告)할 제사장의 특권이 있다(헌법 22조)". 여기에서 '도고'란 다른 이들을 위한 기도를 말한다.

만인제사장직(萬人祭司長, priesthood of all believers) 교리

만인제사장직이란 모든 신자가 제사장이라고 했던 루터의 주장을 담은 교리다. "만인 제사장"이란 말은 모든 사람들이 신자라는 상황에서는 가능한 용어다. 그러나 정확하게 표현하자면 "모든 신자의 제사장직"을 말한다. 이 만인제사장직의 교리는 종교개혁자들의 사상에서 가장 혁명적인 것으로 평가된다. 그러나 종교개혁을 토대로 세워진 개신교회는 그 사상의 중요성에 비해 제대로 의미를 드러내어 실천하고 있지 못하고 있는 실정이다.

만인제사장직의 교리를 잘못 해석하면 베드로전서에서 밝히고 있는 말씀의 근본적인 의도와 관계없이 왜곡할 수 있다. 이런 점에서 먼저 루터의 의도를 정확히 파악할 필요가 있다. 가톨릭의 성직주의를 거부한 루터는 과연 모든 성직자의 존재를 인정하지 않았는가?

루터의 만인제사장론은 흔히 반성직주의로 오해받는다. 그러나 루터는 실제 사역에 있어서 성직의 구분을 인정했다. 루터는 공동체가 선택한 구별된 사역자의 필요성을 인정하고 있다. 따라서 만인제사장직의 의미는 교회의 직제라는 기능적인 면이 아니라, 원리적인 면을 강조한 것이다.

이런 점은 칼뱅에서도 분명히 드러난다. 모든 그리스도인이 그리스도 안에서 제사장이 된다는 점은 확실하게 동의했다. 하지만 이를 교회 직제와 직접 연결시키지는 않는다. 그는 희생제사와 관련하여 제사장직을 이해했으며, 그리스도의 영원하고 유일회적인 제사를 강조했다. 따라서 제사와 관련해서는 우리가 다시 제사를 드릴 필요가 없다. 이제 우리가 드릴 제사가 있다면 그것은 우리 자신을 하나님 앞에 거룩한 산제물로 드리는 것과 그리스도의 사역에 대한 감사와 찬양의 제사다(히 13:15-16).

만인제사장직은 공동체적 사명

만인제사장직을 개인주의적으로 오용하는 것은 경계해야 한다. 독일의 신학자 한스 큉(Hans Kung) 역시 개신교 신학에서 만인제사장직을 성직주의에 반대하는 의미로 사용하는 것을 비판했다. 만인제사장직 교리는 교회의 본질에 관한 내용으로 이해하고 실천해야 한다는 것이다.

루터가 근거 본문으로 사용한 베드로전서나 계시록의 내용은 신자 개인에 대한 것이 아니다. 오히려 하나님 백성이라는 공동체의 제사장적 정체성을 말하는 것이었다. 만일 이것을 공동체의 사명으로 읽지 않고 신자 개인의 특권으로 강조한다면 성서적 의미에서 벗어나는 것이다.

만인제사장직을 철저하게 문자적으로 적용하고 있는 교단은 침례교다. 그러나 최근 침례교도 이 교리를 신앙적 특권과 자질로 이해한 경향에 대하여 반성하고, 개인주의적으로 오용한 것을 인정하고 있다. 중세교회는 사제들의 중요성을 강조하기 위해 위계적 사제직(the hierarchical priesthood)이라는 왜곡을 범했다. 반면 오늘날에는 모든 개인의 중요성만을 강조한 원자주의적 사제직(the atomistic priesthood)이라는 왜곡에 빠져 있다.

만인제사장직의 올바른 실현을 가로막는 오늘날의 가장 큰 장벽은 개인주의다. 만인제사장의 원리를 실현하기 위해서는 개인적인 것이 아니라 교회공동체적으로 이해해야 한다. 공동체 안에서의 그리스도인다운 삶의 양식으로 자리 잡는 실천이 필요하다.

루터 연구가들 중 만인제사장 교리를 개인주의적 해석이 아닌 공동체성을 강조하는 이들이 많다. 그들에 따르면, 루터는 인간이 다른 인간의 도움과 중재 없이 하나님과 독자적인 관계를 맺을 수 있다는 면에서 만인 제사장직을 주장한 것이 아니라는 것이다. 루터는 그리스도인의 제사장직이란 형제들과 세상을 위해 하나님 앞에 설 수 있는 그리스도인의 복음 전도의 권위(evangelical authority)라는 점을 끊임없이 강조했다. 루터가 말하는 만인제사장직은 종교적 개인주의를 주장한 것이 아니다. 오히려 정반대의 방향, 곧 공동체로서의 회중의 현실을 강조한 것이다.

그러므로 만인제사장직의 특권을 가진 공동체는 하나님의 아름다운 덕을 선전하기 위한 목적으로 부름받았다. 만인을 위하여 중보하는 그리스도의 사역에 동참하는 그리스도인 공동체, 바로 그들이 사제다.

✝
제19장

성례전

성례전은 왜 중요한가

　교회는 성례전을 거행한다. 교회는 태양의 빛을 받아서 지구에 반사하는 달처럼 예수 그리스도를 세상에 반사하는 공동체다. 이것은 신비다. 모든 인간 사회는 말과 행동으로 의사를 표현하고 의미를 전달해왔다. 성례전은 하나님의 구원의 신비를 전달하기 위해서 예수가 고안하신 의미전달체계다. 성례전은 모두가 공유하는 공적인 언어와 행동을 통해 가시적(보이게)이고, 가청적(들리게)으로 거행하며 공동체를 은혜 안에 하나로 묶는다. 달의 신비로서의 교회는 이 거룩한 성례전을 거행하며 하나됨을 이룬다.
　웨슬리는 오직 성경 한 책의 사람으로서 말씀을 선포하였을 뿐 아니라, 매주 4-5회 성찬에 참여했다. 웨슬리에게 복음주의

(evangelicalism)와 성례전주의(sacramentalism)는 동전의 양면이었다. 그렇다면 웨슬리안 사중복음의 성례전은 무엇인가? 성례는 신학적 용어이기에 첫째, 성례전의 개념뿐 아니라 어원, 수, 조건, 유효성에 대한 이해가 필요하다. 둘째, 생애주기에 따른 성례의 목회적 성격을 알아야 한다. 셋째, 무엇보다 성례의 신학적 이해는 삼위일체적 접근이어야 한다. 이것이 우리에게 성례가 중요한 이유다.

"성례전은 은혜의 수단입니다"

성례전의 어원

성례전의 영어식 표현인 '사크라멘트'(sacrament)는 라틴어 '사크라멘툼'(sacramentum)에서 왔다. 라틴어 사크라멘툼(sacramentum)은 "군인의 충성서약" 혹은 소송 당사자들이 소송에 앞서서 맡기는 "공탁금"을 의미한다. 이것은 테르툴리아누스(Tertulian, 약 155~240)가 희랍어 미스테리온(mysterion)을 라틴어로 번역한 것이다. 테르툴리아누스는 세례 안에 나타난 하나님의 '구원의 신비' 또는 '구원과 연관된 상징 및 예식들'을 가리키기 위해 이 용어를 복수로 사용했다. 사크라멘툼은 "성별된 어떤 것"으로 '일련의 교회 의식들'이나 '하나님의 은혜를 전해주는, 특별한 영적 요소를 지니고 있다고 여겨지는 성직자의 행위들'을 널리 지칭하는 말로 통용되었다.

희랍어 '미스테리온'은 "입을 다물다" 혹은 "입술을 깨물다"라는 뜻이다. 하나님의 나타나심에 압도된 신자들의 상태를 설명하는 용어다. 신약성경은 예수의 모든 말씀과 행위가 우리의 구원을 위한 것이라는 점에서 'mysteria'라는 말을 사용한다. 신약성경에 대표적인 미스테리온의 용례는 다음과 같다. 첫째, '신비', '비밀'이다. 즉 숨겨진 것이나 드러나게 될 것이라는 의미다(마 13:11; 막 4:11; 눅 8:10; 롬 11:25; 고전 13:2; 계 1:20; 10:7; 17:5, 7). 둘째, 예수 그리스도를 통해서 행하시는 하나님의 측량할 수 없는 구원의 사건을 의미한다(롬 11:25; 16:25; 고전 2:7; 4:1; 엡 1:19; 3:3-4, 9). 셋째, 예수 그리스도 자신을 지칭한다(골 1:27; 딤전 3:16).

그러나 신약성경은 성례전이라는 용어를 한 번도 사용하지 않았다. 3세기 이전의 초기 교회의 문서인『디다케』(Didache), 안디옥의 이그나티오스(Ignatius, 35?~107?)의 서신들, 순교자 유스티누스(Justin Martyr, 100~165?)의 변증서(Apology), 히뽈리뚜스(Hippolytus, 170?~235)의『사도전승』(Apostolic Tradition) 안에서도 세례와 성찬에 관련된 용어는 등장하기는 한다. 그러나 이 모두를 지칭하는 성례전이라는 일반화된 용어가 발견되지 않는다. 성례전은 세례와 성찬 등 개별적 사건을 지칭하는 것에서 시작하여 점진적으로 이 모두를 통합하는 언어로 발전한 것이다.

성례전의 조건

아우구스티누스(Augustinus)는 성례전을 단순한 번역의 차원을 넘어 신학적 해석을 시도했다. 그는 성례전을 "보이지 않는 은총의 가시적인 형태" 또는 "거룩한 일의 표지"라고 정의했다. 아우구스티누스는 『요한복음에 관한 논문』에서 성례전이란 물질에 말씀을 더함으로 깨끗하게 하는 것으로, 물질에 더해진 보이는 말씀이라고 정의했다(요 15:3 "너희는 내가 일러준 말로 이미 깨끗하여졌으니").

아우구스티누스의 성례전에 대한 신학의 의미가 1150년경 프랑스 파리의 신학자인 빅토르 휴고(Hugh of St. Victor, 1097~1141)에게 이르러 새롭게 확장했다. 그는 신비(mysterion)와 성례(sacramentum)를 실재와 표지로 구분했다. 그는 실재와 표지의 관계를 질병과 질병의 징후로 설명했다. 보통 질병은 보이지 않지만, 질병의 징후는 보인다. 질병의 징후를 보고, 질병을 알 수 있다. 표지를 통한 실재의 파악은 성례를 통해 은총의 신비를 아는 것과 같다.

휴고의 이론은 세 가지로 요약할 수 있다. 첫째, 성례전은 표지 또는 상징이다. 성례전은 눈에 보이는 표지며, 보이지 않는 거룩한 것을 직관하도록 하는 상징이다. 둘째, 표지가 증거하고 있는 비가시적인 거룩한 실체는 은혜다. 이 은혜는 모든 사람들을 향하고 있는 하나님의 사랑의 자유로운 선물이다. 셋째, 교회의 성례전은 임의적인 것이 아니라 예수 안에 드러나고 실현된 하나님의 자기 계시에 근거를 둔 것이다. 성례전은 하나님이 인간에게 은혜를 부여하시기 위하여 예수 그리스도로 말미암아 제정하신 거룩한 표지다.

종교개혁자 마르틴 루터는 성례전을 "표지가 있는 약속"이라고 규정했다. 이 약속은 성경에 있다(예, 세례의 약속은 막 16:16; 마 28:19 등). 장 칼뱅은 성례전을 다음과 같이 정의했다. "성례전이란 주께서 우리를 향한 그의 선한 뜻의 약속을 우리의 양심 위에 인치는 외적 표지다. 이것은 우리의 신앙을 보존케 하기 위한 것이며, 동시에 우리가 주님과 천사와 사람들 앞에서 그분을 향한 우리의 경건을 증명하는 것이다."

우리가 살아가는 세상은 상징으로 가득 차 있다. 교회의 모든 말과 행동도 상징이다. 그러나 모든 상징이 성례전의 표지(sign)는 아니다. 예배 중에 행하는 헌금, 발 씻기, 축도와 같은 상징 행동(sign-acts)들은 성례전이라고 말하지 않는다. 휴고는 성례전의 조건을 세 가지로 요약했는데, 현대 기독교 변증학자 앨리스터 맥그래스(Alister McGrath, 1953~)는 여기에 한 가지를 더해서 교회의 상징 행동 중에 성례전의 표지가 되기 위한 네 가지 기본적인 요건들을 제시했다.

첫째, 성례전은 물질적 요소(Physical elements)가 있어야 한다. 예를 들어, 세례의 물, 성찬의 빵과 포도주가 있어야 한다. 둘째, 물질적인 요소와 그것이 가리키는 실체는 유사성이 있어야 한다.

예를 들어, 포도주와 그것이 나타내고자 하는 예수 그리스도의 피 사이에는 유사성이 있어야 한다. 셋째, 상징이 영적인 권위를 가지려면 제정사가 있어야 한다. 세례는 "아버지와 아들과 성령의 이름으로 세례를 주라"(마 28:19), 성찬은 "이것을 행하여 나를 기념하라"(눅 22:19)는 말씀이다. 넷째, 성례전은 은혜의 수단으로써 예전에 참여한 사람들이 은혜를 경험할 수 있어야 한다.

성례전의 수

초대교회로부터 거의 1200년 동안 성례전의 수에 대한 합의가 없었다. 아우구스티누스의 경우, 수십 개의 성례전에 대해 언급한다. 그는 예배 중 평화의 입맞춤(the peace of kiss), 세례의 못(the font of baptism), 축성된 소금(the blessed salt), 사도신조(the creed), 주기도문(the Lord's Prayer), 참회의 재(the ashes of penance) 등 모두를 성례전이라 생각했다. 후대로 가면서 성례전은 더 늘어나 교회 헌당, 수도원 헌정, 장례식 등을 포함하여 30여 개에 이르렀다.

피터 롬바르드(Peter Lombard, 1095-1169)는 성례전의 수를 7개로 확정했다. 1150년에 그는 자신의 저서『The Sentence』에서 성례전을 세례(Baptism), 견진(Confirmation), 성찬(Eucharist), 고해(Penance), 종부(Extreme Unction), 안수(Orders), 혼인(Marriage)으로 정리했다. 이것이 1274년 제2차 리옹 공의회(Council of Lyon)에서 공표되고, 이후 피렌체 공의회(Council of Florence)에서 다시 언급되었다. 로마 가톨릭은 반종교개혁의 영향으로 1546년부터 1563년 사이에 열렸던 트렌트 공의회(Council of Trent)에서 7가지로 확정하여 오늘까지 이르고 있다.

반면, 개신교는 오직 세례와 성찬만을 성례전으로 인정한다. 루터와 칼뱅은 성경의 신성한 약속인 말씀에 근거하여 세례와 성찬만을 성례전으로 인정했다(1529년 대교리문답). 영국 성공회 또한 예수가 제정하신 세례와 성찬만을 성례로 받아들였다. 웨슬리는 예수 그리스도만이 성례전과 그 표징과 인치심과 서약과 은총의 수단을 제정할 수 있는 권한을 가지신 분으로서, 예수가 제정하신 세례와 성찬만이 성례전이라고 확언했다.

성결교회는 개신교 복음주의 웨슬리안 사중복음의 전통에 따라 교단 최초의 성문법인 『교리와 조례』부터 현재 『헌법』(제23조)에 이르기까지 세례와 성찬 두 가지를 성례전으로 인정한다. 세례와 성찬을 제외한 나머지는 사도와 교회의 역사를 통해 형성된 사도적 전통에 해당하는 목회예식이다.

기독교 역사에서 성례전과 목회예식이 교회 안에 등장하게 된 시대는 다음과 같이 요약할 수 있다. 첫째, 세례(성세성사)는 주후 30년경 예수 그리스도가 세우셨다. 둘째, 성찬(성체성사)은 주후 30년경 예수께서 세우셨다. 셋째, 화해(고해성사)는 주후 150년경 헤르마스(Hermes)의 『헤르마스의 목자』에 나온다. 넷째, 서품(신품성사)은 주후 215년경 히뽈리뚜스의 『사도전승』에 나온다. 다섯째, 병자들을 위한 도유(병자성사) 또한 『사도전승』에 나온다(후대 서방교회는 종부성사, 정교회는 성유성사라고 한다). 여섯째, 견신(견진성사)은 세례와 함께 거행했다. 5세기 이후 유아세례가 보편화되면서 세례와 분리되었다. 견신례는 주후 1000년경 성례전으로 인정했다. 일곱째, 혼인(혼배성사)은 12세기 피에르 롬바르드(Peter Lombard, 1096~1160)에 의해 성례전으로 인정되었다.

성례전의 유효성

서방교회는 전통적으로 사효론(事效論, ex opere operato)이라는 이론으로 성례전의 효과를 설명해왔다. 사효론이란 집례자와 수혜자의 공로나 죄과는 성찬의 효력과 관련하여 아무런 의미도 없다는 이해다. 이와는 대조적인 입장이 인효론(人效論, ex opere operantis)이다. 이것은 집례자나 수혜자의 "행위에 따라서"라는 뜻이다. 인효론은 성례전의 은혜가 집례자와 수혜자의 신앙이나 의도에 영향을 받는다는 이론이다. 성례의 효력은 성례를 집행하는 자나 받는 자의 영적 선함에 의존한다는 것이다.

사효론과 인효론의 논쟁은 아우구스티누스가 이단 도나투스파(Donatism)와의 대결에서 부각되었다. 도나투스파는 4-5세기 로마의 아프리카 알렉산드리아 주변과 카르타고에서 번성한 배교자를 배격해야 순수한 신앙이라고 강조하며 보편교회를 반대했던 이단이다. 세례와 관련하여 박해 시절에 배교 또는 이단으로 정죄된 사제에게 받은 세례가 유효한가를 놓고 벌였던 논쟁이다. 사효론은 비록 집례자나 수혜자가 영적으로 선하지 않더라도, 전통적인 교회 안에서 절차상 적절하게 시행한 성례는 정당하면서 유효하다는 입장이다. 반대로 인효론은 무효라는 것이다.

종개개혁자의 입장은 아우구스티누스와 함께 했다. 루터는 성례전이 하나님의 백성들의 신앙을 낳게 한다고 했다. 쯔빙글리는 성례전을 통해 신앙을 확인할 수 있다고 했다. 칼뱅은 둘을 종합하여 성례전이 예수 그리스도에 관한 우리들의 진정한 지식을 강화시키고 확인시키고 증대시키는데는 유효하지만, 진정한 믿음 속에서 받을 때 그런 효과가 일어난다고 말함으로써 믿음을 강조했다. 웨슬리는 공로가 아니라 오직 성령으로, 오직 예수 그리스도의 피로 성례의 은혜는 주어지고, 수혜자 또한 하나님에 대한 믿음으로 받아야 영혼에 은혜를 경험할 수 있다고 주장했다.

성결교회의 모법인 『교리와 조례』(1925년)에서 성례는 거룩한 예식으로 "신자된 것을 표(sign)하는 것뿐만 아니라 하나님의 은혜와 우리 신자에게 대한 거룩하신 뜻으로 은연 중에 역사하시는 표(sign)"라고 한다. 이러한 정의에는 세 가지 주요한 설명이 들어 있다. 첫째, 성례는 예수 그리스도가 세우신 것이다. 둘째, 성례는 교회의 일원이 되었다는 신자의 표지(충성 서약)다. 셋째, 성례는 하나님의 은혜로써 신자에게 은연(신비) 중에 역사하시는 거룩한 표지다. 이러한 성례의 정의는 성결교회의 성례전이 초대교회와 종교개혁자들의 이해 위에 확고히 서 있음을 보여 준다.

성례전은 믿음을 가진 성도에게 영속하는 것이 현존한다는 표지고, 순간적인 것이 영원한 것이라는 실체의 상징이다. 성례전은 내가 실존하며 실재하는 세계 속에서 하나님의 위대한 현존을 경험하는 은혜다. 성례전은 상징을 통해서만 드러나고, 교회는 상징을 통해서 성례전에 참여한다. 하지만 성례전을 성례전 되게 하는 것은 하나님의 은혜다. 인간적인 차원을 뛰어넘는 하나님의 신비가 성례전을 통해서 우리에게 주어진다. 우리는 이것을 충성스럽게 지키기로 서약한 자들이다. 성례전은 하나님이 자신을 우리에게 내어주시는 은혜이자, 은혜의 수단이다.

"세례는 예수 그리스도께서 제정하신 성례입니다"

세례는 예수그리스도가 만드셨기에 성례다. 초대교회는 예수의 이름으로 세례를 받았고(행 2:38; 8:16; 10:48; 19:5), 부활하신 예수가 아버지와 아들과 성령의 이름으로 세례를 주라(마 28:19)고 말씀하셨다. 바울은 고린도교회에게 보낸 편지에서 교회 안의 분열을 책망하면서 그들이 다 바울이 아닌 예수의 이름으로 세례 받았음을 지적했다(고전 1:13).
성경에서 가르쳐 주는 세례의 주요 의미는 다음과 같다. 첫째, 세례는 예수 그리스도와의 연합이다(롬 6:3-5). 둘째, 세례는 교회와의 연합이다(고전 12:13; 갈 3:27-28). 셋째, 세례는 중생의 표지다(딛 3:5). 넷째, 세례는 죄를 씻는 것이다(행 2:38). 다섯째, 세례는 성령 인침의 표다(고후 1:22). 여섯째, 세례는 성별의 표지다(벧전 2:5; 계 1:5-6). 일곱째, 세례는 성령 사건이다(욜 2:38; 마 3:11; 요 3:5; 행 2:38; 8:14-15; 10:47-48; 19:5-6). 여덟째, 세례는 죄(어둠)와 단절하고, 악한 영을 거부하는 것이다(말 4:2; 마 2:2; 눅 1:78-79; 요 8:12, 34-35). 아홉째, 세례는 성령의 조명을 받는 것이다(히 6:2, 4-6; 10:22; 마 5:14-16). 열 번째, 세례는 천국의 표상이다(롬 6:5).

『헌법』(제23조)에서 성례 중 하나인 세례는 "교인이 회개하여 그리스도의 이름으로 죄사함을 받아 중생함으로 교회에 속함을 표하는 예식"이다. 『헌법』(제23조)에서 강조하는 성례전인 세례는 교회의 입회예식으로써 회개하고 죄사함을 받은 중생한 성도의 외적인 표지다. 또한 『헌법』(제24조)에서 세례는 "주 예수는 하나님의 아들이요 우리 구주로 믿음과 죄 사함을 받아 하나님의 자녀됨을 증거 하는 표가 되는 성례다."라고 정의했다. 『헌법』(제24조)에 따르면, 세례는 중생과 동시에 일어나는 양자됨의 사건의 표지다. 중생은 법적으로 칭의, 관계적으로 하나님의 양자됨, 내적으로 신생의 의미를 가지는데, 세례는 이러한 영적 사건의 외적 표지다.

성결교회의 세례 이해는 초기 성결교회의 전통적인 세례 이해의 반열 위에 서 있다. 성결교회의 모법인 『교리와 조례』(1925년)에서 세례에 대해 다음과 같이 정의한다. "신자가 성령의 역사로 그 심령이 거듭난 것을 표시하는 예식이니 이 예식을 집행하되 성경에 근거하여 세례를 베풀어야 한다"(롬 6:3-4, 갈 3:7, 골 2:12, 요 3:2-3, 행 2:8, 8:6-9, 막 16:16, 레 3:5-6).

성결교회는 초기부터 세례를 성령의 역사로 인한 중생의 외적인 표지로 이해했다. 이 예식의 집행을 성경에 근거하여 집행하라는 대목에서 초기 성결교회의 세례는 초대교회와 같이 흐르는 물에서 침례로 거행되었음을 알 수 있다. 해방 이후 점차 병자와 같이 불가피한 경우에 허용하던 약식세례가 보편화되었다.

"성찬은 예수 그리스도께서 제정하신 성례입니다"

예수 그리스도는 교회의 "근원적인 성례"다. 교회는 예수께서 하셨던 행동을 반복함으로써, 하나님을 계시하기 위한 예수 그리스도의 성례전 사역을 이어간다고 확신했다. 교회는 성찬을 거행하면서 예수가 제정하신 말씀(마 26:26-29; 막 14:22-25; 눅 22:15-20; 고전 11:23-26)과 예수가 식사 때마다 "떡을 가지사", "축사하시고", "떼어", "주셨던" 4가지 동작을 반복했다. 교회는 예수의 말씀에 순종해서 세례를 베풀었고(행 2:41), 안수했고(행 6:6), 기도했고(행 2:42), 치유했고(약 5:14), 함께 떡을 떼었다(행 2:46).

성찬은 예수 그리스도의 살과 피를 먹고 마심으로써, 주님이 재림하실 때까지 성도를 신유의 은혜 가운데 머물도록 하기 위해 예수 그리스도가 직접 제정하신 것이다. 따라서 성찬은 신자의 심령에 큰 유익이 되고, 영혼에 자양이 되는 표지다. 성결교회『헌법』의 모법인 1925년『교리와 조례』에서 성찬에 대해 다음과 같이 설명한다. "성찬은 그리스도의 살과 피를 그의 재림하실 때까지 기념하기 위하여 세우신 예식인데 누구든지 믿음과 깨끗한 양심으로 떡과 포도주를 먹고 마시면 심령에 큰 유익이 된다. 이 성례는 그리스도가 피로 우리를 구속하심과 그의 살로 우리의 영혼에 자양(滋養)이 되는 것을 표시함이다"(벧전 3:21; 롬 14:23, 14:13; 고전11:23-29). 교단『헌법』(제24조)에서도 성찬은 "주 예수 그리스도께서 친히 세우신 예식이니 곧 그리스도께서 우리 죄를 대속하시기 위하여 십자가 위에서 몸을 찢으시고 피 흘리심을 기념하여 우리의 신앙을 더욱 깊게 하는 예식이다"라고 정의한다.

성찬은 성령의 은혜로 우리를 하나님에게로 이끄시려고 예수 그리스도가 고안하신 것이다. 따라서 성찬 성례전은 예수가 제정하신 말씀에 근거하여 빵, 포도주와 같은 물질을 사용하는 행위의 일환으로, 이것은 구원의 표지다. 구원의 표지인 성찬을 거행하기 위해서는 성찬의 빵과 포도주와 같은 적절한 물질, "이것을 행하여 나를 기념하라"와 같은 공식적인 문구, '가지다', '축사하다', '떼다', '주다'와 같은 공식적인 형식, 교회의 목적을 정확하게 수행할 임명된 집례자가 필요하다.

또한, 하나님은 신자에게 보고, 듣고, 냄새 맡고, 맛볼 수 있게 눈, 코, 입, 귀를 주셨고, 참여할 수 있도록 손과 발도 주셨다. 우리가 성례전인 성찬에 참여하는 것은 "하나님의 선하심"을 "맛보아서 알고"(시 34:8), 만지고, 듣고, "냄새 맡도록" 신자를 향한 하나님의 부르심에 응답하는 행위다. 초대교회부터 그리스도인들은 성례전에서 하나님 자신의 내어주심을 경험했다. 종교개혁자 칼뱅 또한 성찬의 실천적인 면을 강조한다. "성찬은 너무나도 고귀한 비밀이어서 내 머리로 이해할 수 없고, 나의 말로 선포할 수도 없다는 사실을 고백하는 것이 부끄럽지 않습니다. 좀 더 분명히 말하자면, 나는 성찬을 이해하기보다 경험합니다".

하나님은 "자기를 비어 종의 형체를 가지신"(빌 2:7) 예수 그리스도 안에서 우리에게 자신을 내어주셨다. 성찬은 이러한 하나님의 자기 주심(self-giving)의 가시적 사랑의 형태다. 성찬을 통해 하나님의 사랑을 경험한 우리는 하나님에게 자기 드림(self-giving)으로 영광을 돌리고, 인간과 인간 사이에 자기 나눔(self-giving)으로 사랑을 실천한다. 우리는 예배 공동체 안에서 성찬을 거행하며, 가시적인 형태의 사랑으로서 표현된 하나님의 자기 주심을 공동체와 함께 경험한다.

성례전과 삼위일체 하나님

자신을 내어주시는 성부 하나님

성례전은 하나님이 눈에 보이는 사랑으로서 우리에게 하나님 자신을 내어주시는 역사다. 이것은 공동체 안의 사랑의 관계를 통하여 가시적으로 보이는 것이다. 하나님은 성례전을 주도하신다. 하나님은 성례전을 통하여 우리 속에 들어와 하나님과 우리 사이에 인격적인 관계를 형성하신다. 하나님은 성례전을 통하여 우리에게 자신을 선물로 주신다. 이것이 선물인 이유는 하나님의 은혜, 값없음, 사랑, 자기 자신을 내어주시는 행위(Self-Giving)이기 때문이다.

구체적으로 하나님은 당신의 충만한 사랑을 그리스도이신 예수를 내어주심으로 확증하셨다. 우리는 이 사랑을 계속해서 보아야 하고 또 보고 싶어 한다. 성례전은 하나님이 그리스도이신 예수의 역사적 성육신을 통하여 당신 자신을 내어주셨던 일을 계속적으로 반복하는 것이다. 성례전을 통해 성부 하나님은 과거에 주셨을 뿐 아니라 현재에도 주고 계심을 드러내신다. 우리는 눈에 보이는 성례전을 통하여 보이지 않는 하나님의 사랑을 알게 된다.

근원적 성례 자체이신 성자 예수 그리스도

예수 그리스도는 세례와 성찬을 제정하시는 말씀을 하셨고 성례의 거행을 명령하셨다. 예수 그리스도는 하나님의 구원의 은혜가 인간 세상에서 눈으로 볼 수 있도록 인간의 몸을 입고 나타나신 유일한 성례전(the sacrament)이자, 최초의 성례전이다. 성육하신 예수 그리스도는 영이신 하나님이 육이 되신 분이며, 영원한 존재가 구체적 실체가 되신 상징이라는 의미에서 성례전이다. 우리는 예수가 하신 말씀과 그의 행하심을 통해서 예수 안에 거하시는 아버지이신 사랑의 하나님을 경험한다(요 14:8-11).

성례전은 하나님이 우리에게 오시는 충분조건으로서의 수단이고, 우리가 하나님에게 나아가는 필요조건으로서의 수단이다. 예수 그리스도의 인성은 눈에 보이는 실체로써 우리가 보고 느낄 수 있는 충분조건이 되신다. 아울러 하나님과 동일본질이신 예수 그리스도의 신성은 보이지 않는 하나님의 현존을 드러내는 필요조건이다. 예수 그리스도는 성례전의 필요충분조건으로 완벽하게 충족시키는 근원적인 성례다.

완전한 하나님이자 완전한 인간이신 예수 그리스도는 하나님의 은혜라는 영적인 본질과 은혜의 수단이라는 역사적 실체로써 성례의 근본이다. 예수 그리스도의 인성과 신성은 구분할 수는 있어도 분리할 수는 없다. 예수 그리스도는 완전한 인성과 완전한 신성의 소유자로 혼합되거나 반인반신으로 존재하는 분이 아니다. 그분 안에서 신성과 인성은 서로 상호침투하며 한 몸을 이루고 있다. 이러한 예수 그리스도에 대한 이해 안에서 근원적인 성례로서의 예수를 이해 할 수 있다. 부활의 주, 십자가에서 죽으신 역사적 실체였던 예수 그리스도는 하나님의 구속적 은총에 대한 실재이며 동시에 표징이다.

성례전에서 일하시는 성령 하나님

세례 신앙의 핵심은 "물을 위한 기도"에서 나타난다. 이 기도 속에는 역사적으로 하나님은 물을 통해 자신의 백성들을 구속하셨던 사건들을 열거한다. 수세의 시간에 질료인 세례의 물 위에 성령이 임재하심으로써 그것이 생명을 구원하는 거듭남의 물이 되게 해 달라는 내용이다. 성찬 또한 대감사기도 중에 질료인 빵과 포도주와 그것을 나누기 위해 모인 교회 공동체를 위해 성령이 임재하시기를 간구한다. 성례전을 거행할 때, 가장 핵심적인 것은 성령의 임재와 사역이다.

예수 그리스도의 사역이 "거기 그 때"(there and then)에 있었다면, 성령의 사역은 "여기 지금"(here and now)에 있다. 성령의 현재적 사역이 없이는, 예수 그리스도의 사역과 그의 부활은 단지 구원의 우주적 원리로서 남아있을 뿐이다. 성령의 사역에 의해서 이 원리가 교회라는 특정한 공간과 주일이라는 특정한 시간 안에서 우리의 가슴과 마음속에 살아서 활동한다. 우리는 성령의 사역으로 말미암아 성례전을 통해서 구원의 은혜를 경험한다.

제20장

세례

세례는 왜 중요한가

세례는 예수 그리스도가 만드신 성례다. 예수는 "아버지와 아들과 성령의 이름으로" 세례를 주라(마 28:19)고 말씀하셨다. 따라서 교회는 세례를 거행한다. 세례는 매주 받을 수 있는 성찬과 달리 일생에 오직 한 번만 받을 수 있는 도전적 경험이다. 세례는 하나님과의 영원한 언약 속에서 그리스도인으로서의 정체성을 확고히 드러내는 매우 귀한 영적 가치다.

이러한 세례의 가치를 분명히 하고자 한다면, 첫째 성경에서 말씀하는 세례로부터 출발해야 한다. 둘째, 세례에 관련한 말씀을 통해서 세례를 통한 교회의 사명이 무엇인지를 명료하게 알아야 한다. 셋째, 초대교회 이후 세례에 대한 역사적 이해가 필요하다.

특별히 세례에 대한 고대교회와 종교개혁자들의 통전적인 가르침을 알아야 한다. 이를 바탕으로 넷째, 성결교회의 세례에 대한 입장을 이해해야 한다.

최초의 교회인 예루살렘 교회의 세례를 보여주는 사도행전 2장 37-42절의 말씀에 따르면, 세례는 네 가지 단계를 포함한다. 첫째는 회개, 둘째는 수세, 셋째는 성령을 선물로 받는 것, 넷째는 첫 성찬에 참여하는 것이다. 세례는 물에 들어가는 순간만이 아니라 수세를 준비하며 교육을 받는 과정부터 첫 성찬에 이르기까지의 전 과정을 의미한다.

"세례는 예수 그리스도와 연합하는 것입니다"

세례는 예수 그리스도와 연합하는 것이다. 예수의 이름으로 세례를 받는 것은 예수의 십자가와 부활을 믿고 예수 그리스도에게 자신을 온전히 내어 맡기는 것이다. 기독교의 세례는 누구의 이름으로 세례를 받는 것인가? 세례 요한의 세례는 회개를 위한 세례, 종말론적 준비를 위한 세례였다. 반면, 초기 기독교의 세례는 "예수 그리스도의 이름으로 받는 세례"였다(행 2:38; 8:16; 10:48; 19:5). 바울은 고린도교회에게 보낸 편지에서 교회의 분열을 책망하면서, 그들은 모두 예수 그리스도의 이름으로 세례받은 자들임을 지적한다(고전 1:13). 예수 그리스도의 이름으로 세례를 주던 초기 교회는 부활하신 예수 그리스도가 명령하신대로 성부와 성자와 성령의 이름으로 세례를 주었다(마 28:19).

유대 세계에서 이름은 매우 중요한 의미를 지닌다. 누군가의 이름으로 세례를 받는다는 것은 곧 세례받는 자의 정체성을 결정한다. 예수의 이름으로 물에 잠기거나 붓는 방식은 예수의 이름에 잠기거나 부음을 받는다는 뜻이다. 이것은 예수의 인격과 정체성에 잠기는 것이고, 그분의 능력과 권세와 주인 됨에 참여하는 것이다. 로마서 6장에 따르면, 세례는 예수 그리스도와의 연합 사건이다(롬 6:3). 예수 그리스도와 연합하는 세례는 예수 그리스도와 함께 죽고 함께 살아 새 생명 가운데 행하는 것이다(롬 6:4-5). 세례의 물에 죽게 되면 우리는 죄에게 종노릇 하지 않고, 벗어나 의롭다고 인정받는다(롬 6:6-7). 그리스도와 함께 죽은 자는 그리스도와 함께 다시 살기 때문이다(롬 6:8).

예수 그리스도는 죽은 자 가운데서 사셨기에 사망이 그를 주관할 수 없다(롬 6:9). 예수 그리스도는 죄에 대하여 단번에 죽으시고 부활하심으로 하나님에 대하여 살아 계신 분이기 때문이다(롬 6:10). 예수 그리스도에게 일어난 일들은 믿음을 가지고 그의 이름으로 세례를 받는 수세자에게도 동일하게 일어나는 사건이다(롬 6:11; 골 2:11-12). 그러므로 세례는 예수 그리스도와 연합하여 십자가와 부활이라는 복음의 핵심을 수세자 개인 속으로 내면화, 즉 인격화하는 사건이다. 세례는 예수 그리스도와 연합한 사람이 옛 아담을 십자가에 못을 박고 생명의 부활을 경험하는 확신의 행위다.

"세례는 교회와 연합하는 것입니다"

교회는 신자들의 연합된 공동체이지 개인들의 집합체가 아니다. 세례는 교회의 머리가 되신 예수 그리스도의 몸에 지체가 되는 것이다. 세례는 한 성령으로 말미암아 모두 동일하게 그리스도로 옷을 입어 인종, 사회적 지위, 성의 차별을 극복하고 그리스도와 한 몸이 되는 것이다(고전 12:13-14). 군복을 입은 자를 군인이라 하듯이, 세례를 통해 그리스도로 옷을 입은 자를 그리스도인이라 한다(갈 3:27-28). 그리스도인은 그리스도 안에서 한 몸이다. 그리스도의 몸인 교회는 세례도 하나, 하나님도 한 분(엡 4:4-6)이라고 고백한다. 그러므로 세례는 거룩하고 보편적이고 사도적인 한 교회를 실현하는 일이다. 우리는 세례를 통해서 한 교회의 정식 교인이 된다. 세례는 교회공동체가 모인 가운데 이루어지며, 공동체는 세례받은 자를 그리스도의 장성한 분량에 이르기까지 양육한다.

교회에 등록된 교인에게 영적 자양분을 제공하는 의미로써 성찬은 중요하다. 그래서 세례의 마지막 단계는 첫 성찬이다. 또한 세례자가 수세 직후 첫 성찬에 참여하도록 초대받는 것은 교회에 편입되어 한 가족이 되었음을 확인하는 거룩한 식탁 교제다. 이 거룩한 식탁은 만왕의 왕께서 베풀어주시는 식탁이다. 그러므로 첫 성찬은 왕의 식탁에 초대를 받는 것이며, 신분과 소속의 변화가 이루어졌음을 의미한다. 첫 성찬은 구약의 하나님 백성에게 젖과 꿀이 흐르는 땅을 약속하셨듯이 신약의 하나님 백성이 된 수세자에게 하나님의 나라를 약속한다는 뜻이다. 아울러 첫 성찬은 이제 막 그리스도 안에서 태어난 영적 신생아인 수세자가 그리스도의 장성한 분량에 이르기까지 자라도록 힘을 주는 영적 자양분이다. 세례가 거행되는 주일에는 수세자가 먼저 성찬에 참여하고, 그 다음 다른 성도들이 참여하는 것이 바람직하다.

세례 이후에 거행되는 성찬의 대감사기도는 성찬 제정사와 성령 임재의 기원 정도로 간략하게 드릴 수 있다. 모든 교회는 매년 2회 이상 세례의 성례전을 거행한다. 세례받기에 가장 적합한 날은 예수 그리스도가 부활하신 부활주일, 약속하신 성령이 강림한 오순절 성령강림주일, 예수 그리스도가 세례 받으신 주현절 첫 주일이다. 하지만 작은 부활절이라 불리는 모든 주일은 세례가 가능한 날이다.

"세례는 중생의 표지입니다"

세례는 중생, 곧 거듭남의 씻음이다. 우리의 내면에서 일어나는 성령의 새롭게 하심이 중생이라면, 중생의 외적 표징이 세례의 씻음이다(딛 3:5). 예수가 "사람이 물과 성령으로 나지 아니하면 하나님 나라에 들어갈 수 없으니라"고 말씀하신 것처럼, 물과 성령으로 난 자, 즉 중생한 자는 하나님 나라에 합당하다(요 3:5). 중생은 사람의 의로운 행위로 얻을 수 있는 것이 아니다(딛 3:5). 중생은 하나님이 우리를 씻으시고, 깨끗하다고 인정해 주시는 은총으로만 가능하다. 물 가운데서 막 태어난 아기를 깨끗이 씻어서 엄마 품에 누이듯, 중생의 씻음인 세례는 하나님의 자녀가 되었다는 약속이다. 하나님의 자녀가 하나님의 나라에 들어가는 것은 당연한 것이다. 그래서 초대교회는 수세자를 지금 막 태어난 영적 유아라고 생각해서 수세자에게 꿀 섞은 우유를 주었다. 수세자는 이제 그리스도의 장성한 분량에 이르기까지 자라야 한다(엡 4:13).

    중생의 표지로써 세례는 수세 이전에 반드시 "물을 인한 감사기도"를 드려야 한다. '성찬기도'가 없이는 성찬 예전이 존재할 수 없는 것처럼, 물을 인한 감사기도가 없는 세례 예전 또한 세례의 진정한 의미를 부여할 수 없다. 중생의 씻음과 성령의 새롭게 하심의 표지(딛 3:5)가 되기 위해 드려지는 물의 감사기도는 하나님의 구원 역사에서 물을 사용하신 사건들을 열거한다. 이 기도를 통하여 물이 인류의 구원과 심판에 동시적으로 사용되었음을 기억한다. 또한 성령이 이 물을 통하여 옛사람을 심판하고 새 생명을 탄생시켜 주시기를 기도한다. 그러므로 물을 인한 감사기도는 창조와 구속 사역을 통하여 하나님이 자신을 계시해 주신 것에 감사하는 내용으로 시작한다. 세례를 주는 물에 성령이 임재하셔서 성별하여 주시기를 간구한다. 이 물을 통하여 세례 받는 사람에게 성별의 역사가 효과적으로 임하기를 빈 후에 송영으로 마친다. 물의 풍성한 이미지를 그대로 살려내기 위하여 원 세례의 모습은 흐르는 물에 완전히 담갔다가 물속에서 나오게 하는 방식이었다. 수세자는 이러한 세례를 통해서 새 사람, 새 인격, 새 생명으로 거듭났음을 확신한다.

수세에는 보통 세 가지 방식이 있다. 첫 번째 방식은 수세자를 물에 완전히 잠근 후에 일어서게 하는 방식이다. 이것은 예수께서 죽으셨다가 부활하신 것처럼, 세례받기 이전의 옛사람이 완전히 죽었다가 새 사람으로 다시 살았다는 강력한 상징이다(롬 6:3-5; 골 2:12). 이것은 물과 성령으로 거듭난 것의 표지다(요 3:3-5; 딛 3:5). 성결교회의 모법(母法)인 1925년 『교리와 조례』와 1933년 『임시약법』 그리고 1936년 최초의 『헌법』에서 세례는 모두 물에 완전히 잠기는 침례가 정식이었다. 다만 부득이한 사정(병자, 노인, 산모 등)의 경우에는 수세자의 머리에 물을 뿌리는 약식세례도 가능했다. 두 번째 방식은 수세자의 머리에 물을 붓는 것이다. 이것은 성령을 물 붓듯 부어주시는 것에 대한 상징을 내포하고 있다(마 3:16; 막 1:9-10; 눅 3:21-22; 행 2:38; 19:1-7). 마지막으로 수세자의 머리에 물을 뿌리는 방식이 있다.

교회는 이 세 가지 중에서 한 가지를 선택하여 시행할 수 있다. 한국성결교회 초대 감독이자 서울신학대학교의 초대 교장이었던 존 토마스(John Thomas, 1868-1940) 선교사는 물에 완전히 잠기는 침례 후에 반드시 성찬을 거행했다. 1914년 한국인 목회자가 세워진 이후에는 한국인 목회자들과 선교사들이 교회를 순회하면서 침례와 성찬을 거행했다.

"세례는 죄 씻음의 예전입니다"

세례는 죄 씻음의 예전이다. 사도행전 22장 16절에서 아나니아는 "일어나 주의 이름을 불러 세례를 받고 너의 죄를 씻으라"고 명령한다. 세례는 죄와의 단절이다. 초대교회에서 세례후보자들이 세례를 받으러 나올 때, 그들의 신분이 죄의 노예라는 의미로 신을 벗고 맨발로 나아오게 했다(요 8:34-35). 감독 앞으로 나오는 세례후보자는 서쪽을 향해 서서 단절을 선언하고, 동쪽으로 돌아서서 충성서약과 신앙고백을 했다. 서쪽은 해가 지는 곳으로 어두운 사탄의 영역을 의미했고, 동쪽은 치료하는 광선을 발하는 의로운 해(말 4:2)요, 세상의 빛(요 8:12)이신 그리스도의 영역이다.

초대교회 성도들은 예수 그리스도가 재림하실 때 동쪽으로 오시며, 동쪽에서 시작되는 주님의 나라가 서쪽까지 확장된다고 믿었다(마 24:27). 그래서 유대인은 예루살렘을 향해서 기도하고, 무슬림은 메카를 향해서 기도했지만, 초기 그리스도인들은 동쪽을 향해서 기도했다. 세례는 죄와 단절하고 방향을 전환해서 그리스도와 언약을 체결하는 신앙고백이다. 죄와의 단절은 마치 성부, 성자, 성령 하나님에 대하여 세 번의 신앙고백처럼 세 번 반복했다.

죄 씻음의 의미가 가장 강력했기 때문에 세례의 첫 단계는 회개다. 사도 베드로는 "너희가 회개하여 각각 예수 그리스도의 이름으로 세례를 받고 죄 사함을 받으라"(행 2:38)고 했다. 회개는 죄와 단절하고 하나님의 뜻대로 삶을 돌이키는 것이다. 고대교회는 회개를 위해 철저한 교육과정을 준비했다. 회개를 위한 교육과정은 세례 예비자 과정과 세례 후보자 과정으로 나누어진다. 세례 예비자 과정은 개인적인 믿음을 키우는 단계다. 처음 교회에 나와서 규칙적으로 예배를 드리고, 교회교육을 통해서 기초적인 기독교의 진리를 배워서, 옛날의 나쁜 습관들을 버리고 그리스도인다운 삶으로 점차 변화시키는 단계다. 고대교회는 이 단계를 매우 중요하게 여겨 3년 동안 가르쳤다. 교육 기간 동안 전도자와 양육자, 그리고 담임교역자는 세례 예비자들이 불의한 삶을 단절하고 성령의 인도하심을 따라 살도록 간절히 안수하며 기도해 주었다. 세례 예비자 과정을 잘 마치고, 믿음의 확신을 확인받은 사람들은 세례 후보자 과정으로 들어간다.

세례 후보자 과정은 사순절이나 대림절이 시작하는 날 세례 명부에 이름을 쓰는 등록 예전으로 시작했다. 이 시기에 세례 후보자는 대략 40일간의 집중적인 교리교육을 받았다. 사순절에 교육을 시작한 사람은 부활절에 세례를 받았다. 교육을 다 받았지만, 불가피한 일로 수세에 참여하지 못한 사람은 오순절에 받았다. 대림절에 교육을 시작한 사람은 예수께서 세례받으신 신년 첫 주일에 세례를 받았다. 세례 후보자를 위한 교육내용은 공적인 신앙의 규범이었다. 모든 기독교 규범의 근원인 성경을 통해 교회의 신앙규범으로 사도신경을 배웠다. 그리고 기도 규범으로 주기도문을, 삶의 규범으로 십계명을, 그리고 복음을 배웠다. 이에 더하여 성결교회는 복음의 핵심인 사중복음을 배운다.

초기 한국성결교회는 세례 문답 과정에서 '죄와의 단절', '사도신경', '믿음', '계명', '사중복음', '교회생활', '교회법'을 물었다. 1996년 『새 예식서』가 출판된 이후로, 세례받기 전에 6개월간 준비하던 학습이 사라졌다. 학습예식이 사라지기 전까지 학습문답에서 중생을 묻고, 세례문답에서 성결을 물었으나, 학습이 사라진 후 세례문답에서 둘 다 묻고 있다. 세례를 준비하던 학습예식이 사라졌지만, 철저한 회개를 통해 중생을 경험한 자들이 구원의 확신을 가지고 세례를 통해 성결의 은혜로 나아가는 것은 변하지 않았다. 세례는 요식행위가 아니다. 예수 그리스도의 이름으로 받는 세례는 보혈의 공로로 용서를 받고 악한 양심으로부터 벗어난 사람들(히 10:22)의 죄 씻음의 증표다(행 22:16). 세례는 성령 안에서 거룩함과 의롭다 하심을 얻게 한다. 물로 몸을 씻는 것처럼, 세례는 죄 씻음의 예전이다.

"세례는 성령 인침의 표입니다"

세례는 성령을 선물로 받는 것이다. 사도 베드로는 "너희가 회개하여 각각 예수 그리스도의 이름으로 세례를 받고 죄 사함을 받으라 그리하면 성령의 선물을 받으리니"(행 2:38)라고 했다. 고대 교회의 세례 의식 중에 기름 부음, 인침, 안수는 성령을 선물로 받는 것의 상징행위다. 그리스도(기름 부음을 받은 자)가 물에서 올라오실 때 성령의 임재가 있었다(막 1:10-11; 마 3:13-17; 눅 3:21-22). 기름 부음을 받은 자이신 그리스도 예수는 우리에게 기름을 부어주시는 분이다(요일 2:22, 27). 세례자 요한은 자기 뒤에 오실 자는 "성령으로" 세례를 줄 것이라고 했다(마 3:11). 요한복음 3장에서 예수는 니고데모에게 "물과 성령으로 거듭나야 한다."고 말씀하셨다(요 3:5).

우리가 회개하고 각각 예수의 이름으로 세례를 받을 때 "성령을 선물로 받으리라"는 약속이 성취되었다(행 2:38). 이것은 선지자 요엘의 예언이 성취된 것이다(욜 2:28). 세례와 성령은 불가분리의 관계에 있다. 에베소 사람들은 예수의 이름으로 세례를 주고 안수할 때 성령이 임했다(행 19:5-6). 고넬료는 베드로의 설교를 들으면서 성령강림을 경험했고, 이후에 물세례를 받았다(행 10:47-48). 사마리아 사람들은 물세례는 받았으나 아직 성령을 경험하지 못했다. 그러나 나중에 베드로와 요한이 내려와서 안수할 때에 "성령을 받았다"(행 8:14-17). 순서와 상관없이 성령을 선물로 받는 것은 세례의 본질적인 부분이다. 세례는 성령의 임재와 인(印)치심의 표다(엡 1:13-14).

기름부음은 성령으로 인한 치유와 회복, 그리고 죄의 권세를 이기는 강건함을 위하여 사용 되었다(약 5:14). 교회에서 기름부음 또는 인침은 물세례 이후에 기름을 머리에 붓거나 이마에 십자 표시로 인을 치는 것이었다. 세례에서 수세자의 이마에 수직과 수평으로 선을 그어 십자가 모양으로 인을 치는 것은 수세자가 구원의 복음을 믿어 하나님의 백성이 되었다고 약속하는 성령의 인치심의 표시다(엡 1:13-14). 이것은 하나님이 마음의 성령 주심을 외적으로 표시하는 것이다(고후 1:22). 또한 기름으로 십자가 모양의 인을 치는 것은 기름부음을 받은 자, 곧 그리스도이신 예수의 소유됨을 의미한다. 구약에서부터 기름부음은 성별과 관련되었다. 세례의 기름부음과 인침은 우리를 어두운 데서 불러내어 "택하신 족속이요 왕 같은 제사장이요 거룩한 나라요 그의 소유된 백성"(벧전 2:9)이라고 거룩하게 성별하는 행위다.

유아 세례자는 일정한 나이에 도달했을 때 기름부음 또는 인침을 받으면서 세례의 언약을 더욱 공고히 했다. 이것을 견신례라고 한다. 견신례가 거행될 때, 유아 세례자와 성년세례자 모두 다시 한 번 세례의 언약을 상기하고 갱신하는 기회로 삼았다. 머리에 손을 얹어 행하는 안수는 기름부음과 인침 이후에 거행했다.

성결교회의 『헌법』과 세례

성결교회는 유아세례, 유소년세례, 그리고 성인세례를 모두 인정하고 있다. 세례교인은 "교회에 출석하고 거듭난 증거가 확실한 자로 예문에 의하여 세례를 받은 자와 유소년 세례교인 및 유아세례를 받은 15세 이상 된 자로 문답을 받고 세례교인 명부에 기입된 자"(『헌법』 제34조)다. 유아 세례교인은 "세례교인의 자녀로서 예문에 의하여 유아세례를 받은 2세 이하인 자"(『헌법』 제34조)다. 유소년 세례교인은 "교회에 출석하고 거듭난 증거가 확실한 자로 예문에 의하여 세례를 받은 15세 미만인 자"(『헌법』 제34조)다.

그리스도의 몸인 교회는 거대한 가족이기 때문에 모든 연령을 포함한다. 사도 베드로는 다음과 같이 선포했다. "너희가 회개하여 각각 예수 그리스도의 이름으로 세례를 받고 죄 사함을 받으라 그리하면 성령의 선물을 받으리니 이 약속은 너희와 너희 자녀와 모든 먼 데 사람 곧 주 우리 하나님이 얼마든지 부르시는 자들에게 하신 것이라"(행 2:38-39) 또한 사도행전의 다른 기록을 보면, 가족의 대표와 함께 한 사람이 세례를 받으면 온 가족이 함께 세례를 받았다(행 16:15, 33; 18:8; 고전 1:16). 어린아이에게 세례를 금한 기록은 신약성경의 어디에서도 찾아볼 수 없다.

수세자의 나이에 상관없이 교회공동체는 그가 누구든 그리스도의 거룩한 공동체의 새 구성원으로 태어나는 것에 관하여 책임적으로 행동해야 한다. 그러므로 교회는 세례 후보자 각각에게 양육자를 세워준다. 양육자들은 전체 세례교육 과정 동안 각자에게 맡겨진 후보자를 돌보고 신앙 인도자로서 역할을 감당한다. 세례예전에서는 수세자의 서약과 함께 양육자들과 교회공동체 전체가 신앙의 울타리인 교회 안에서 이들 새 구성원들을 잘 돌보고 양육하겠다는 서약을 하도록 해야 한다. 세례는 단순히 한 사람이 거듭나고 새롭게 된다는 개인적 차원의 의식만이 아니다. 세례는 세례받는 자를 보면서 공동체 전체가 세례의 언약을 다시 한 번 상기하고 그 언약을 갱신함으로써 모두가 새로워지는 사건이다.

세례예전은 반드시 교회공동체가 모인 가운데 이루어져야 한다. 세례는 단순히 한 사람이 회개하여 하나님의 백성이 되는 차원으로 끝나지 않는다. 오히려 세례자 개인은 물론 그리스도의 몸인 교회공동체 전체에 있어서도 대단히 중요한 사건이다. 한 사람이 공동체에 들어오게 되면 그 개인이 공동체에 의해 영향을 받을 뿐 아니라, 공동체도 그 개인으로부터 영향을 받는다. 만일 불가피한 상황으로 인하여 교회공동체가 모이지 않은 가운데 세례를 베풀어야 한다면, 그리고 세례예전 전체를 거행할 수 없는 상황이라면, 세례의 핵심 요소만이라도 분명하게 실행해야 한다. 세례의 핵심은 성부, 성자, 성령 삼위 하나님에 대한 신앙고백과 삼위일체 하나님의 이름으로 물을 붓는 것이다. 그러나 이러한 경우에도 후에 반드시 교회공동체 앞에서 이 사람을 소개함으로써 공동체가 그를 새 구성원으로 인식하고 환영해야 한다.

세례교인은 완전한 교인으로서 성찬에 참여할 수 있다. 그러나 유아 세례교인과 유소년 세례 교인은 교회의 전체 회의인 사무총회에서 투표권을 행사할 수 없다. 사무총회는 "지교회의 정회원으로 구성"(『헌법』 제46조)되기 때문이다. 정회원은 세례교인 중에서 "19세 이상된 자"(『헌법』 제35조)다. 유아세례와 유소년 세례를 받은 후, 교회 안에서 잘 성장하여 성인 세례교인이 되면, 교회의 중요한 일에 대해 투표권을 행사할 수 있을 뿐만 아니라 교회의 직원(장로, 권사, 집사 등)이 될 수 있다. 마찬가지로 세례교인은 교회에 대한 의무도 있다. 세례교인은 일생 동안 교회공동체의 일원으로서 모든 일에 성실하게 봉사한다.

유아 세례교인과 유소년 세례교인의 차이점은 견신례에 있다. 유아 세례교인은 유아세례를 재확인하고 견고히 하는 견신예전을 통해 자신이 받았던 세례를 다시 상기하며 그때의 헌신을 새롭게 하는 세례갱신예전을 통한 입교를 거행해야 한다. 그러나 유소년 세례교인은 성인 세례교인과 동일하게 세례예전 안에 견신례가 포함되어 있어서 별도의 세례갱신을 위한 견신례가 필요하지 않다.

성결교회 『헌법』은 세례에 관한 역사적 이해와 성경의 교리적 고백이 조화되어 있다. 『헌법』(제23조)에서 세례는 "교인이 회개하여 그리스도의 이름으로 죄사함을 받아 중생함으로 교회에 속함을 표하는 예식"이다. 『헌법』(제23조)에서 강조하는 성례전인 세례는 교회의 입회예식으로써 회개하고 죄사함을 받은 중생한 성도의 외적인 표지다. 또한 『헌법』(제24조)에서 "세례는 주 예수께서 하나님의 아들이요 우리 구주로 믿음과 죄 사함을 받아 하나님의 자녀됨을 증거 하는 표가 되는 성례"라고 정의한다. 세례는 중생과 동시에 양자가 되었다는 것을 증명하는 표지다. 중생은 법적으로 칭의라 하고, 관계적으로 하나님의 양자가 되었다 하고, 내면적으로 신생했다고 한다. 여기서 세례는 이러한 영적 변화 사건의 외적 표지다.

제21장

성찬

성찬은 왜 중요한가

초대교회부터 예배는 말씀과 성찬이라는 이중적 구조를 유지했다. 그러나 미국의 서부개척 시대 이후로 성찬은 개신교 예배에서 변방으로 밀려났다. 21세기 들어 세계의 주요 개신교는 고대교회에 대한 이해의 폭이 넓어지면서 예전갱신운동(The liturgical movement)이 일어났다. 예전갱신운동의 핵심은 예배에서 말씀과 성찬이라는 이중구조의 회복이다.

불신자들에게 성찬은 신기한 일이지만, 우리에게는 신비다. 이 신비는 구원의 신비다. 성결교회 『헌법』은 성찬이 가리키는 구원의 신비를 잘 드러내고 있다. 『헌법』(제23조)은 성찬을 이렇게 정의한다. "우리의 속죄 제물 되신 예수 그리스도의 살과 피를 기념하기 위하여 떡과 포도즙을 받는 예식이다". 나아가 성찬은 "주 예수 그리스도께서 친히 세우신 예식이니 곧 그리스도께서 우리 죄를 대속하시기 위하여 십자가 위에서 몸을 찢으시고 피 흘리심을 기념하여 우리의 신앙을 더욱 깊게 하는 예식"(『헌법』 제24조)이다. 이와 같은 헌법 정신은 성경의 가르침을 따르는 것이다. 성경 말씀에서 성찬은 어떻게 고백되고 있기에 성찬은 구원의 신비를 드러낸다고 하는가?

"성찬은 예수 그리스도의 희생의 성례입니다"

예수는 성찬의 잔이 자신의 피로 세운 새 언약이라고 말씀하셨다(마 26:28; 눅 22:20; 고전 11:25). 예수 그리스도는 대제사장으로서 하나님에게 자신을 희생제물로 바치셔서 우리 죄를 속량하신 새 언약의 중보자다(히 9:14-15). 신약성경의 교회는 제사에 익숙해 있었다. 구약시대 제사장들은 제사에서 예물을 바치는 것에 주목하고, 예언자들은 제물을 바치는 자의 마음에 주목했다. 구약의 모리아 산에서 아브라함이 바친 아들, 이삭의 희생은 신약의 골고다 산에서 하나님이 독생자 예수 그리스도의 희생으로 완성하신 구속의 모형이다. 아브라함의 순종함으로 드린 이삭의 번제는 예수 그리스도의 자기희생적인 삶과 십자가 죽음에서 완성되었다.

종교개혁자들은 모두 로마 가톨릭교회의 성찬 이해를 거부했다. 로마 가톨릭은 초대교회와 달리 미사 때마다 성찬을 반복적인 그리스도의 희생제사로 이해했다. 루터는 이것은 거부하고, 주의 만찬이 죄의 용서에 대한 그리스도의 성약(testament)이자 약속(promise)이라고 주장했다. 루터는 성찬을 인간이 하나님에게 바치는 행위보다는 하나님이 우리에게 주시는 선물이라고 이해했다. 쯔빙글리(Ulrich Zwingli, 1484~1531)는 미사(성찬)가 희생제사가 아니라 십자가에서 일어났던 단 한 번의 희생제사를 기념하고 그리스도를 통한 구원을 확인하는 것이라고 주장했다. 칼뱅 역시 성찬은 그리스도가 십자가에서 단번에 드리신 영원한(once-and-for-all) 희생 제사에 관한 성경적 유산임을 강조했다.

예수는 체포되시기 바로 전 날 제자들과 함께 하셨던 최후의 만찬, 즉 성찬은 자신을 희생의 제물로 드려 세상을 죄로부터 구원하실 것에 대한 기념이다. 예수는 자신을 십자가의 희생제물로 드려 희생제사를 드리신 구속의 사건은 단일성, 비반복성, 충족성을 갖추고 있다.

"성찬은 기념하는 사건입니다"

성찬은 "나를 기념하라"고 하신 구속자 예수 그리스도를 기념하는 사건이다(눅 22:19; 고전 11:24). '기념'이라는 헬라어 '아남네시스'(anamnesis)는 과거의 어떤 사건을 의도적이고 능동적인 방법을 통해 확실히 기억해내고 기념하여 현재 다시 새롭게 경험하는 것을 의미한다. 따라서 예수 그리스도를 기념하는 성찬은 "이것은 내 몸이다", "이것은 내 피다"라는 제정의 말씀뿐 아니라, 떡을 '가지사', '감사기도 하시고', '떼어', '주시는' 주요한 네 동작을 반복하며 행함으로 기념해야 한다. 예수 그리스도가 친히 성찬을 제정하시면서 "이것을 행하여 나를 기념하라"고 말씀하셨기 때문이다.

유대인이 이해하는 기념(히브리어 지카론, zikkaron)은 역동적인 개념으로써, 과거의 역사를 잠시 기억하는 것 이상의 뜻이 있다. 하나님은 이스라엘을 언약 안으로 들어오라고 계속해서 부르시는 분이다. 언약의 기념은 과거에도 인간의 역사에 개입하셨던 하나님 때문에, 현재를 살아가고, 미래를 소망하는 것이다. 노아와 맺으신 언약(창 9:1-17), 아브라함과 맺으신 언약(창 12:1-3), 시내산에서 이스라엘 백성과 맺으신 언약(출 19장 이후), 그리고 그 언약의 갱신들(수 24:1-28; 왕하 23:1-3; 느 8:1-11)을 말한다. 언약대로 살아가는 것은 이스라엘의 약속이고 미래다. 구약성경이 이 언약의 기억을 담고 있는 텍스트라면, 유월절 식사는 그 기억을 담고 있는 중요한 의례다. 유월절 식사는 시내산 언약을 예비하기 위해 이집트에서 이스라엘 백성을 해방시키는 구원의 예식이다.

예수는 구약의 선조들처럼 역동적인 의례인 성찬을 만드셨다. 이것은 네 가지 동작을 수행하며 최초의 성찬, 즉 예수와 제자들이 함께 하셨던 최후의 만찬을 기념하는 것이다. 앞서 언급했던 것처럼 성찬이 기념하는 것이 십자가의 희생제의만이 아니다. 예수가 떡, 즉 자신의 몸을 취하신 이유는 하나님에게 드리기 위함이다. 자신을 드리신 후에 감사기도 하신 것은 성육신부터 십자가의 이후에 부활과 승천, 재림에 이르기까지 전 구원의 역사에 대한 깊은 감사다. 나아가 온 우주의 창조와 구속의 은혜에 대한 감사다. 감사기도 이후에 예수는 떡을 떼어 주셨다. 자신을 내어 주시는 사랑의 교제를 이루신다. 성찬의 네 가지 동작을 통하여 예수는 우리가 성찬을 거행하면서 기념해야 할 예수 그리스도가 누구인지 확인시켜 주신다. 예수는 하나님과 성도, 목회자와 성도, 성도와 성도의 친교(communion)를 회복시키신 우리의 주님이시다.

"성찬은 예수 그리스도의 몸과 피에 참여하는 것입니다"

구약성경은 하나님과 언약의 관계를 함께 맺은 동료 이스라엘인을 사랑하라고 강조한다(레 19:17-18). 이스라엘 백성 간의 강한 연대감 외에도, 외부인을 보살피고 환대하라고 가르친다(레 19:33-34). 기독교는 이웃 사랑과 하나님 사랑을 동등하게 여기면서 예수 그리스도를 통한 하나님의 사랑을 복음의 핵심에 정초시켰다. 이 새로운 사랑의 언약에 기초한 교제에 참여하는 것이

'코이노니아'(koinonia)다(고전 10:16-17). 예수의 식탁에 참여하는 것 자체가 '코이노니아'다.

고대교회 교부인 예루살렘의 씨릴(Cyril)은 신비교리(Mystagogical Catecheses) 설교에서 다음과 같이 말했다. "봉헌물도 거룩하다. 왜냐하면 그것들 위에 성령이 강림하시기 때문이다. 그리고 여러분도 거룩하다. 왜냐하면 여러분도 성령으로 거룩하게 되기 때문이다. 그러므로 거룩한 것은 거룩한 사람들에게 적합하다.... 우리는 본성에 의해서가 아니라 성찬의 참여와 실천과 기도로 인해 거룩하다." 씨릴은 성찬의 실천에 있어서 거룩하게 변화시키는 성령이 성찬의 빵과 포도주, 그리고 성찬에 참여하는 성도 모두를 거룩하게 변화시키도록 성령의 임재를 위해 기도하라고 가르친다. 성찬은 성령의 임재 속에서 성찬에 참여한다는 의미에서 "거룩한 코이노니아"(친교)다.

예수는 죄인들과 함께 먹고 마셨을 뿐 아니라 포용하셨다. 예수의 식탁 교제는 화해의 개방성(reconciling openness)이다. 즉 환대와 용서를 이루시는 사역이었다. 교회의 성찬은 예수 그리스도의 몸과 피에 참여(코이노니아)하는 하나님과 성도, 목회자와 성도, 성도와 성도의 교통과 교제를 가능하게 하는 신비한 영적인 화합이다. 이것을 가능하게 하시는 분은 성령이시다.

"성찬은 하나님께 감사하는 것입니다"

교회는 그 시작부터 성찬을 '유카리스트'(감사, eucharist)라고 불렀다(눅 22:18-19). 이 말은 헬라어 '유카리스티아'(eucharistia)에서 나온 예배 용어로써 예물의 봉헌, 기도, 축성, 신자들의 참여 뜻한다. 이를 한마디로 하면 '감사'다. 여전히 교회는 성찬을 감사의 예전이라고 부른다. 성찬기도를 시작하면서 드리는 예배 인사에서 집례자가 "주님께 감사드립니다"라고 선포하면, 모든 회중은 "그것이 합당하고 옳습니다"라고 인사한다. 성찬기도를 감사로 시작하는 것은 감사가 하나님을 아는 지식의 '표지'이기 때문이다. 하나님을 아는 자의 도리는 감사다.

최초의 교회인 예루살렘 교회의 성찬은 하나님이 예수 그리스도를 통해 이루신 구속에 감사하는 기쁨의 향연이었다. 예루살렘 교회는 하나님의 구원의 은혜를 감사하며 기쁨과 순전한 마음으로 떡을 떼었다(행 2:46). 이 기쁨은 십자가뿐 아니라 부활하신 주님을 만나고 다시 오실 것을 약속하신 구속의 전 과정에 대한 감사다. 창조 때 낙원에서 추방된 인간을 예수 그리스도를 통해서 다시 낙원으로 인도하신다는 구속의 전 과정에 대한 감사다. 성찬에는 예수 그리스도를 통해서 이루신 하나님의 새 언약으로서의 창조와 타락 이후의 구원의 전 역사가 담겨 있다(고전 11:26).

"성찬은 천국잔치를 미리 경험하는 것입니다"

성찬이 천국의 잔치를 미리 경험하는 것이라고 고백하는 것은 성찬의 종말론적인 측면을 의미한다. 예수는 "내 살을 먹고 내 피를 마시는 자는 영생을 가졌고 마지막 날에 내가 그를 다시 살리니"(요 6:54)라고 말씀하셨다. 그리고 마지막 만찬에서 하나님의 나라에서 베풀어 주실 천국 잔치를 약속하셨다(눅 22:30). 바울은 "너희가 이 떡을 먹으며 이 잔을 마실 때마다 주의 죽으심을 그가 오실 때까지 전하는 것"(고전 11:26)이라고 말했다. 우리는 하나님이 과거에 이루신 구속과 미래에 이루실 구속의 완성 사이에서, 지금 성찬을 통해 주시는 소망을 체험하는 구원의 증인이 된다. 이것은 믿음과 소망 사이에 사랑을 경험하고 증언하는 것이다. 성찬은 예수의 성육신과 재림 사이에서 하나님 나라의 현존을 경험하는 사건이다.

루터는 주님의 진정한 살과 피가 실제 빵과 포도주 안에(in), 옆에(with), 그리고 아래(under)에서 주어진다고 했다. 그리스도의 몸은 빵과 포도주의 '실체들'(substances)과 함께 존재한다는 것이다. 루터의 견해는 공재설(consubstantiation)이 아니다. 루터는 부활하신 그리스도의 편재하심(Ubiquitous)이 이것을 가능하게 한다고 했다. 칼뱅은 성령의 능력(Virtualism)으로 성찬에 그리스도가 현존한다고 주장했다. 성령의 능력에 의해 우리는 성찬에서 신비적으로 부활의 주님과 연합할 수 있다. 성령은 거리의 장벽을 극복하게 하신다.

성찬은 하나님이 이루실 하나님 나라의 종말론적 잔치의 경험이다. 그리고 그리스도의 육체가 우리에게 현존하도록 경험케 하시는 분은 성령이다. 따라서 초대교회부터 성찬을 위한 대감사기도에는 하나님이 우리와 우리가 드린 예물 위에 성령이 임하시기를 간구하는 성령임재기도가 있다.

초대교회의 애찬 전통은 경건한 유대인들의 식탁 전통에서 비롯되었다. 5세기 애찬 전통은 성도들에게 부담이 되면서 기독교 전통에서는 단절되었다. 애찬은 1727년 독일의 모라비안 교도(Moravian Church)에 의해서 음식, 기도, 간증, 찬송의 나눔으로 구성된 애찬이 다시 소개되었다. 10년 뒤 웨슬리는 애찬을 조지아의 사바나에서 모라비안 공동체들 속에서 경험했다. 애찬이라는 기독교 전통을 재발견한 웨슬리는 감리교 운동에서 애찬을 공식화하였고, 그 자신이 패터래인 협회의 애찬식 도중에 놀라운 성령의 거룩한 사건을 경험했다.

성찬의 역사적 이해

성찬은 주일 예배의 표준이다. 초대교회 성도들은 '주님의 날'에 가정에서 모여 예수 그리스도가 직접 만드시고 베풀어주신 성찬을 정규적으로 거행했다. 이것이 주일예배가 된 것이다. 유대인의 하루는 밤부터 낮까지다(창1:5, 8, 13, 19, 23, 31). 성찬이 주님의 만찬(Lord's Supper, 고전11:23-25)으로 불리는 것은 저녁 식사와 함께 하는 식탁 예전이었기 때문이다. 그러나 1세기부터 예배가 주일 아침으로 옮겨지면서 지금과 같이 상징적으로 먹는 예전적인 식사(Eucharist)의 형태로 계승되었다.

주후 1세기 경에 기록된 최초의 교회 규범서인『디다케』는 성찬에 성도들을 초대하면서 "주님의 교회가 땅끝에서부터 주님의 나라로 모이게 하소서"라는 종말론적인 기도로 시작한다. 교회로 모인 성도들이 받는 성찬을『디다케』는 "깨끗한 제물"(말 1:1)이라고 불렀다.『디다케』의 성찬의 의미는 '희생제사'다. 구약의 제사는 피 흘림이 있는 희생제사이지만, 예수 그리스도가 십자가에서 단번에 자신의 드려 물과 피를 쏟으셨기 때문에 더 이상 피 흘림이 필요 없다. 2세기 안디옥의 이그나티오스(Ignatius, 35?~107?)는 가현론자들과 대결하면서 "성찬은 우리 그리스도의 살"이고, 성찬은 "불멸의 약"이라고 주장했다. 리옹의 이레네우스(Irenaeus, 130?~202?)는 "그분 자신의 피"인 잔 안에, "그분 자신의 몸"인 빵 안에 임하시는 그리스도의 임재를 선포했다.

3세기 카르타고의 키프리아누스(Cyprian, 200?-258)는 성찬을 통해서 그리스도와 성도, 성도와 성도의 교제를 시적인 언어로 묘사했다. "많은 낟알들이 모아지고, 빻아지고 섞여서 한 덩어리가 되어 하나의 빵으로 되는 것처럼, 하늘의 빵인 그리스도 안에서 우리가 한 몸이라는 사실을 우리는 알 수 있다". 3세기 로마의 히뽈리뚜스는 『사도전승』에서 성찬은 세례의 마지막 순서로서 금식 후 경험하는 거룩한 식탁이라고 말했다. 이 거룩한 식탁을 위한 성찬기도는 성부 하나님이 성령 하나님을 거룩한 교회의 식탁에 보내셔서 진리를 믿는 신자들의 믿음을 강화시킬 수 있도록 간구하는 기도다.

4세기 예루살렘의 씨릴(Cyril, 313~386)은 세례 후 교육과정인 신비교리(미스타고지)에서, 성찬에 대하여 다음과 같이 가르쳤다. "우리는 자비로우신 하나님께 당신의 거룩한 성령을 당신 앞에 놓인 성물 위에 보내셔서 빵을 그리스도의 몸으로, 포도주를 그리스도의 피로 만들기를 구합니다. 왜냐하면 성령께서 만지신 것은 무엇이나 성화되고 변화되기(메타베블레타이) 때문입니다". 씨릴은 성찬의 빵과 포도주를 "그리스도의 몸과 피의 표지(싸인)"라고 말한다. 4세기 밀라노의 암브로시우스(Ambrose, 340?~397)는 성찬과 그리스도의 말씀에 대하여 "그리스도의 말씀이 우리의 성례전을 완성한다"고 말했다.

5세기 히포의 아우구스티누스(Augustin, 354~430)는 성찬을 희생제사로 이해했다. 그는 그리스도의 영원한 제물이 되셨다는(히 9:14) 것과 그리스도인이 성찬을 통하여 그리스도와 연합한다는 것을 주장했다. 또한 그는 성찬에 대하여 실제적인 언어와 상징적인 언어를 거리낌 없이 자유롭게 사용했다. 초대교회 교부들은 성찬에 대하여 엄격한 신학적 차이를 토론하기보다는 각자 자신의 목적에 가장 잘 부합하는 단어들을 선택해서 기술했고, 마음에서 경험되는 성찬을 마음껏 표현했다.

중세기 예배에서는 매주 성찬예전이 거행되었다. 그러나 사제가 회중을 등진 상태에서 라틴어로 진행하여 회중은 알아들을 수 없었다. 오직 사제만이 떡과 포도주에 참여하고 일반 회중에게는 1년에 한 차례(부활절) 떡만 제공했다. 따라서 회중에게 성찬은 사실상 아무런 의미를 주지 못했다.

종교개혁 이후 17세기에는 예배에 큰 변화가 일어났다. 그것은 예배에 있어서 설교의 부흥과 성찬의 제거였다. 비록 루터와 칼뱅 등 주류 개혁자들은 매주 성찬을 해야 하고 떡과 포도주 모두를 회중에게 주어야 한다고 강조했다. 그러나 이러한 주장은 성찬에 대한 인식과 경험이 부족했던 행정 당국자들과 회중들에게는 낯선 일이었다. 따라서 매주 성찬을 거행하며 받아야 하는 것을 수용할 수 없었다. 결과적으로 17세기 이후 성찬은 주일예배의 정규 순서에서 제외되었고, 1년에 서너 번 하는 의식으로 전락했다.

18세기 영국의 존 웨슬리는 이러한 흐름에 반하여 '보이지 않는 하나님의 은혜의 보이는 수단'으로써 성찬의 신비를 강조했다. 그는 한 주에 서너 번 성찬을 집례했다. 그러나 이러한 웨슬리의 성찬에 대한 강조는 영국으로부터 독립하기 위해 전쟁을 치루었던 미국의 독특한 상황과 만나면서 미국 감리교도들에게 충분히 이어지지 못했다. 19세기 미국의 서부개척 시대에 성찬은 목사의 숫자가 턱없이 부족해서 주일 정규 순서가 아니라 순회목사에 의해 1년에 한두 번 거행되는 특별 순서가 되어버렸다.

이러한 예배 형식이 선교사들에 의해 한국에 전래되어 한국교회도 기껏해야 1년에 두 차례 이상 거행하게 되었다. 그러나 예전적 예배운동의 영향으로 1970년대 유럽, 1980년대 북미 개신교단들이 성찬을 주일예배의 정규 순서로 회복시켰다. 성찬은 초대교회부터 오늘에 이르기까지 세례받은 신자로서 신앙 양심에 거리낌이 없는 자에게 주일마다 주어지는 것이 유익하다.

성찬의 구성요소

성찬을 거행할 때에는 다섯 가지 요소들로 이루어진다. 봉헌, 성찬에의 초대, 성찬기도, 성찬참여, 그리고 성찬 후 기도다. 이 다섯 가지는 초대교회 전통을 현대화시킨 것으로써, 오늘날 개신교를 포함한 세계 기독교가 함께 지키는 것이다.

봉헌

성찬에서 봉헌은 빵과 포도주를 드리는 것이다. 빵과 포도주는 하나님이 주신 농작물을 인간이 경작하여 얻은 소출을 가지고 빚어낸 산물이다. 삶의 소산을 통해서 삶을 드리는 봉헌은 설교를 마친 후 하나님의 말씀에 대한 감사의 표시다. 맡은 이는 빵과 포도주 그리고 헌금을 성찬상 앞으로 가져와 집례자에게 드린다. 이

때 다같이 찬송을 하거나 알맞은 음악을 연주할 수 있다.

성찬에의 초대

성찬에의 초대는 동서남북으로 흩어져 있던 성도들을 주의 탁자 앞으로 초대하면서 성찬을 베풀어 주신 하나님의 은혜에 감사하는 것이다. 성찬은 1세기부터 '유카리스트'(감사)라고 불렀다. 성찬은 하나님이 구속의 역사 가운데 행하신 일과 당신의 백성들에게 약속하신 일을 교회가 찬미하며, 예수 그리스도의 생애, 죽음, 부활, 그리고 재림의 약속을 기억하고 감사하는 행위다. 그리스도인은 예수께서 다시 오실 때까지 성찬 참여를 통하여 구원의 완성에 대한 하나님의 약속을 확인하고, 장차 도래할 하나님 나라의 잔치를 앞서 경험한다.

성찬기도

성찬기도는 '대감사기도'라고도 한다. 예수 그리스도가 마지막 식사를 하실 때, 떡을 '가지사' '축사하시고', '떼어', '주셨다'. 여기에서 '축사'는 성찬으로 인한 '감사의 기도'를 뜻한다. 성찬기도의 내용은 예수 그리스도 안에서 절정을 이룬 삼위일체 하나님의 인류 구원의 역사를 요약한 것이다. 성찬기도 중 성찬을 제정하신 주님의 말씀은 성찬기도의 핵심이다.

초대교회의 성찬기도는 특정한 형식과 내용을 포함한다. 예배 전통에 따라서 그 순서가 약간씩 다르기는 하나, 성찬기도는 대체로 다음의 요소들로 이루어져 있다. 첫째 예배인사와 마음을 주께 올림(Introductory Dialogue and Sursum Corda), 둘째 도입기도(Preface), 셋째 삼성송(Sanctus), 넷째 성찬 제정의 말씀(Institution Narrative), 다섯째 기념—봉헌사(Anamnesis—Oblation), 여섯째 성령임재기도(Epiclesis), 일곱째 송영(Doxology)이다.

첫째, 예배인사와 마음을 주께 올림은 기도의 시작 부분으로서, 집례자와 회중 사이의 대화로 이루어진다. 대화체로 구성된 이 부분의 내용은 초대교회 예배 때부터 사용한 것이다. 둘째, 도입기도는 교회력에 따른 절기에 맞추어 하나님의 존재와 창조와 예수 그리스도 안에서의 구속 사역으로 인한 감사와 찬양이 그 핵심이다. 셋째, 삼성송은 '거룩하시다'를 세 번 반복하는 것이다. 지상의 교회가 천상의 교회와 함께 하나님의 거룩하심을 찬송하는 의미다. 넷째, 성찬 제정사는 주님이 최후의 만찬에서 성찬을 제정하시고 이를 계속하라고 명령하신 내용이다. 다섯째, 기념—봉헌사는 "이것을 행하여 나를 기념하라"고 하신 말씀에 순종하여 예수 그리스도의 죽음과 부활을 통한 구원에 감사하며, 하나님이 우리에게 주신 소산물을 드리며 우리 자신도 드리는 것이다. 여섯째, 성령임재기도는 하나님이 성령을 보내주셔서 봉헌물들을 거룩하게 해 달라는 청원과 부활하신 그리스도의 현존 앞으로 회중을 인도해 주시고, 떡을 떼고 잔을 나누는 일이 그리스도의 몸과 피에 참여하는 일이 되게 하여 주셔서 성도들이 그리스도의 몸을 통해 자양분을 공급받게 해 달라는 기도다. 마지막 일곱째, 송영은 삼위일체 하나님에게만 올려드리는 장엄한 찬송으로 회중의 '아멘'으로 끝난다.

집례자는 성찬기도를 하는 동안에 예수께서 마지막 만찬 때에 하셨던 것처럼 네 가지 주요 동작을 수행한다. 4중 행위는 떡(잔)을 들고(taking bread), 감사의 기도를 하고(giving thanks), 떡(빵)을 떼고(breaking bread), 나누어 주는(giving bread) 행위다. 주님은 4중 행위를 마지막 만찬뿐 아니라 오병이어의 식탁(막 6:41)에서도, 엠마오로 가던 글로바와 다른 제자와의 식탁에서도 보여주셨다. 사도 바울은 이것을 이교도로 가득한 풍랑 속의 배 위(행 27:35)에서 보여주었다.

교회는 성찬을 거행하면서 네 가지 주요 동작을 반복해 왔다. 첫째, 빵을 높이 드는 행위는 예수의 몸이 십자가 위에서 높이 들리신 것을 상징한다. 둘째, 모든 사람이 보는 가운데 떡(빵)을 둘로 쪼개는 행위는 예수의 몸이 십자가 위에서 찢기신 것을 뜻한다. 셋째, 포도주가 담긴 성배를 높이 드는 동작은 십자가에 달리신 예수이 우리를 구원하시기 위해 물과 피를 다 쏟으신 것을 기억하게 한다. 마지막으로, 떡(빵)을 잘게 떼어 사람들에게 나누어 주는 것은 예수 그리스도가 당신의 몸을 우리에게 아낌없이 내어주신 것을 의미한다.

성찬 참여

참여자들은 떡과 포도주를 받기 위해 성찬상 주위에 모여들거나 또는 성찬상 앞으로 걸어 나온다. 집례자는 회중이 성찬에 참여하기 위하여 앞으로 나아갈 때 한쪽 방향으로만 움직이도록 하여 일사불란하게 움직일 수 있도록 돕는다. 집례자는 빵을 적당한 크기로 떼어서 "주님의 몸(입니다)" 하면서 회중의 손에 놓아준다.

이때 떡을 받는 사람은 오른손을 펴서 역시 활짝 편 왼손의 아래에 받친 채로 공손히 집례자에게 내밀며 "아멘" 하고 받는다. 포도주는 공통의 잔, 즉 하나의 잔에서 마신다. 빵을 잔 속의 포도주에 찍어서 먹을 수도 있으며, 이때 잔을 든 사람은 "주님의 피(입니다)" 라고 말하면서 잔을 약간 기울여 준다. 잔을 받는 사람은 마시거나 빵을 찍기 전에 역시 "아멘" 하고 받는다. 편의를 위하여 빵을 미리 잘라놓을 수도 있으며, 사람들의 형편과 전염병을 고려하여 개인별 잔을 사용할 수도 있다.

성찬이 진행되는 동안 회중은 적당한 찬송을 부르거나 찬양대가 합창이나 연주를 할 수 있다. 떡(빵)과 잔에 참여한 회중은 자리로 돌아가서 묵상으로 기도한다. 모든 분급이 끝난 후에는 남아 있는 떡과 포도주는 식탁 위에 놓는다. 집례자는 이 예전을 통하여 예수 그리스도를 우리에게 보내주신 것으로 인해 하나님에게 감사드리고, 또한 믿음의 제자로 살아갈 수 있도록 하나님의 능력과 은혜를 구하는 기도를 드린다.

성찬 후 기도

모든 배찬이 끝난 후, 집례자는 이 예식을 통하여 예수 그리스도를 우리에게 보내주신 하나님에게 감사드린다. 그리고 믿음의 제자로 살아갈 수 있도록 하나님의 능력과 은혜를 구하는 기도를 드린다. 또한 하나님이 예수 그리스도로 말미암아 베풀어 주신 거룩한 식탁을 감사하고, 주님의 재림을 기다리고(고전 11:26), 주님의 참된 양식과 참된 음료를 먹고 마심(요 6:55)으로 영육 간에 강건하게 살아가도록 성령의 도우심을 구하는 신유의 기도를 드림으로써 성찬예전을 마친다.

제22장

하나님의 나라

하나님의 나라는 왜 중요한가

성경은 하나님의 나라에 관해 어떻게 설명하는가? 특히 예수는 하나님의 나라를 제자들에게 어떻게 가르치셨는가? 하나님의 나라는 어디에 있는가? 하나님의 나라는 우리의 현실 속에 있는 것인가, 아니면 이상 속에 있는 나라인가? 우리는 죽어서 하나님의 나라로 가는 것인가, 아니면 살아 있을 때 하나님의 나라가 임하는 것인가? 우리는 하나님의 나라를 어떻게 믿어야 하는가? 그리고 사중복음과 하나님의 나라는 무슨 관계가 있는가?

하나님의 나라는 하나님의 임재와 통치로 하나님의 백성을 다스리는 나라다. 하나님의 나라는 예수 그리스도가 선포하신 핵심 주제다. 하나님의 나라를 완성하는 결정적인 사건은 예수 그리스도의 재림이다. 중생과 성결의 복음은 우리를 하나님의 자녀가 되게 하여 하나님을 사랑하는 자의 자리에 나아가게 한다. 신유와 재림의 복음은 우리를 이웃을 사랑하는 자로 살아가게 한다. 그러므로 중생, 성결, 신유, 재림은 이 땅 위에서 하나님 사랑과 이웃 사랑의 완성을 경험할 수 있는 하나님의 나라를 여는 복음의 문이다.

 우리는 유토피아를 꿈꾸고 건설하기 위해 부름을 받은 자들이 결코 아니다. 오히려 하나님의 나라의 희망을 투명하게 드러내기 위해, 이를 말과 행위로 증언하도록 부름을 받은 존재다. 그러므로 우리는 하나님의 나라 앞에서 철저히 결단해야 하고, 이러한 결단이 사회적인 회개로 이어지도록 노력해야 한다. 또한 우리는 죽어서 가게 될 하나님의 나라와 함께 이 땅에 임하는 하나님의 나라도 믿는다. 이를 위해 우리는 하나님을 향해 우리 자신을 개방해야 하며, 하나님의 나라가 들어오는 길을 예비하는 삶을 산다. 하나님의 나라가 점점 더 가까이 온다는 것은 하나님의 은혜와 선물이다. 하나님의 공의를 추구하고 하나님의 나라의 도구가 되기를 기도하는 것이야말로 우리가 가진 최고의 의무와 특권이며, 가장 큰 기쁨과 은혜다.

"하나님의 나라는 이미 시작되었고 아직 완성되지 않았습니다"

 하나님의 나라는 하나님의 임재와 통치로 하나님의 백성을 다스리는 나라다. 하나님의 나라는 예수 그리스도께서 선포하신 핵심적인 가르침이다. 예수는 하나님의 나라는 사람이 씨를 땅에 뿌림과 같다(마 4:26-32)고 말씀하셨다. 예수가 이 땅에서 전하신 것은 하나님의 나라의 기쁜 소식, 곧 복음이다(눅 4:43). 바리새인들이 하나님의 나라가 어느 때에 임하는지 물었을 때, 예수는 하나님의 나라는 볼 수 있게 임하는 것이 아니라고 대답하셨다(눅 19:20). 그리고 하나님의 나라는 여기 있다, 저기 있다고 말할 수 있는 장소 개념이 아니라, 오히려 하나님의 나라는 너희 안에 있다고 말씀하셨다(눅 19:21). 병들고 귀신에 시달리는 사람들을 구원하시는 하나님의 활동이 있는 곳에 하나님의 나라가 있다(눅 11:20).

예수께서 니고데모에게 가르치신 중생의 도리는 기독교 신앙의 입문이자, 하나님의 나라의 시민이 되는 자격을 갖추는 말씀이다. "사람이 거듭나지 아니하면 하나님의 나라를 볼 수 없느니라"(요 3:3) 성결교회 헌법 제1장 제6조는 중생과 하나님의 나라를 다음과 같이 설명한다. "중생은 곧 영으로 나는 일이며, 신비에 속한 영적 변화이며 모든 사람이 자기의 죄를 회개하고 십자가에 달려 속죄의 피를 흘리신 예수 그리스도를 믿을 때, 성령의 역사로 새 생명을 얻어 그 사람의 심령과 인격 전체에 근본적 일대 변혁을 일으키는 것이니, 이는 진실로 천국복음이다" 하나님의 나라를 보기 위해서는 거듭나야 한다(요 3:3). 예수 그리스도를 믿음으로 열리는 중생의 가르침은 하나님의 나라의 백성이 되는 자격을 가지게 되는 유일한 길이다.

공생애를 사시면서 예수는 하나님의 나라의 복음을 전파하시고, 교육하시고(산상수훈), 치유하시고, 귀신을 내어쫓으심으로써 하나님의 나라가 이 땅에 어떻게 임하는지 보여주셨다. 지금은 자신의 십자가의 죽음과 부활로 세상에 허락하신 성령과 말씀과 교회를 통해 하나님의 나라를 이 세상에 임하게 하신다(행 1:8). 미래에는 자신의 재림과 심판과 구원을 통해, 하나님의 나라를 이 세상에 온전히 임하게 하실 것이다(계 21:1-2).

예수가 선포하신 하나님의 나라는 우리에게 '가까이 왔다'(ἤγγικεν). 하나님의 나라는 예수의 오심과 함께 이미(already) 시작되었다. 그러나 아직 완성되지는 않았다(but not yet). 이미 시작되었지만 아직 완성되지 않은 하나님의 나라는 예수 그리스도의 재림과 함께 이 땅에 온전히 완성될 것이다.

예수는 자신의 하나님의 나라 사역으로 사탄의 세력을 무력화시키셨다. 그러나 사탄은 이 세대에 여전히 활동하고 있다. 우리는 아직도 죄와 질병과 죽음의 굴레 속에 있다. 그러나 예수 그리스도는 재림하셔서 모든 악과 악의 세력, 곧 사탄과 귀신, 적그리스도와 거짓 그리스도, 거짓 선지자와 불신자를 심판하실 것이다. 죄와 질병과 죽음은 멸망하고, 궁극적으로 하나님의 나라가 이 땅에 온전히 도래할 것이다(계 21:3-4).

하나님의 나라를 완성하는 결정적 사건은 예수 그리스도의 재림이다. 예수 그리스도의 공중 재림(살전 4:16), 신자의 휴거(살전

4:17), 큰 환란(마 24:21), 예수 그리스도의 지상 재림(계 19:11-16), 천년왕국(계 20:2-6), 대심판(마 25:31-46; 계 20:11-15), 새 하늘과 새 땅(계 21:1), 신자의 온전한 구원(계 21:2-4), 만물의 회복(계 21:5) 등이 있을 것이다.

하나님의 나라와 성령, 그리고 교회

성령은 하나님의 나라를 위해 일하시고, 하나님의 나라를 실현하시는 분이다. 예수 그리스도는 성령의 권능으로 하나님의 나라의 복음을 전파하셨고, 가르치셨다. 죄를 용서하셨고, 병을 고치셨고, 죽은 자를 살리셨고, 귀신을 쫓아내셨다(눅 4:14). 신자와 교회는 성령의 권능으로 이미 하나님의 나라 안에 있으며, 하나님의 나라 건설에 참여한다. 신자와 교회는 성령의 임재와 통치 안에 거하는 삶을 경험한다.

우리는 성령의 권능으로 하나님의 나라의 복음을 전파하고 가르치며, 예수 그리스도의 이름으로 병을 고치고 귀신을 쫓아냄으로써 하나님 나라 건설에 참여한다(막 16:15-18). 예수는 주기도문에서 "나라가 임하시오며 뜻이 하늘에서 이루어진 것 같이 땅에서도 이루어지이다"(마 6:10)라고 가르치셨다. 우리는 하나님의 나라의 임재를 위해 기도하는 사람들이다. 그리고 무엇보다 하나님의 나라를 추구하는 존재다(마 6:33).

역사 속에 나타난 하나님의 나라

하나님의 나라는 이미 도래했지만, 다른 한편으로는 아직 완전히 이루어지지 않았다. 하나님의 나라의 궁극적인 실현은 오직 예수 그리스도의 활동을 통해서만 이루어진다. 그러나 동시에 우리들도 하나님의 나라 활동에 동참하도록 부름을 받았다. 바로 이러한 이중적 구조 때문에 하나님의 나라 신앙은 어느 편으로 기울어지느냐에 따라 극단적인 이데올로기나 유토피아로 변질될 위험성을 항상 갖고 있다. 하나님의 나라에 대한 믿음은 실제로 기독교의 역사 속에서 대체로 세 가지 형태로 나타났다.

첫째, 정치적 이데올로기로서의 하나님의 나라

첫째 형태는 하나님의 나라를 세계 발전의 목표로 보는 견해다. 인간이 하나님의 나라를 계획하고 조종할 수 있다고 믿는다. 그런 점에서 하나님의 나라는 종종 세속적인 과정의 목표가 되었다. 이 견해의 가장 고전적인 대표자는 아우구스티누스다. 그는 그의 책 『하나님의 도성』에서 천년왕국을 부활과 재림 사이에 있는 교회와 동일시했고, 하나님의 나라가 세상의 국가 속에서 투쟁하면서 승리하는 발전 과정에 있다고 보았다. 그의 하나님의 나라 희망은 유토피아적인 요소도 분명히 있었다. 그러나 교회를 천년왕국과 동일시함으로써 그는 중세의 신정 국가의 모델을 위한 결정적인 신학적 기초를 제공해 주었다. 그래서 하나님의 나라와 천년왕국에 대한 그의 신앙은 중세기 교회의 지배 체제를 떠받들어 준 이데올로기로 이용되었다.

칼뱅도 하나님의 나라의 이상을 이 세상 속에서 직접 실현하려고 애썼다는 점에서 천년왕국적인 유토피아를 대변했다고 볼 수 있다. 그러나 그는 자신의 신앙을 근거로 제네바에서 피비린내 나는 종교재판을 시행함으로써 하나님의 나라의 이상을 지배 계층의 이데올로기로 변질시켰다. 토마스 뮌처(Thomas Münzer, 1489-1525)는 억눌린 농민들을 대변하여 농민전쟁을 일으킴으로써 하나님의 뜻을 완전히 실현하려고 노력했다는 점에서 과격한 유토피아적인 희망을 실현하려고 애쓴 자로 기억되었다. 반면에 루터는 "두 왕국론"에 근거하여 세속의 지배 권력을 정당화했다. 이러한 점에서 그의 하나님의 나라 신앙은 자신의 종교개혁 정신과는 달리 기득권 계급을 뒷받침해 주는 이데올로기로 작용하기도 했다. 이것은 불행하게도 루터의 추종자들이 독일의 제3제국 아래서 히틀러의 세속적, 정치적 메시아니즘을 주창할 수 있는 근거로 악용되기까지 했다. 1415년에 일어난 후스파 운동은 뮌처의 농민전쟁과 비슷하게 천년왕국의 희망이 억압을 당하는 계층들의 사회 운동과 결합하여 나타난 것이다. 그들은 타보르(Tabor)에서 하나님의 나라를 수립하기 위해 성(城)과 수도원을 약탈했고, 천년왕국에는 교회가 더는 필요하지 않다고 생각하면서 교회당을 파괴했다.

둘째, 인간의 내면에 존재하는 하나님의 나라

이 형태는 하나님의 나라가 역사적인 하나님의 세계에서 인간의 내면 세계로 옮아갔다고 보는 견해다. 내면화된 하나님의 나라는 하나님의 자녀 의식 속에서 경험되거나, 신적이고 이성적인 진리에 참여함으로써 이루어진다. 영원한 이념과 이상이 인간의 영혼 속에서 심겨지거나 하나님의 영이 인간의 영 안에서 내주함으로써, 또는 인간에게 주어진 "최고의 신"이 실현됨으로써 하나님의 나라는 경험되거나 실현된다.

이러한 견해는 필로, 클레멘트, 오리게네스와 같은 헬라 철학자들과 신비주의자에게서, 그리고 근대의 관념주의 철학자들과 자유주의 신학자들에게서 발견된다. 칸트는 하나님의 나라를 윤리적 공동체의 이상으로, 덕과 자유의 나라로 보았다. 그는 하나님의 나라 표상을 윤리적인 완전을 향한 인간의 노력으로 제한했다. 그에 따르면, 하나님의 나라는 오직 도덕적 완전을 추구하는 인간의 노력으로만 발전된다. 이후 리츨 역시 칸트의 영향 아래에서 하나님이 이 세상 속에서 실현하시기를 원하는 "최고의 선"의 나라로 보았고, 이 최고선의 나라가 이 세상의 절대적인 목표가 된다.

셋째, 영적인 의미로 축소된 하나님의 나라

이는 하나님의 나라의 묵시적, 유토피아적인 요소를 완전히 배제하고, 하나님의 나라 선포를 영적인 것으로 변형시키거나 하나님의 나라 신앙을 포기한 것을 의미한다. 알베르트 슈바이처(Albert Schweitzer, 1875-1965)는 예수를 실패한 열광적인 묵시주의자로 이해했다. 따라서 그는 예수의 종말론적인 가르침을 포기하고 "생명 경외"를 주창했다. 그가 아프리카에 가서 병자들을 돌보았던 것은 하나님의 나라의 소망 때문이 아니었다. 단지 뜨거운 인간 사랑의 실천에서 비롯했을 뿐이다. 이것은 예수의 종말론적인 하나님의 나라 신앙을 신학적으로 포기한 결과다.

하나님의 나라에 대한 올바른 이해

우리가 하나님의 나라를 자신의 윤리적, 사회적, 역사적 활동의 구조 속에 가두는 것은 불가능하다. 인간이 하나님의 나라를 실현하기 위해 노력할 수 있다는 생각은 예수의 가르침에서는 찾아볼 수 없다. 그리고 이러한 시도는 역사 속에서 항상 실패했다. 인간이 이 세상에서 세우고자 했던 나라는 하나님의 나라가 아니라 인간의 나라였다. 그것은 때때로 악마의 나라이기도 했다. 하나님의 나라는 인간이 만든 표상이나 설계, 그리고 확장의 욕망 속에 고정될 수 없다. 하나님의 나라는 하나님이 통치하고 실현하는 나라다. 결코 인간이 수립하거나 통치하는 나라가 될 수 없다. 하나님의 나라는 지배 계급의 이데올로기가 될 수 없을 뿐만 아니라, 동시에 피지배 계급을 위한 이데올로기도 아니다.

하나님의 나라는 우리에게 가까이 왔지만, 아직은 완전히 오지 않았다. 그 종말론적 완성은 여전히 미루어져 있다. 우리는 하나님의 나라를 구하고, 찾고, 이를 위해 기도할 수 있다. 그러나 인간은 하나님의 나라를 장악할 수 없다. 아무리 이상적인 나라라고 선전한다 할지라도 인간이 세운 나라는 결국 이데올로기가 되어 인간은 거기에 희생될 뿐이다. 특히 우리가 20세기에 목격했던 수많은 형태의 정치적, 세속적인 메시아주의는 이를 여실히 증명한다.

하나님의 나라는 오직 믿음으로만 파악되고 받아들여지는 세계다. 그러므로 인간의 모든 이성적인 질문과 해명의 영역에서 벗어나 있다. 물론 하나님의 나라는 이성적으로 이해될 수 있는 성격이 있다. 그것은 모든 비극과 구조악에서 해방된 상태, 완전한 평화와 정의가 실현된 상태, 오직 하나님의 절대적인 통치가 실현된 상태를 의미한다. 그러나 하나님의 나라는 본질적으로 믿음을 통해서만 파악될 수 있다. 그 믿음에는 종말론적 희망이 들어있다. 이 세상 속에서 여전히 닥쳐오는 시련과 도전을 이기는 믿음이다.

이 믿음은 인간의 손으로 붙잡을 수 있는 소유물이 아니다. 우리가 완전히 잡았다고 생각하는 하나님의 나라 또한 없다. 만일 그렇다면 그 나라는 나의 나라이거나 우상의 나라다. 하나님의 나라가 아니다. 그래서 우리는 여전히 하나님의 나라를 소망하고 기다리고 있다. "주의 나라가 임하시옵소서. 그리고 주 예수여 어서 오시옵소서."

예수는 "회개하라. 천국(하나님 나라)이 가까이 왔다"(마 4:17)고 외치셨다. 하나님의 나라를 맞이할 수 있는 조건은 회개와 믿음이다. 그러나 하나님의 나라가 인간의 회개와 믿음을 통해 실현되는 것은 아니다. 우리에게 중요한 것은 하나님의 나라의 실현이나 확장이 아니다. 그것은 전적으로 절대적인 하나님의 일이다. 우리는 하나님이 약속하신 나라가 이 땅에 이루어지기를 믿고 소망한다. 그 나라는 하나님의 정의, 하나님의 평화, 하나님의 새로운 창조, 인간의 완전한 자유와 해방과 구원이 실현되는 세계다. 그러므로 우리는 불의하고 부조리한 현실 세계와 끊임없이 충돌한다. 몰트만이 간파했듯이, 하나님의 나라의 평화는 불의한 세상과 불화할 수밖에 없다.

우리의 사명은 하나님의 나라를 실현하는 것이 결코 아니다. 오히려 하나님의 나라의 희망을 이 세상 속에서 투명하게 드러내는 일이다. 여기에는 우리의 믿음이 요구된다. 우리의 이런 믿음의 행위를 통하여 하나님의 나라는 우리에게 가까이 온다. 이것은 전적으로 하나님의 은혜와 기적이다. 하나님의 나라를 위해 최선을 다한 그리스도인은 자기 구원, 자기 칭의, 자기 자랑의 교만에서 벗어난다. 우리는 오직 하나님의 나라가 이 세상 속으로 침투해 들어올 공간을 준비하고, 우리의 믿음과 행동을 통해 하나님의 나라의 희망이 강력하게 투영되기를 기도할 뿐이다.

"하나님의 나라는 궁극적으로 도래합니다."

주님은 반드시 다시 오셔서 이 세상을 심판하시고 세상을 의로 통치하실 것이라고 약속하셨다. 재림하신 '천년왕국'이라고 부른다. 물론 이 천년이라는 기간에 대하여는 다양한 해석들이 있다. 그러나 우리는 예수 그리스도가 오셔서 성도들과 함께 다스리는 "천년왕국"을 믿고 고백한다.

역사 안에서 예수 그리스도의 재림으로 열리게 되는 천년왕국은 하나님의 나라의 지상적 완성이고, 종말론적으로 임할 영원한 천국에 대한 선취다. 주님은 성도들에게 이 나라에 참여하도록 하신다. 어둠의 세력과 싸우고, 하나님의 공의를 세워나가며, 소망 가운데 인내로써 믿음의 정조를 끝까지 지키고, 하나님의 거룩한 성품을 잃지 않는 빛의 자녀들은 결국 그리스도의 재림으로 열리는 놀라운 세계를 미리 맛보게 될 것이다.

그리스도의 재림은 성도들이 세상가운데서 적그리스도의 공격과 어둠의 세력과 싸울 수 있게 하는 가장 강력한 소망이다. 그들은 믿음 안에서 이미 재림의 세계를 선취적으로 경험하여 사는 자들이다. 그들은 묵시론적 절망의 상황에서도 예수 그리스도를 전하는 선교적 부름에 순종하고, 하나님과 거룩한 성품에 참여하는 성결한 삶을 사는 자들이다. 그들의 이러한 능력은 종말론적 재림의 복음이 약속하는 천년왕국의 비전, 즉 하나님의 나라의 신앙으로부터 나온다.

이후에 사단은 다시금 예수 그리스도와 그리스도인들을 대적하여 최후의 전쟁을 벌인다. 사단의 미혹을 받은 이들은 결국 사단과 함께 불과 유황 바다에 던져져 고통을 당하게 된다. 이 후에는 마지막 심판의 날이 다가오고 이를 "최후의 심판"이라 부른다.

하나님은 심판하시는 하나님이다. 그러나 분명한 것은 이 최후의 심판은 원한이나 보복적인 심판을 말하는 것이 아니다. 이를 신의 복수로 이해하는 자들은 최후의 심판이라는 주제를 포기하거나 회피하고 싶어 한다. 그래서 기독교의 믿음과 소망과 사랑을 감상적으로 변질시켰다.

그러나 그리스도의 십자가에서 계시된 하나님은 보복적인 심판을 행하는 분이 아니시다. 하나님의 불은 사랑으로 행하는 심판의 불인 동시에 심판하시는 사랑의 불이다. 우리는 그리스도의 십자가를 통해 하나님의 불이 우리의 파멸이 아니라 구원을 위한 것임을 분명히 알 수 있다.

심판에 대한 정확한 이해는 무시무시한 고통만을 부각하는 방식이나, 심판을 피상적인 것으로 치부하는 방식과는 구별되어야 한다. 오히려 성경은 다음의 세 가지를 정확하게 가르친다. 첫째, 우리는 모두 하나님의 심판을 받을 것이다. 우리는 모두 하나님의 정결하게 하는 사랑의 불을 통과해야 할 것이다(고전 3:13, 15). 둘째, 우리를 위해 십자가에 달려 죽고 부활한 그리스도가 최후의 날에 우리의 심판자가 될 것이다. 심판하시는 하나님은 언제나 우리를 용서하시고 은혜로 행하시는 하나님이시다. 셋째, 지금이나 그때나 심판의 기준은 하나님의 사랑이다. 이 사랑은 예수 그리스도 안에서 명확하게 드러난 자기를 내어주고, 우리를 포용하시는 사랑이다. 우리는 어느 교파에 속했는지 혹은 얼마나 헌신했는지에 의해 심판받지는 않을 것이다. 마태복음 25장에 의한다면, 심판의 기준은 하나님의 은혜를 순전하게 신뢰하는 것과 그리스도의 아가페적 삶의 방식에 참여했는가의 여부일 것이다. 그리스도인의 삶의 방식이란 주님처럼 이웃을 섬기는 것, 특히 가난하고 병들고 소외된 자들을 섬기는 행위에서 드러난다.

"하나님의 나라는 새 하늘과 새 땅으로 완성됩니다."

새 하늘과 새 땅은 부활한 자들이 영원히 하나님과 함께 살아가는 곳이다. 이는 신자들이 부활로 새로운 몸을 입는 것처럼, 온 세상 온 우주가 변화되고 변혁된 세계를 말한다. 성경은 단지 그리스도인의 소망만이 아니라, 죽은 자들을 포함하여 온 세상이 완전히 새로워진다는 소망을 선포하는 것이다. 우주 전체의 미래에 대한 소망이다.

새 하늘과 새 땅은 완전한 화해의 성취를 말한다. 이제는 삼위일체 하나님과의 심오한 교제 속에서 영원한 삶을 누리는 것이다. 이러한 삶이 곧 우리가 하나님이 되는 것을 의미하는 것은 아니다. 이 새 하늘과 새 땅에서 하나님과의 온전한 연합 가운데 살게 되더라도 우리는 피조물이며 인간으로 존재한다. 오히려 우리 인간됨의 정체성이 하나님과의 완전한 교제 속에서 또한 타자와의 완전한 교제 속에서 완성될 것이다.

이러한 영원한 생명은 초기의 창조상태로 되돌아가는 것 이상일 것이다. 영생은 만물이 화해(골 1:15-20)되고 그 속에서 누리는 끝없는 기쁨이다. 이 세계는 "사랑의 나라"다. 하나님의 영광이 충만하게 드러나며 생명 샘이 흘러넘친다. 이 나라에서는 개인과 공동체 모두가 완성되고, 모두가 영원한 축복된 사회에 참여한다. 하나님의 나라는 삼위일체 하나님과의 친교를 누리는 것이며 이것이 인간을 창조하신 하나님의 목적이 이루어지는 것이다. 이러한 하나님의 나라는 하나님이 만유 안에 계시는 세계, 즉 전적으로 성례 그 자체일 것이다.(고전 15:28)

우리는 하나님의 나라를 사중복음의 빛에서 다음과 같이 이해할 수 있다. "죄인이 회개하여 예수 그리스도를 믿고 중생한 후, 성령세례 받아 성결하고, 신유의 은혜로 질병으로부터 나음을 얻고, 주님 다시 오시는 재림의 때 죽은 자들이 먼저 부활하고, 산 자는 들림을 받아 천년왕국에 참예하고, 그 후 영원한 하나님의 나라를 누리게 됨을 믿는다".

중생과 성결의 복음으로 하나님의 자녀 된 자가 온 마음을 다하여 하나님을 사랑하는 자의 자리에 나갈 수 있게 된다면, 그는 또한 신유와 재림의 신앙으로 이웃을 자기 몸처럼 사랑하는 자가 되는 자리에 나갈 수 있게 될 것이다. 중생, 성결, 신유, 재림은 이 땅 위에서 하나님의 사랑과 이웃 사랑의 완성을 경험할 수 있는 하나님의 나라를 여는 복음의 문이다. 그러므로 사중복음으로 열리는 하나님의 나라에 참여하는 것이 그 백성들에게 주어진 거룩한 '신앙의 목표'다.

주님이 선포하시고 실현하시는 하나님의 나라는 성도의 참된 소망이다. 이러한 하나님의 나라에 대한 소망은 참담한 현실 속에서 우리를 위로한다. 뿐만 아니라 이 세계의 불의에 저항하게 하며, 세계를 변혁을 위해 참여하고 기도할 힘을 줄 것이다.

유토피아와 하나님의 나라

예수 그리스도가 우리에게 전해주신 하나님의 나라는 때때로 유토피아와 혼돈하기 쉽다. 우리는 철학자들과 사회학자들이 꿈꾸는 유토피아와 하나님의 나라를 구별해야 한다. 유토피아와 하나님의 나라는 어떻게 다른가? 다음의 비교를 통해 우리는 하나님의 나라의 모습을 정확하게 이해할 수 있다.

첫째, 철학자들과 사회학자들의 유토피아는 이성적 성찰에서 나온 나라며, 사람들의 이성적 통찰을 반영한다. 그러나 하나님의 나라는 예수가 선포하신 나라며, 우리는 이를 믿음으로 받아들인다.

둘째, 유토피아는 현재의 사회 구조에 대한 절망과 비판으로부터 유래하지만, 하나님의 나라 실현에 대한 희망은 하나님의 구원 행동에 대한 인식과 이에 대한 인간의 감사와 기쁨의 반응으로부터 나온다.

셋째, 세상의 유토피아는 더 나은 사회 상태를 추구하면서 인간의 복리를 추구하지만, 하나님의 나라는 이 세상이 달라질 것과 함께 변혁의 대상인 인간도 철저히 달라질 것을 촉구한다.

넷째, 철학자들의 유토피아는 완전한 사회가 어떠한지를 분명하게 설명하지만, 하나님의 나라는 미래의 고정된 비전을 거절한다. 오히려 예수 그리스도의 인격을 향해 있다.

다섯째, 유토피아에는 인간의 계획과 행동을 통한 실현이 추구되지만, 하나님의 나라는 하나님의 자유와 의지를 통해 인간에게로 온다. 우리는 "나라가 오게 하소서"라고 기원하며, 하나님의 나라의 도래를 기대한다.

여섯째, 철학자들과 사회학자들이 말하는 유토피아는 종종 인간의 본성을 상대화한다. 집단이 유일한 규정적인 방향이기 때문에 개인의 자유는 무시되기 쉽다. 그러나 하나님의 나라는 새로운 인간이 창조되고, 개인의 완전한 자유를 중시한다.

결론적으로, 우리는 유토피아를 꿈꾸고 계획하고 건설하기 위해 부름을 받은 존재가 결코 아니다. 우리는 하나님의 나라 희망을 투명하게 드러내기 위해, 이를 말과 행위로 증언하도록 부름을 받은 존재다. 그러므로 우리는 회개하고 돌이켜 결단하고, 또한 선포한다. 그리고 기도한다. "하나님의 나라가 이 땅에 오게 하소서".

기독교대한성결교회 신앙고백서 해설서

발행일 _ 1판 1쇄 2022년 12월 20일
지은이 _ 총회교육위원회 편(이동명 오성욱 오주영 김상기 김성호 장혜선)
발행인 _ 문창국
편집인 _ 송우진
책임편집 _ 전영욱
기획/편집 _ 장주한 강영아 조형희
디자인/일러스트 _ 권미경 하수진
홍보/마케팅 _ 안용환
행정지원 _ 조미정

펴낸곳 _ 도서출판 사랑마루
서울시 강남구 테헤란로64길 17(대치동)

대표전화 TEL (02) 3459-1051~2/ FAX (02) 3459-1070
홈페이지 http://www.eholynet.org
등록 2011년 1월 17일 등록번호/ 제2011-000013호
ISBN 979-11-90459-24-2 03230
가격 15,000원